Joseph Pozsgai

Der Preis der Wende

Joseph Pozsgai

Der Preis der Wende

Gorbatschows Masterplan für den Systemwechsel

OLZOG

Bibliografische Information Der Deutschen Bibliothek

Die Deutsche Bibliothek verzeichnet diese Publikation in der Deutschen Nationalbibliografie; detaillierte bibliografische Daten sind im Internet über http://dnb.ddb.de abrufbar.

ISBN 3-7892-8152-2
ISBN 978-3-7892-8152-5

Internet: http://www.olzog.de

Umschlaggestaltung: Atelier Versen, Bad Aibling
Umschlagmotiv: Studio-83, Neuried
Satz: EDV-Fotosatz Huber/Verlagsservice G. Pfeifer, Germering
Druck- und Bindearbeiten: Himmer-Druck, Augsburg

Inhalt

Vorwort von Imre Pozsgay: Die Tragweite der Wende

Der stete Wunsch, Geheimnisse und Unbekanntes kennenzulernen, treibt uns an, wenn wir voller Neugier ein Buch in die Hand nehmen. Wer es mit diesem Buch tut, wird nicht enttäuscht.

Joseph Pozsgais Werk führt uns in eine Zeit und in eine Region, in der wir meinen, zu Hause zu sein. Der Verfasser ist unser Zeitgenosse und er schreibt Zeitgeschichte. Was kann er uns noch Neues sagen, uns, die wir dort waren, wo er war, die wir das taten, was er tat. Es gibt dennoch eine Überraschung. Wie der Held in Stendhals Roman „Die Kartause von Parma", Fabrizio del Dongo, der über das Schlachtfeld von Waterloo stolperte, ohne zu bemerken, daß er sich in der Weltgeschichte tummelt, so wußten auch wir nicht, daß wir Weltgeschichte gestalten.

Der Verfasser aber weiß etwas über dieses Kapitel der Weltgeschichte. Mehr als wir, die wir glaubten, Eingeweihte zu sein. Ich glaube nicht, daß der Verfasser dieses Buches so anders ist als wir. Es gibt noch einige von uns, die ihre Sache gemacht haben, aber wir waren uns nicht ausreichend der Tragweite unserer Taten bewußt. Es mag sein, daß der Journalist weniger Anteil an den Taten hatte als wir, aber er ist den Tatsachen nachgegangen. Wir haben getan, was wir taten, haben jedoch nicht immer gewußt, was wir bewirkten.

Wenn ich es mir richtig überlege, dann ist die Klärung von Sachverhalten auch eine Tat. Und wie jede Tat, so birgt auch diese gewisse Risiken. Diese Risiken einzugehen zeugt von Mut. Joseph Pozsgais persönliche Eigenschaften machen dieses Buch kraftvoll: seine journalistische Begabung, seine Fähigkeit zur Analyse und Synthese, sein Wissen, seine Erfahrung beim Umgang mit Dokumenten und Beweisen und seine Entschlossenheit.

Hätte er den Mut verloren, hätte er im Zuge seiner Forschungen angefangen zu überlegen, ob es nicht besser wäre, das zusammengetragene Wissen, die gesammelten Informationen zu verschweigen, dann wäre dieses Buch nicht entstanden. Besonders viel hat er sich aufgebürdet, als er herausfand und in diesem Buch beschrieb, welcher Handel der Großmächte und der kommunistischen Machthaber hinter dem Systemwechsel steht.

Aus der Erklärung des Geschehens lassen sich Lehren auch für den Alltag ziehen. Der Report über die letzte große Wende des zwanzigsten Jahrhunderts berichtet über den Schauplatz, an dem wir auch heute leben: Mitteleuropa.

Imre Pozsgay
Staatsminister a. D.*

* I. Pozsgay galt als „Motor" des ungarischen Systemwechsels.

Einführung: Der Westen misst mit zweierlei Mass

Was hätten die Menschen und Medien in Westeuropa und Amerika gesagt, wenn die Siegermächte des Zweiten Weltkrieges der politischen Elite des Hitlerregimes, den Naziverbrechern, erlaubt hätten, in der deutschen Nachkriegsgesellschaft straflos weiterzuwirken, sogar ihre führenden Stellungen zu behalten? Oder wenn sie noch dazu die Möglichkeit bekommen hätten, das konfiszierte Vermögen der Juden unter sich zu verteilen und zu ihrem Privatvermögen zu erklären?

Diese absurde Vorstellung hätte jedermann empört. Darum – und natürlich auch wegen der Entschlossenheit der Siegermächte – wäre sie niemals Wirklichkeit geworden. Nach dem Zusammenbruch der Sowjetunion und ihres osteuropäischen Satellitensystems geschahen in den zuvor kommunistischen Ländern jedoch ähnliche Absurditäten. Die Einzigartigkeit und Grausamkeit der Naziverbrechen wird nicht gemindert durch den Hinweis, daß auch das sowjetische System auf ungeheuren Verbrechen fußte, denen Millionen von Menschen zum Opfer fielen. Doch über die rote Variante der Massenmorde an unschuldigen Menschen wird trotz der Wende und trotz der Öffnung der Archive kaum gesprochen. Die Vergangenheitsbewältigung ist auch nach dem Systemwechsel offenbar kein Thema – weder in Rußland noch in den GUS-Staaten noch in Moskaus ehemaligen Satellitenstaaten in Osteuropa.

Die Liquidierung von unschuldigen Menschen, die zum Feind des Kommunismus erklärt wurden, war die systemimmanente Regierungsmethode der kommunistischen Regime sowjetischer Machart. Das Ziel war es, die Bevölkerung einzuschüchtern und sie in unablässiger Angst zu halten. Aber auch die Mitglieder der herrschenden kommunistischen Parteien blieben im Laufe der Zeit von „Säuberungswellen“ nicht verschont. Tausende bezahlten ihre Illusionen mit dem Leben. Machtkämpfe auf den höchsten Stufen der Parteihierarchie endeten häufig mit der Liquidierung der Gegner. Die Zahl der Opfer des kommunistischen Terrors betrug mehrere Millionen. Die Straflager, die Gulags, in denen viele Häftlinge nicht überlebten, legten sich wie ein Netz auf das ganze Gebiet der damaligen Sowjetunion und bestanden in Abstufungen bis zum Zusammenbruch des Systems fort.

Die Täter der roten Verbrechen – viele von ihnen genießen nun den Ruhestand – können in den Nachfolgestaaten unbehelligt leben und sogar wieder hohe politische Ämter übernehmen, als wäre das Geschehene lediglich ein böser Traum gewesen. In keinem Land fand nach dem Systemwechsel eine umfassende Überprüfung statt, um politische Schreibtischtäter und ihre Helfer zu bestrafen oder zumindest festzustellen.

Wer auch hätte diese Untersuchungen objektiv leiten sollen und können? Zumal in den meisten Staaten die kommunistischen Machthaber mit ihren Regierungen, Behörden, Gerichten, politischen Polizeien und Geheimdiensten den Übergang von der Diktatur zur „Demokratie" bewerkstelligt oder zumindest nicht mit Gewalt vereitelt haben. Da Parteisekretäre aller führenden Ämter, regionale Verwaltungen, aber auch Unternehmen mit dem Staatssicherheitsdienst zusammenarbeiten mußten, wird begreiflich, welch großen Kreis, welchen Anteil an der Gesamtbevölkerung die Täter in der Sowjetgesellschaft umfaßten. Geradezu die ganze Elite des menschenverachtenden Systems war in die Funktionsmechanismen des Staates involviert. Etwa jeder zehnte Arbeiter oder Angestellte leistete auf seinem Arbeitsplatz oder im Kollegenkreis Spitzeldienste für den Staatssicherheitsdienst.

Und diese Gesellschaft mit dem engmaschigen Sicherheitsgewebe organisierte den Systemwechsel. Da jeder Staat nur ein Volk hat und jede Bevölkerung vor und nach einem Tag X fast identisch ist, versteht sich von selbst, daß weder die Russen noch die Tschechoslowaken oder Ungarn ein elementares Interesse daran hatten, eine Vergangenheitsbewältigung zu betreiben. Eine Politik „Hinaus mit uns" zu verfolgen, konnte man von ihnen nicht erwarten.

In der Sowjetunion fand sich keine politisch intakte, unbelastete Organisation, etwa eine starke Opposition, welche die roten Verbrechen hätte untersuchen wollen oder können.

In den ostmitteleuropäischen Staaten gab es zwar stärkere Gruppen von Dissidenten, aber auch dort fand ein derartiger Versuch merkwürdigerweise nicht statt.

Alles deutet darauf hin, daß ein geheimes Drehbuch, ein „Masterplan", die Wende in Form einer „sanften Revolution" vorsah, wozu gehörte, daß peinliche Fragen über die politische Kriminalität der Vergangenheit nicht gestellt werden sollten. Schließlich bildete die DDR die einzige Ausnahme; was auch immer geplant sein mochte, hier machte es die Wiedervereinigung mit dem westlichen Teil Deutschlands praktisch unmöglich, diesen Fragenkomplex völlig unter den Teppich zu kehren. Dennoch wurde auch hier keine vollständige Bestandsaufnahme aller Arten von politischen Verbrechen vorgenommen, obwohl der westliche Teil Deutschlands dazu die Möglichkeit und die Legitimität gehabt hätte. Mit nur wenigen Prozessen zu einzelnen Delikten und milden Urteilen wurde dieser Tagesordnungspunkt abgehakt. Die Opfer hatten praktisch keine Gelegenheit erhalten, ihre Täter anzuklagen.

Diese Tatsache stützt die Vermutung, daß zwischen Ost und West, genauer zwischen Moskau und Washington, eine Übereinkunft bezüglich der Modalitäten eines friedlichen Abbaus des kommunistischen Systems in der Sowjetunion und in deren osteuropäischem Machtbereich getroffen wurde. Das Angebot dazu soll von den sowjetischen Machthabern gekommen sein. Sie hatten einsehen müssen, daß die der Bevölkerung mit den brutalsten Mitteln aufgezwungene politische und wirtschaftliche Ordnung nicht lebensfähig und mit den freien Gesellschaftssystemen nicht wettbewerbsfähig war. Ohne eine solche verläßliche Absprache wäre es undenkbar gewesen, daß die Westmächte das risikoreiche Manöver Gorbatschows, den Abschied vom gescheiterten System ohne kritische Kommentare, ohne Spott und Häme und direkte Einmischung begleiten würden, wie es tatsächlich geschah.

Gorbatschows Angebot soll – laut vertraulichen Quellen – folgende Punkte enthalten haben:

1) Die Sowjetunion schafft das kommunistische System ab und öffnet den Weg für andere politische Einrichtungen und Verfassungen durch freie Wahlen;
2) Kommunisten dürfen für ihre in der Vergangenheit begangenen verbrecherischen Taten nicht bestraft werden;
3) die Sowjetunion verzichtet auf die Vereinbarung von Jalta 1945 und die Teilung Europas; sie entläßt ihre europäischen Satellitenstaaten in die Freiheit;
4) als „Entschädigung“ für den Verzicht auf die Macht darf die kommunistische Machtelite sich das produktive Staatsvermögen der Sowjetunion durch Privatisierung aneignen.
5) Diese Art der politischen und wirtschaftlichen Transformation soll ohne Abstriche auch für die europäischen Ostblockstaaten gelten.

Das sowjetische Angebot erschien den westlichen Siegermächten, den Vereinigten Staaten, Großbritannien und Frankreich, als die Kapitulation ihres Gegners nach den langen Jahren des Kalten Krieges. Im Rausch des unerwarteten Sieges haben sie ihre Entscheidung offenbar nicht lange überlegt. Die Offerte bot dem Westen auf den ersten Blick überwiegend Vorteile – vor allem die einmalige Aussicht, sich der kommunistischen Herausforderung und damit der ständigen internationalen Spannungen sowie der gewaltigen Kosten des atomaren Rüstungswettbewerbs zu entledigen. Alles in allem sahen Washington, London und Paris keinen Grund, die Zustimmung zu verweigern, zumal von den Westmächten gar nicht verlangt wurde, auf irgendetwas zu verzichten oder sich unter Gefahr in die Systemumwandlung einzumischen.

Gorbatschows Pläne zur Abschaffung des Kommunismus wurden in Washington als ein seltener politischer Glücksfall betrachtet, auch wenn die Vorarbeit dazu zweifellos Amerikaner geleistet haben, etwa Präsident Reagan, der entschlossen kundtat: „Wir werden die Russen zu Tode rüsten." Daß alles so schnell kam, überraschte jedoch den Westen. Man hatte die zentripetale Kraft des politischen Systems der Sowjetunion weit überschätzt und die bereits spürbare Erosion der Macht in den 70er und 80er Jahren unterschätzt. Die Tragweite war ja so unüberschaubar groß, daß die Einzelheiten des Moskauer Angebots anscheinend gar nicht abgewogen wurden.

Der Westen meldete weder moralische noch politische Bedenken dagegen an, daß die politischen Verbrechen der Roten ungesühnt, die noch lebenden Täter unbestraft bleiben und die machtlose, ausgebeutete Bevölkerung, die durch dieses System entstanden war, bei der Verteilung des Staatsvermögens leer ausgehen würde.

Einst hatten die Westmächte bei der Bekämpfung Hitler-Deutschlands keine Bedenken gehabt, die Sowjetunion, wo der rote millionenfache Mord unter Stalin seine „Blütezeit" erreichte, als Verbündeten zu gewinnen. Warum sollten sie dann jetzt berechtigt sein, von Gorbatschow die Bewältigung der Missetaten von Jahrzehnten zu verlangen? Das Argument klingt zwar schön, hinkt aber gewaltig. Stalin war nach dem Zweiten Weltkrieg aus ideologischer Verbohrtheit und unprovoziert zum Feind der freien Welt geworden. Er hatte eine weltumspannende Expansionspolitik zur Ausdehnung der sowjetischen Einflußsphären begonnen, nachdem er mit Hilfe des Westens den Feind aus dem eigenen Land vertrieben und Osteuropa militärisch schon vereinnahmt hatte.

Er war es, der das Verhältnis zwischen den Westmächten und der Sowjetunion nach 1945 diametral verändert hatte. Stalin suchte die totale

Abschottung, der Eiserne Vorhang zwischen Ost- und Westeuropa war zur Wirklichkeit geworden. Die Anstrengungen Stalins, um jeden Preis nukleare Rüstung zu besitzen und damit der Sowjetunion die Macht zu verschaffen, atomar bestückte interkontinentale Raketen aggressiv einsetzen zu können, gingen weit über die Sicherung des eigenen Gebietes hinaus. Selbst der Vatikan rechnete in den 70er Jahren damit, daß womöglich auch Westeuropa kommunistisch würde, und versuchte, mit osteuropäischen Regierungen ein Arrangement zu treffen.

Die Westmächte mußten also beim Zusammenbruch des Kommunismus sich keineswegs verpflichtet fühlen, auf die einstige „Freundschaft" mit der Sowjetunion Rücksicht zu nehmen. Es handelte sich hier um etwas ganz anderes.

Gorbatschow soll den Amerikanern erklärt haben, er könne den Erfolg seines Vorhabens nur garantieren, wenn seine Bedingungen erfüllt würden. Das sei der Preis für einen friedlichen Übergang.

Daß Amerikaner und Europäer dies ohne Vorbehalt tolerierten, läßt sich an ihrer Haltung in den letzten 15 Jahren ablesen. Sie akzeptierten alles – geleitet von der politischen Opportunität unter Vernachlässigung ihrer moralischen Grundprinzipien und der sonst so gern praktizierten Menschenrechtspolitik. Nicht einmal die Vereinten Nationen erhoben Einspruch gegen die zweite Enteignung der Bevölkerung jener Nationen, die unter kommunistischer Herrschaft gelebt hatten.

Dieses Kapitel der europäischen Geschichte kann man gewiß noch nicht als abgeschlossen betrachten. Die Legitimität der neuen Machthaber wird früher oder später in ihren Ländern in Frage gestellt werden, auch wenn der Westen sie vorbehaltlos akzeptierte. Die Ukraine liefert ein Beispiel.

Diese Arbeit versucht, die Gründe und Zusammenhänge des Systemwechsels in der Sowjetunion und in Ostmitteleuropa darzustellen. Die Leser werden sehen, daß die Darstellung der Ereignisse in Ostmitteleuropa in vielen Punkten von dem abweicht, was die Medien damals berichtet haben. Die großen Ereignisse – Kriege, Revolutionen, Krisen– finden nun einmal nicht immer so statt, wie sie von Zeitungen und anderen Medien den Lesern und Zuschauern eingehämmert werden. Nicht nur hinter den Kulissen geschieht manches anders, als es dargestellt wird.

Das gilt in jüngerer Zeit in besonderem Maße für die nach dem Ende des Kommunismus erfolgten Umwälzungen im östlichen Europa.

Wichtige Fakten kommen nicht zum Vorschein, weil die Gestalter der Politik dies aus irgendwelchen Gründen oder Interessen nicht wollen.

Die Form und die Ausführung der Manipulationen sind zu verschieden und vielseitig, um sie in wenigen Sätzen zusammenzufassen. Warum die Westalliierten 1944 nicht auf dem Balkan und in Ungarn gelandet sind, obwohl Otto von Habsburg die Entscheidung des amerikanischen Präsidenten Roosevelt dazu im September 1944 schon in der Tasche hatte, ist ebenso ein „Geheimnis" wie die Erklärung dafür, warum die Amerikaner – trotz ihrer enorm großen militärischen Überlegenheit – den Krieg in Vietnam verloren haben.

Als Journalist, leitender Redakteur und Kommentator habe ich zwölf Jahre in Ungarn und zwei Jahrzehnte in Deutschland bei zwei Tageszeitungen mit größeren Auflagen (um die 200.000) auf dem Gebiet der internationalen Politik und Weltwirtschaft gearbeitet. In Ungarn habe ich Volkswirtschaft, später in Deutschland internationale Politik und politische Theorie und Philosophie sowie die Geschichte Osteuropas und Soziologie studiert. Lange Jahre war ich auch Mitarbeiter des Schweizerischen Ost-Instituts, Bern. Ich habe herausragende politische Persönlichkeiten, prominente und unbekannte kennengelernt – im Osten wie im Westen. So war ich auf Grund sicherer Informationen in der Lage, den Systemwechsel in Osteuropa schon 1985 in meiner Schrift „Osteuropa ohne Russen – Was kommt danach?" vorauszusagen. Meine unter dem Buchtitel „Vietnam – wie es wirklich war" veröffentlichte Dissertation an der Universität München war der Kollision der amerikanisch-chinesisch-russischen Politik in Südostasien gewidmet. Die amerikanische Außenpolitik von Kissinger bis Carter behandelte ich unter dem Titel „Führungsdefizit und Sowjetexpansion". Ferner war ich Mitautor eines Buches über die von Moskau gelenkte internationale Friedensbewegung. Zwei Studienreisen nach China (1981 und 1987), die Beschäftigung mit den Europäischen Gemeinschaften sowie dem Comecon und der Nahostpolitik ergaben weitere Aufschlüsse.

1. Die drei Aufteilungen Osteuropas im 20. Jahrhundert

1.1 Die Pariser Vorortverträge nach dem Ersten Weltkrieg

Die gegenwärtige politische Konstellation in Ost- und Ostmitteleuropa, letzteres auch Zwischeneuropa – die Völker zwischen Deutschland und Rußland – genannt, läßt sich nur verstehen, wenn die Entwicklungsgeschichte dieses Raumes mindestens bis zum Ersten Weltkrieg in Augenschein genommen wird. Beherrscht war das Gebiet von der damaligen Ordnungsmacht, dem Vielvölkerreich Österreich-Ungarn, der Habsburger Doppelmonarchie. Das Nationalbewußtsein der hier lebenden Völker entwickelte sich seit dem Ausgang des 18. Jahrhunderts zum militanten Nationalismus. Dessen Merkmale waren die Erhebung der Muttersprache zum alleinigen Kriterium der Zugehörigkeit zu einer Nation und die Forderung, daß auch die kleinste Nation ihren eigenen unabhängigen Staat bilden solle. Die alte Auffassung von der übernationalen Aufgabe des Staates als schützender Ordnungsmacht galt vor allem in Österreich-Ungarn. Erst nach der Zerschlagung des habsburgischen Vielvölkerstaates im Donauraum siegte der militante Nationalismus vollends.[1]

Der Nationalismus als tragende Idee einer neuen politischen Ordnung bestimmte im 19. Jahrhundert immer stärker das Denken in Europa. Die zündende Idee stammte von den führenden Nationen des Kontinents. Auch hier trat Frankreich, wie seit dem Hohen Mittelalter immer wieder, mit neuen Ideen hervor. Die neue, von der französischen Aufklärung entworfene Nationalidee ging von der Zielvorstellung der „civilisation" aus. Die hohepriesterliche Verkündigung der „civilisation" beanspruchte die missionarische Nation der Franzosen für sich, in dem naiven Bewußtsein einer Berufung Frankreichs, alle übrigen Völker im Zeichen der neuen Idee zu befreien und zur universalen Menschengemeinschaft – selbstverständlich unter französischer Führung – zu vereinen. Der französische Nationalismus steht nicht, wie überwiegend bei den Deutschen, in einem starken und spannungsvollen Gegensatz zur Mensch-

[1] Vergleiche Stadtmüller, Georg: Geschichtliche Ostkunde, Band 1, München 1981, S. 121 ff.

heitsidee, sondern ist die unentbehrliche Voraussetzung höherer menschlicher Gesittung. Frankreich erhebt den Anspruch, durch die Verwirklichung eines neuen Nationalgedankens der Menschheit am besten zu dienen. Kraft der Geltung, welche die französische Sprache als Sprache der Diplomatie, der Salons und der wissenschaftlichen Akademien seit dem 17. Jahrhundert errungen hatte, trat diese Idee von Frankreich aus den Siegeszug über ganz Europa an.

Der moderne Nationalismus wurde von den Deutschen in abgewandelter Form aufgenommen und an die kleinen Völker des östlichen und südöstlichen Europa weitergegeben, wo er eine geistige und politische Revolution auslöste.[2]

Besonders die slawischen Völker wurden von dieser Idee erfaßt. Dazu trug der deutsche Geschichtsphilosoph Herder entscheidend bei. Der Ostpreuße Herder, der lange Jahre in Riga lebte, widmete in seinem Hauptwerk „Ideen zur Philosophie der Geschichte der Menschheit" (1784–1791) den Slawen ein besonderes Kapitel, das äußerst zündend wirkte, obwohl Herder dies gar nicht beabsichtigte. In dem berühmt gewordenen „Slawenkapitel" sprach Herder von der „slawischen Nation", von der Nachbarschaft der gewalttätigen Germanen und der friedlichen, von den Germanen unterdrückten Slawen, die die größere, östliche Hälfte Europas bewohnten.

Herder, der als einer der Väter des „Panslawismus" gilt, hatte mit seinen Gedanken eine gewaltige, unvorhersehbare Wirkung auf die europäische Geschichte. Insbesondere Rußland wurde Träger dieser Gedanken und nutzte den Planslawismus für seine nationalen Interessen.

Herders Gedanken wirkten bei Tschechen und Slowaken am stärksten, gefördert von einer dünnen protestantischen Bildungsschicht. Bei den katholischen Völkern, bei Kroaten und Slowenen etwa, war die Wirkung vorerst noch unbedeutend. Die Religion zog in der ersten Hälfte des 19. Jahrhunderts noch politische und geistige Trennlinien. Das verbindende Element zwischen den Völkern der Donaumonarchie schien ihre Treue zum Habsburgerreich zu sein, die auch später andauerte. Die erste Krise kam 1848, als die von Frankreich entfachte nationalliberale Revolutionsidee das friedliche Zusammenleben von Deutschen, Ungarn und den anderen Donauvölkern schwer belastete.

---

[2] Ebenda.

Zuerst revoltierten die Ungarn; das stärkste Volk des Vielvölkerstaates der Habsburger strebte nach Unabhängigkeit. Der Zerfall des Habsburgerreiches drohte, zumal Österreich allein die Ungarn militärisch nicht hätte besiegen können. Nur mit russischer Militärhilfe vermochte Wien die ungarische Armee niederzuwerfen. Zunächst wurde die zentralistische Regierung des Habsburgerreiches wiederhergestellt. Doch die Erosion hatte begonnen. Der passive Widerstand der Ungarn, der Verlust der Lombardei, die österreichische Niederlage gegen Preußen bei Königgrätz (1866) hatte den Vielvölkerstaat einschneidend geschwächt. Obwohl Bismarck nach dem Sieg der Ansicht war, Österreich als wichtige Großmacht im Rahmen des europäischen Gleichgewichts nicht demütigen zu dürfen, konnte der Wiener Hof der inneren Probleme des Reiches nicht mehr Herr werden. Kaiser Franz Josef sah sich gezwungen, den Ausgleich mit Ungarn zu suchen. 1867 wurde das Habsburgerreich in zwei Hälften aufgeteilt. Das historische Großungarn wurde selbständig, verbunden mit Wien nur durch den gemeinsamen Herrscher und die sogenannten „gemeinsamen Angelegenheiten“: Finanzen, Außenpolitik und Militär.

Die Gewährung einer Sonderstellung der Ungarn erzeugte bei den Nationalitäten in der anderen Hälfte des Reiches, bei den Tschechen, Slowaken, Serben, Rumänen, Ruthenen, Kroaten und Slowenen Neid und Mißgunst. Sie fühlten sich degradiert, ihre kaisertreue Haltung war nicht honoriert worden. Den Haß gegen Ungarn hat Wien noch gefördert – nicht offen, aber spürbar – möglicherweise mit dem Ziel, in die Nationalitätenpolitik ein Gleichgewicht zu bringen. Die erhoffte Wirkung trat jedoch nicht ein. Im Gegenteil.

Die nationalistische Welle, aber mehr noch der „übernationale“ Panslawismus erfaßte nun die Nationalitäten der Doppelmonarchie. Sie strebten nach staatlicher Unabhängigkeit. Das erschütterte den Wiener Reichszentralismus ebenso wie den weitgehend eigenständig gewordenen ungarischen Staat, an dessen Randgebieten die erwähnten Nationalitäten stark vertreten waren. Dennoch erlebte die Doppelmonarchie gerade in diesen Jahrzehnten ihre wirtschaftliche Blütezeit. Wien wurde durch die Aufgabe, im Reich eine friedliche Koexistenz zu schaffen, immer mehr überfordert.

In einem Interview[3] fragte ich Otto von Habsburg:

---

[3] Anläßlich seines 85. Geburtstages. Erschienen in der ungarischen Tageszeitung Magyar Hirlap, Budapest, am 15.11.1997.

– „Die meisten Kaiser von Österreich haben ihre Aufgabe, als König Ungarn zu regieren, oft als eine lästige ‚Nebenbeschäftigung' betrachtet, obwohl Ungarn – zumindest seit Maria Theresia – die reichere und stärkere Hälfte des Reiches bildete. Wäre es mit Blick auf die Zukunft der Monarchie nicht zweckmäßig gewesen, die ungarischen ‚Rebellen' als gleichrangige Partner zu behandeln?"

Otto von Habsburg: „Bestimmt. Ich wäre dafür gewesen, daß die Monarchie mehrere gleichrangige Partner haben sollte, die Slawen im Norden, aber auch die Kroaten im Süden. Leider entsprach eine solche Lösung nicht der Mentalität der damaligen Zeit. Es gab noch keinen echten Föderalismus. Der Verzicht auf den Wiener Reichszentralismus erschien dem Hof als zu gefährlich. Selbständige Teilstaaten hätten sich von Wien leichter lösen können. Vermutlich haben die Minister und Berater daher dem Kaiser empfohlen, nach der Methode ‚Divide et impera' (teile und herrsche) weiterzuregieren, doch das war das ungünstigste der möglichen Mittel. Schließlich hatte Wien keine einzige Nationalitätengruppe, auf die es sich im Notfall hätte stützen können, um die Einheit des Reiches zu retten. Trotz des Ausgleichs von 1867 forderten auch die Ungarn um die Jahrhundertwende ein eigenes Heer und eigene diplomatische Vertretungen im Ausland. Inzwischen peitschte das von der panslawistischen Welle getriebene Rußland die Slawen der Monarchie, vor allem aber die selbständigen Serben, gegen Wien auf."

Hinter der panslawistischen Agitation standen handfeste Ziele Rußlands: die Zerschlagung der Habsburgermonarchie, um gegen das Deutschtum vorgehen zu können. Die russischen Motive, einen großen europäischen Krieg zu riskieren, gehen auf den Berliner Kongreß 1878 zurück. Dort hatte der deutsche Kanzler Bismarck, bestärkt von Wien, das russische Ausgreifen auf den Balkan verhindert.

Zwischen dem Wiener Kongreß (1815) und dem Krimkrieg (1854) war Rußland die vorherrschende Macht auf dem europäischen Kontinent gewesen. Der Sieg über Napoleon führte die russische Militärmacht nach Mittel- und Westeuropa. Der Zar war vierzig Jahre lang Schiedsrichter auf dem Kontinent – und Rußland die stärkste Macht der „Heiligen Allianz". Der Wiener Kongreß beschloß die Neuaufteilung Polens zwischen Rußland und Preußen, wobei Alexander I. dem russischen Teil

Polens eine gewisse Autonomie gewährte (Kongreß-Polen). Rußland erzwang auch die Aufteilung Sachsens. Die Truppen des Zaren standen damals in Leipzig und Dresden, aber sie wurden zurückgezogen. Der Zar gab sich mit dem größeren Teil Polens zufrieden.

Im Unabhängigkeitskrieg der spanischen Kolonien in Amerika (von 1810 an) sah Petersburg eine Möglichkeit, das russische Herrschaftsgebiet auf diesem Erdteil zu erweitern. Am Zarenhof wurde die Eroberung Kaliforniens, Floridas und Haitis erwogen. Die Pläne scheiterten an der zunehmenden Macht der Vereinigten Staaten. Die Verkündung der Monroedoktrin (1823) bewies die Entschlossenheit der Vereinigten Staaten von Amerika, militärischem Eingreifen europäischer Staaten auf dem amerikanischen Kontinent Einhalt zu gebieten. Als 1854 die junge nordamerikanische Seemacht in ostasiatischen Gewässern erschien, gab Rußland seine weltumspannenden Pläne auf und verkaufte Alaska für sieben Millionen Dollar 1867 an die Vereinigten Staaten.

In Europa setzte die russische Niederlage im Krimkrieg (1853–1856) gegen England und Frankreich der Vormachtstellung des Zarenreiches ein rasches Ende. Trotzdem versuchten die Russen danach, an der Seite Bulgariens in die innerbalkanischen Freiheitskämpfe gegen die Türken einzugreifen, mit dem Hintergedanken, ihre Herrschaft über die Meerengen hinaus auszudehnen. Der Berliner Kongreß unter Leitung Bismarcks (1878) hielt das russische Streben auf und verstärkte statt dessen die Präsenz Österreich-Ungarns auf dem Balkan mittels der Okkupation, später der Annexion Bosnien-Herzegowinas. Damit wurden die serbischen Pläne zur Gründung Großserbiens zunichte gemacht. Der Kongreß erkannte die Unabhängigkeit der von den Türken befreiten Serben und Rumänen an und schuf ein autonomes Fürstentum Bulgarien. Die Entstehung eines selbständigen Fürstentums Albanien war die Folge der Gegensätze zwischen Österreich-Ungarn und Italien.

Die Schwäche des zaristischen Rußlands zeigte sich nochmals im Japanisch-Russischen Krieg (1905); die schwere Niederlage führte in Rußland noch im selben Jahr zur ersten sozialen Revolution.

Die Demütigung des Zarenreiches im Krimkrieg, auf dem Berliner Kongreß und durch die Niederlage gegen Japan sowie die sozialen Unruhen im eigenen Land zeitigten in Sankt Petersburg aggressive Pläne. Nach der Entlassung Bismarcks verschwand auch seine europäische Gleichgewichtspolitik. Das ermöglichte Rußland, Bündnispartner in Westeuropa zu suchen, um das Deutschtum einzukreisen und zu isolieren. Zuerst gelang es Rußland, ein Bündnis mit Frankreich zu schließen. Bald zeichnete sich als Hauptziel der russischen Regierung ab, einen großen europäischen Krieg zu provozieren und die Habsburgermonarchie mit slawischer Hilfe zu zerschlagen. Dazu bot sich als Partner vor allem Frankreich an, das sich für die Niederlage gegen Deutschland 1870/71 revanchieren und Elsaß-Lothringen zurückbekommen wollte. Ein Geheimpakt mit den Serben ermöglichte es der russischen Regierung, auch diese für ihr Ziel einzuspannen. Die Serben hatten dabei die Aufgabe, die Habsburgermonarchie zu einem Krieg zu provozieren.

Der mit russischer Hilfe ausgeklügelte serbische Plan war bereits im Frühsommer 1914 ausgearbeitet. Die Ermordung des österreichischen Thronfolgerpaares in Sarajevo (Bosnien) durch einen serbischen Chauvinisten am 28. Juni 1914 löste einen Monat später den geplanten Krieg aus. Die Empörung über den Tod Franz Ferdinands war in ganz Europa so groß, daß eine sofortige Strafexpedition der österreichisch-ungarischen Armee möglicherweise ohne Folgen hingenommen worden wäre. Doch die Verzögerung in Berlin und Budapest führte zu einer neuen Konstellation. Während der deutsche Kaiser Wilhelm II. Wien seiner uneingeschränkten Bündnistreue versicherte, ließ der deutsche Generalstabschef von Moltke seinen österreichischen Kollegen General von Hötzendorf wissen, er solle „sich nicht irre machen lassen". Und der deutsche Kanzler Bethmann-Hollweg erklärte dem deutschem Botschafter in Wien: „Wir sind zwar bereit, unsere Bündnispflicht zu erfüllen, müssen aber ablehnen, uns von Wien leichtfertig ohne Beachtung unserer Ratschläge in einen Weltbrand hineinziehen zu lassen".[4] In Ungarn riet Ministerpräsident Graf Tisza der Wiener Regierung von einer Militäraktion mit Hinblick auf die unvorhersehbaren Folgen ab.

Unterdessen stellte sich Rußland offen hinter Serbien. Zuvor versicherte es sich, ob es mit Frankreich als Bündnispartner rechnen könne. In diesem Sinne stattete Frankreichs Präsident Poincaré Petersburg unmittelbar vor dem Kriegsausbruch einen Besuch ab. Noch 1914 stellte sich England an die Seite Frankreichs. Auf die geheime russische Mobilmachung am 24. Juli 1914 folgten die ultimativen Noten sowohl im Westen wie Osten Europas. Die Russen hatten ihr Ziel erreicht, freilich ohne zu ahnen, wie selbstmörderisch der Krieg enden würde.

---

[4] Zitiert bei Stadtmüller, Georg: Geschichtliche Ostkunde, Band 2, S. 52.

Der Verlauf des Ersten Weltkrieges ist bekannt. Den eigentlichen Sieg errangen die Franzosen, denen es gelang, den Panslawismus gegen den „Pangermanismus" auszuspielen. Das Vielvölkerreich der Habsburger wurde zerschlagen, das Deutschland der Hohenzollern besiegt und verkleinert. Zugleich aber verschwand das Zarenreich der Romanows; Rußland stürzte in die kommunistische Revolution und in einen jahrelangen Bürgerkrieg.

Da schlug die Stunde der kleinen Völker. Unter französischer Regie begann die Neuaufteilung Ost- und Südosteuropas – gekennzeichnet von einem starken Ressentiment gegen Deutsche und Österreicher.

Zwar standen keine fremden Truppen auf den Staatsgebieten der Mittelmächte Deutschland und Österreich-Ungarn, doch war die militärische Lage im September 1918 aussichtslos geworden.

Österreich-Ungarn brach militärisch zusammen. Der Rückzug von den Fronten begann bereits im Sommer 1918 – und damit die Auflösung des Vielvölkerstaates. Der Nachfolger des 1916 verstorbenen Kaisers Franz Josef, Karl I., verkündete in einem Manifest am 17. Oktober 1918 den Völkern der Monarchie, die österreichische Reichshälfte föderativ umgestalten zu wollen. Die Willensbekundung kam zu spät. Am selben Tag trennte sich Ungarn von Österreich und wollte mit Wien nur die Personalunion aufrechterhalten. Am 28. Oktober wurde in Prag die selbständige Tschechoslowakei ausgerufen. Und am nächsten Tag wurde in Zagreb die Loslösung der von Südslawen bewohnten Gebiete von Österreich-Ungarn erklärt. Auch die in Österreich oder Ungarn lebenden Rumänen, Polen und Italiener schlossen sich ihren benachbarten Nationalstaaten an.

Am 3. November mußte die Regierung in Wien die Waffenstillstandsbedingungen der Alliierten annehmen. Daraufhin verzichtete Kaiser Karl auf „jeden Anteil an Regierungsgeschäften". Das war der letzte Tag der Doppelmonarchie Österreich-Ungarn.

Nun stand Deutschland ohne Bündnispartner da. Die Oberste Heeresleitung kam zu dem Schluß, es gäbe keine Aussicht mehr, „dem Feinde den Frieden aufzuzwingen". Auf ihr Drängen, eine „militärische Katastrophe" zu vermeiden, ersuchte die deutsche Regierung den amerikanischen Präsidenten Wilson, sich um die Herstellung des Friedens zu bemühen. Wilson ließ Berlin wissen, daß die Beendigung des Krieges für Deutschland außerordentlich schwere Belastungen bedeuten werde, zumal der französische Generalissimus Foch mit der Ausarbeitung der Bedingungen für den Waffenstillstand beauftragt wurde. Vom 8. bis 11. November kam es zu den Verhandlungen.

Ein Jahr zuvor hatte die deutsche Heeresleitung in dem Bemühen, Rußlands Teilnahme am Krieg zu beenden, einen kapitalen Fehler gemacht. Infolge der sozialistischen Revolution in Rußland im Februar 1917, bei der der Zar abdanken mußte, rechnete die deutsche Militärführung mit einer inneren Unordnung im Riesenreich, welche seine Kriegsfähigkeit vorübergehend einschränken würde. Die daraufhin beschlossene „destruktive Rußlandpolitik" schleuste radikal-revolutionäre und pazifistische russische Emigranten ins Land, um den revolutionären Wirrwarr zu verlängern.

Das Ergebnis der geheimen Verhandlungen mit diesen Kreisen waren die berühmten „plombierten Eisenbahnwagen", in denen zunächst Lenin mit seinen Begleitern und danach noch mehrere hundert russische Revolutionäre aus der Schweiz durch Deutschland hindurch nach Schweden transportiert wurden, von wo ihnen die Heimkehr über Finnland offenstand. Es ist sicher, daß Lenin eine andere Form der Heimkehr vorgezogen hätte – die Unterstützung durch Deutschland barg die Gefahr einer Kompromittierung in sich; aber er hatte keine andere Möglichkeit, zumal er angesichts der Entwicklung in Rußland keinen Augenblick länger als unbedingt nötig warten wollte. Im Januar war Lenin sehr pessimistischer Stimmung gewesen. Der erbitterte innerparteiliche Kampf in den langen Jahren der Emigration hatte ihn als einen fanatischen Außenseiter isoliert, der Weltkrieg hatte ihn noch mehr der Kontakte zur russischen Wirklichkeit beraubt. Nun aber fühlte er seine Stunde gekommen. Schon in seinen „Briefen aus der Ferne" entwickelte er ein Kampfprogramm, das die Petrograder Bolschewistenführer jedoch offenbar zunächst nicht für durchführbar hielten.[5]

Lenin war am Abend des 3. April 1917 auf dem finnländischen Bahnhof in Petrograd eingetroffen – mit acht Millionen Goldmark in seinem Gepäck, die er von der deutschen Heeresleitung zur Verwirklichung seiner Pläne erhalten hatte. Er konnte aber die Macht nur mit militärischer Gewalt ergreifen. Bei den Parlamentswahlen im November bekam seine Partei der Bolschewiken lediglich 25 Prozent der Stimmen. Sein Militärführer Trotzkij verjagte jedoch die gewählten nichtbolschewistischen

[5] Stöckl, Günther: Russische Geschichte, Stuttgart 1983, S. 641.

Abgeordeneten, die sich im Januar im Parlament versammelten. Tatsächlich hatte Lenin seit seiner „Oktoberrevolution" (vom 8. November 1917) freie Hand in Rußland, weil es außer seiner Roten Armee in Petrograd keine militärische Kraft gab.

Auf deutschen Druck begannen die Verhandlungen mit Lenins Abgesandten schon am Ende desselben Jahres in Brest-Litowsk. Ein Waffenstillstand wurde am 7. Dezember vereinbart, aber der Friedensvertrag folgte nach zähen Verhandlungen erst am 3. März 1918. Am Konferenztisch saß auch der Außenminister von Österreich-Ungarn. Die harten deutschen Bedingungen wurden akzeptiert.

Rußland mußte seine Randgebiete im Westen und Süden abtreten: Finnland, die baltischen Ostseeprovinzen, ferner die Gebiete von Kars, Ardahan und Batum an die Türkei. Auch die Unabhängigkeit der Ukraine mußte Rußland anerkennen.

Zum Friedensschluß kam es auch zwischen den Mittelmächten und Rumänien am 7. Mai 1918 in Bukarest. Die Rumänen waren dazu gezwungen, weil sie nach der Revolution in Rußland im Osten ohne Verbündeten blieben.

Die Mittelmächte hatten nun zwar im europäischen Osten den Rücken frei, aber der Kriegseintritt der Vereinigten Staaten 1917 an der Seite Frankreichs und Englands sowie das entscheidende Übergewicht der Alliierten an Material und Truppen ließen Deutschland keinerlei Chancen mehr, sich militärisch zu behaupten.

Plötzlich stand das Weiterbestehen der Doppelmonarchie Österreich-Ungarn auf dem Spiel; auch Wien konnte keine schnelle und positive Kriegsentscheidung mehr erwarten. Das in der hoffnungslosen Situation erstarkte Unabhängigkeitsbestreben der Nationalitäten – allen voran der Ungarn und der Tschechen – erschütterte die Vormachtstellung Wiens.

Der deutsche Osteuropa-Historiker Stadtmüller schreibt:

> „An der Zerstörung der Doppelmonarchie hat der Tscheche Thomas G. Masaryk einen führenden Anteil. Schon in den Jahren vor dem Ersten Weltkrieg spielte er, damals Professor der Philosophie an der tschechischen Universität Prag, als geistiger Führer des tschechischen Liberalismus eine beträchtliche Rolle. Bald nach Kriegsausbruch begab er sich ins Ausland, wo er es verstand, seiner Sache mächtige Verbündete zu gewinnen … Sein programmatisches politisches Ziel hat

er schon im ersten Kriegsjahre mit dem Wort „Entösterreichern" angegeben … In seiner Antrittsvorlesung an der Universität London – am 19. Oktober 1915 – über ‚Das Problem der kleinen Völker in der europäischen Krise' wies er auf die politische Bedeutung jener Zone von kleinen Völkern zwischen Deutschen und Russen hin. Auch eine vielbeachtete Übersetzung dieser Vorlesung ist in französischer Sprache erschienen. Am 3. Februar erreichte Masaryk eine Unterredung mit dem damaligen französischen Ministerpräsidenten Aristide Briand. In jener Unterredung führte Masaryk aus, daß der Krieg zu einer Rekonstruktion Europas führen müsse, daß die Schwächung Deutschlands und die Aufteilung der habsburgischen Doppelmonarchie in ihre natürlichen und historisch gegebenen Teile die Voraussetzung für die Sicherheit Frankreichs sei … Als es Masaryk dann im letzten Kriegsjahr gelang, durch das ‚Slawische Pressebüro' die amerikanische Öffentlichkeit in seinem Sinne zu beeinflussen, war er zu einer politischen Größe geworden, mit der bei der künftigen Neuordnung des Donauraumes gerechnet werden mußte. In seinem Landsmann Edvard Beneš fand er einen treu ergebenen, an menschlichem und politischem Rang jedoch keineswegs ebenbürtigen Gehilfen. Der Einfluß Masaryks war auch mit wirksam, als Präsident Wilson das Friedensgesuch Kaiser Karls ablehnte (1918)."[6]

Warum es Masaryk so leicht gelang, mit führenden Staatsmännern der westlichen Allianz Verbindung aufzunehmen, darüber berichtet der französische Historiker François Fejtö, der bei seinen Recherchen Zugang zu den wichtigsten französischen Archiven hatte:

> „Masaryk, ähnlich wie Beneš, der sich ihm später anschloß, war Mitglied der Freimaurer, und diese Verbindung bot für beide Männer große Vorteile … Seine Freimaurer-Freunde öffneten vor Masaryk die Türen der wichtigsten Universitäten, Regierungsämter, einflußreicher Salons sowie Minister."[7]

Mit seiner Überredungskunst vermochte Masaryk glaubhaft zu machen: Die beste Methode zur Neutralisierung Deutschlands sei es, das Reich

[6] Stadtmüller, Georg: Geschichtliche Ostkunde, Band 2, S. 72 f.
[7] Fejtö, François: Requiem pour un empire défunt, Paris 1988.

bei der Aufteilung der österreichisch-ungarischen Monarchie mit kleinen, unabhängigen antideutschen und prowestlichen Staaten zu umzingeln. Fejtö schreibt weiter:

> „Die Habsburgermonarchie wurde durch den in Frankreich und Großbritannien vorherrschenden Haß gegen Österreich vernichtet, dessen Vorkämpfer die Freimaurer waren, die schon seit langem auf die Abrechnung mit ihrem klerikalen Hauptfeind warteten. Den Haß gegen Österreich nützten die separatistischen und autonomistischen Bewegungen innerhalb der Monarchie geschickt aus und zwar so, daß er ihnen zu ihrer Entfaltung verhalf. Dieser Haß war kein Monopol der Freimaurer, und diese trugen auch nicht allein die Verantwortung für die Umwandlung des klassischen Krieges zum ideologischen Krieg. Auch wenn sich ihre Ziele von denen der ‚rein' österreichfeindlichen Nationalisten unterschieden, hatten die Freimauer doch einen beträchtlichen Anteil an der Zerschlagung der Monarchie."[8]

Die Geschichte der Verschlechterung des rumänisch-ungarischen Verhältnisses schildert der ungarische Historiker István Kocsis ausführlich in seinem Buch „Um die nackte Wahrheit"[9]. Dabei spielte auch der Thronfolger unter Kaiser Franz Josef, der Habsburger Erzherzog Franz Ferdinand, eine bedeutende Rolle. Franz Ferdinand verheimlichte nie, daß er die Ungarn, die ihre Unabhängigkeit von Wien erkämpft hatten, nicht mochte.

Er schrieb 1904: „Jeder Ungar, sei er Minister, Herzog, Kardinal oder Bürger, Bauer, Soldat oder Hausknecht, alle sind Revolutionäre und Pöbel."[10] Bereits 1906 nahm er Beziehungen zu rumänischen Politikern auf. Über seine Vorstellungen berichtete der damalige Botschafter der Monarchie in Bukarest, Graf Czernin:

> „Zwar hatte der Erzherzog feste Prinzipien für die Umgestaltung der Monarchie, aber diese waren nur allgemeine Richtlinien, sozusagen Rahmen eines Programms, ohne Details ... Die Grundthe-

---

[8] Ebenda.

[9] Kocsis, István: A meztelen igazsagert, Budapest 1994.

[10] Ebenda, S. 347.

sen seines Programms für die Zukunft waren die Aufhebung des Dualismus und die Umänderung der Monarchie zu einem föderativen Staat. Wie viele Länder die Habsburgermonarchie umfassen werde, schien ihm nicht ganz klar zu sein. Aber als Prinzip galt bei ihm der Neuaufbau der Monarchie der Nationalitäten. Ausgehend von dem Gedanken, daß die Vorbedingung für die Erstarkung der Monarchie die Schwächung des ungarischen Einflusses sei, wünschte er die Gewährung jedes erdenklichen Vorteils für die Nationalitäten, hauptsächlich für die Rumänen. Nur später bezog der Erzherzog den Standpunkt, Siebenbürgen solle nur dann an Rumänien abgetreten werden, wenn das auf diese Weise gewachsene Groß-Rumänien bereit sei, sich in das Habsburgerreich einzugliedern."[11]

Franz Ferdinand konnte seine Pläne nicht verwirklichen, er wurde im Juni 1914 in Sarajevo ermordet. Die Ironie des Schicksals ist, daß seine Mörder einen ihrer möglichen „Verbündeten" getötet hatten.

In Ungarn betrachtete der Politiker István Graf Tisza den rumänisch-ungarischen Ausgleich als seine wichtigste Aufgabe.[12] Unter Berufung auf die Interessenidentität der Ungarn und der Rumänen in Siebenbürgen wollte Tisza Wege der Versöhnung suchen. Als sein größter Widersacher in diesem Bemühen galt Erzherzog Franz Ferdinand, aber Tisza hatte auch in Ungarn eine starke Opposition gegen sich. Seine Voraussicht wurde nicht belohnt.

In der „Werkstatt" Franz Ferdinands wurden mit rumänischen Beratern ausführliche Pläne für die Aufteilung Ungarns ausgearbeitet, die im Kern identisch waren mit den Vorstellungen der benachbarten slawischen Völker. Die Basis, auf der die Rumänen sich mit den Slawen – Russen und Serben – trafen, war die gemeinsame Religion, die Orthodoxe Kirche, in der das politische Staatsoberhaupt immer als der Kirchenführer galt. So trat Rumänien 1916 in den Krieg gegen die Mittelmächte an der Seite Rußlands ein mit dem Ziel, Siebenbürgen zugewiesen zu bekommen. Am Ende des Krieges ruderten die führenden rumänischen Politiker schon im Fahrwasser von Masaryk.

---

[11] Ebenda, S. 349.

[12] Ausführliche Darstellung der Bemühungen von Tisza, ebenda, S. 344 ff.

Und die Serben, Kroaten und Slowenen trafen sich 1917 auf Korfu, um einen südslawischen Staat zu gründen.[13] Doch der stärkste Schlag gegen die Habsburger Doppelmonarchie kam schließlich aus Ungarn.

Es begann mit der Auflösung des Vielvölkerstaates nach dem Zusammenbruch der Mittelmächte Ende 1918.

Ungarn konnte zunächst seine territoriale Integrität erhalten. Die weitgehend intakte ungarische Armee (eine Million Mann) stand an den Grenzen des Landes und wartete auf ihren geordneten Rücktransport. Trotz des verlorenen Krieges hatte sie noch die Moral, die historischen Grenzen des Landes zu verteidigen. Aber alles kam anders. Ungarn brach in diesen Tagen innerlich zusammen. Die innenpolitische Konstellation hatte sich im Budapester Parlament in den Jahren des Krieges stark verändert. Die europaweite sozialistische Bewegung marxistischer Prägung hatte am Ende des 19. Jahrhunderts auch die in den größeren Städten wachsende Arbeiterschaft erfaßt. Doch deren Forderungen wurden mißbraucht und bürgerlich-kosmopolitische Politiker traten als Interessenvertreter der Arbeiter auf.[14] Insbesondere von den Sozialdemokraten waren im Parlament klassenkämpferische Töne zu hören. Die beiden anderen Oppositionsparteien hatten vorwiegend die „demokratische Umgestaltung" Ungarns zum Ziele: Ein allgemeines Wahlrecht und eine Bodenreform forderte Graf Károlyis Unabhängigkeitspartei, während gleiche Rechte für alle Nationalitäten das erklärte Ziel der Bürgerlich-Radikalen unter Führung des Nationalitätenfachmanns Oszkár Jászi war.

Dem linksliberalen oppositionellen Block stand die „staatstragende" Führungsschicht, der ungarische Hochadel und Landadel, die konservative politische Elite, gegenüber. Sie versagte beim Zusammenbruch der Monarchie völlig, verließ die politische Bühne resigniert und übergab das Feld der linksliberalen Opposition. Daher trägt auch sie historische Verantwortung für das weitere Schicksal Ungarns.

---

[13] Schon damals rief es Verwunderung hervor, wieso die Kroaten, und zwar unter serbischer Führung, dazu bereit waren, zumal keine freundlichen Gefühle zwischen beiden Völkern bestanden. Aber die Kroaten hatten Angst, daß Italien, das während des Krieges die Seiten gewechselt hatte und zuletzt für die Westalliierten kämpfte, Gebietsforderungen gegen Kroatien stellen würde – und dagegen suchte Zagreb Verbündete.

[14] Wie es in Lenins Werk „Was tun?" erklärt wird. Die Arbeiter haben nur gewerkschaftliches Bewußtsein, aber kein politisches. Deshalb müßten sie von gebildeten Söhnen bürgerlicher Schichten vertreten werden, um ihre Ziele erreichen zu können.

In den Tagen des Machtvakuums brach am 30. Oktober 1918 in Budapest die bürgerlich-demokratische „Astern-Revolution“ aus – geschürt von den Oppositionsparteien.[15] Eine Gruppe desertierter Soldaten ermordete den zurückgetretenen Ministerpräsidenten Graf István Tisza in seinem Haus in der Hauptstadt. Der Oppositionsführer Graf Mihály Károlyi konnte die Regierungsgewalt ungehindert übernehmen.

Károlyi, einer der reichsten Großgrundbesitzer Ungarns, war schon vor dem Krieg als Freund der Entente bekannt. Er war eine eigenartige Persönlichkeit, hatte vor der Revolution dem Kaiser Karl den Treueid geleistet, sich aber am 16. November 1918 unter den Klängen der Marseillaise zum Präsidenten des in eine Republik umgewandelten Landes ausrufen lassen.[16]

Der Wiener Journalist und Politologe, Paul Lendvai, den man keineswegs in die rechte Ecke stellen kann, zeichnet in seinem Buch „Die Ungarn“ ein schonungsloses Bild Károlyis:

> „Als Sproß einer der ältesten und reichsten Aristokratenfamilien wuchs der junge Graf (1875–1955) standesgemäß auf. Sein Taschengeld entsprach dem Gehalt des damaligen Ministerpräsidenten. Er sprach zwar fließend Englisch, Französisch, Deutsch und verstand auch Italienisch, doch brachte er es weder hier noch in seiner Muttersprache je zu richtiger Beherrschung der Schriftsprache. Bis zu seinem Eintritt ins Parlament verbrachte der junge Aristokrat die Wintermonate mit seinem Onkel in Menton an der französischen Riviera. Er führte ein Leben der Ausschweifungen zwischen Paris, London, Wien und Budapest und galt als leidenschaftlicher Kartenspieler. Unglaubliche Summen hatte er verloren, und vor seiner Eheschließung 1914 mit Katinka, der um zwanzig Jahre jüngeren Tochter von Gyula Andrássy, erreichten seine Schulden die schwindelerregende Höhe von zwölf Millionen Kronen. Er war von Anfang an ein Kämpfer und ein Spieler und tat alles mit vollem Einsatz …“

---

[15] Nach der marxistischen Lehre ist die bürgerlich-demokratische Revolution eine notwendige Vorstufe zur kommunistischen Revolution.

[16] Siehe dazu Daruvar, Yves de: Le destin dramatique de la Hongrie, Paris 1970. Ungarisch: Trianoni magyar sors, Budapest 1999, S. 39 ff.

Bereits zu Beginn der Emigrationszeit, schreibt Jászi, erzählte ihm Károlyi, wie er aus einem Gefühlssozialisten zu einem marxistischen Revolutionär geworden sei. In seinem Exil, zuerst in Prag, dann an der dalmatinischen Küste (er verfügte bis 1946 über einen jugoslawischen Reisepaß), in Paris und schließlich in London war er kein Kryptokommunist, sondern eher ein nicht kritikloser, jedoch konsequenter typischer Mitläufer. Als ‚Graf der Komintern' hat er vor allem in der zweiten Hälfte der 20er und Anfang der 30er Jahre eng mit der ungarischen KP zusammengearbeitet."[17]

Károlyis Nationalitätenpolitik, die er nach seiner Machtübernahme in der Revolution vom 31. Oktober 1918 umsetzte, war im wesentlichen identisch mit den Thesen Oszkár Jászis. Der Plan der neuen Regierung, in der Jászi als Minister ohne Geschäftsbereich für die Nationalitätenpolitik zuständig war, sah die Aufrechterhaltung der territorialen Integrität Ungarns vor, die man unter Anerkennung des Selbstbestimmungsrechts der Völker durch Verhandlungen, Zugeständnisse und Einigung mit den Nationalitäten zu erhalten hoffte.[18] Der Ministerrat äußerte die Hoffnung „ … daß es gelingen wird, die territoriale Unversehrtheit des Landes zu retten … " Und Károlyi nannte als zweite Hauptaufgabe „nach der Sicherung der demokratischen Umgestaltung die Verteidigung der Grenzen Ungarns".

Das Militärpotential war noch da. Doch geschah das Gegenteil von dem, was angekündigt war. Am 2. November 1918, also noch vor dem Ende der Waffenstillstandsverhandlungen mit den westlichen Alliierten in Padua, erklärte Graf Károlyi in einem Manifest an die „Völker der Welt":

> „Das ungarische Volk hat seine siegreiche und friedliche Revolution beendet … Jetzt will es einen selbständigen Staat errichten. Die ungarische Nation weist jedwede Verantwortung für den Weltkrieg

---

[17] Lendvai, Paul: Die Ungarn, München 1999, S. 404 ff. Interessante Einzelheiten über Károlyis Tätigkeit als Einflußagent der Komintern in Koch, Stephan: Double lives – Stalin, Willi Münzenberg and the Seduction of the Intellectuals, London 1994. Ungarisch: Kettös szerepben, Budapest 2000.

[18] Eine ausführliche Darstellung bei Fischer, Holger: Oszkár Jászi und Mihály Károlyi, München 1978, S. 86 ff.

energisch zurück. Hört auf das Gewissen, legt die Waffen nieder und bittet um Frieden …"[19]

Zugleich lösten Károlyi und sein Kriegsminister Béla Linder die noch intakte ungarische Armee auf. Linder rief aus: „Wir brauchen keine Armee mehr, ich will keine Soldaten mehr sehen."

Die politische Führung verzichtete auf die Verteidigung der Landesgrenzen – ohne jegliche Garantie der Siegermächte für die Unverletzlichkeit der historischen Grenzen Ungarns. Das war der Widerspruch zwischen den Worten und Taten Károlyis. Ob er ernsthaft die alten Grenzen Ungarns beibehalten oder mit der Betonung dieser Frage lediglich die Opposition in seiner eigenen Partei beruhigen wollte, darauf gab er eine ziemlich eindeutige Antwort.

Sein Berater und Minister für Nationalitätenpolitik, Jászi, der die Probleme bis dahin innerhalb der alten Landesgrenzen lösen wollte, änderte nun seinen Standpunkt: Er räumte den Nationalitäten in Ungarn plötzlich das Selbstbestimmungsrecht ein – sie durften nun also selbst entscheiden, ob sie in Ungarn bleiben oder in den Nachfolgestaaten der Monarchie mit ihren Landsleuten leben wollten. Anfang November ging Jászi weiter: In der Frage der territorialen Integrität hielt er es nicht für möglich, bereits zu diesem Zeitpunkt zu endgültigen Grenzverträgen zu kommen. Er meinte, es wäre am besten, wenn über dieses Problem auf einer internationalen Konferenz entschieden würde. Jászi gestand damit schon zu, daß Ungarns alte Grenzen nicht im vollen Umfang gerettet würden.

Am 16. November 1918, anläßlich der Ausrufung der Republik, sagte Károlyi, daß seine Regierung auf der Grundlage des Selbstbestimmungsrechts der Völker stünde und daß jedes Volk selbst über sein Schicksal entscheiden solle. Zwei Tage später meinte er aber:

> „Darüber müssen wir uns im klaren sein: Es wird sehr schwer sein, jenes Ungarn zu verwirklichen, welches wir uns in unseren Träumen vorgestellt haben. Aber eines müssen wir verwirklichen: Die wirtschaftliche Einheit müssen wir schaffen, wirtschaftlich müssen wir das Land zusammenschweißen."[20]

[19] Budapester Tageszeitung „Az Est", 5.11.1918.
[20] Fischer, Holger: Jászi und Károlyi, S. 88 f.

Von einer militärischen Verteidigung der Landesgrenzen war nicht mehr die Rede. Der Regierung Károlyi/Jászi/Kunfi gelang es in wenigen Tagen, das Land politisch lahmzulegen. In die von nationalen Minderheiten bewohnten Randgebiete Ungarns drangen tschechische, rumänische und serbische Truppen ein. Deren Ziel war es nicht, die Umsiedlung ihrer Landsleute in die Nachbarstaaten vorzubereiten, sondern die Siedlungsgebiete der Minderheiten aus dem ungarischen Staatsgebiet auszugliedern und ihren eigenen Staaten einzuverleiben.

Mitte Dezember 1918 mußten Károlyi und Jászi einsehen, daß die territoriale Integrität nicht zu retten war – auch, weil sie dafür nicht auf die Unterstützung der Entente hoffen konnten. Daraufhin trat Jászi mit einem neuen Vorschlag hervor: die Nationalitätenfrage könnte mit der Verwirklichung einer Donaukonföderation gelöst werden. Er hielt es für möglich, in einer nach Schweizer Vorbild geschaffenen Donaukonföderation eine wirtschaftliche und außenpolitische Einheit zu erreichen, in der jede Nation und Nationalität vollständige politische Freiheit hätte. So wäre es möglich, die wirtschaftliche Einheit Ungarns beizubehalten.[21]

Angesichts des Widerwillens der Nachbarn, Ungarn diesen Gefallen zu tun, war Jászi mit seinem Latein am Ende. Auf Grund der Realitäten, die er mit seinem Linksradikalismus mit geschaffen hatte, gab er die These der territorialen Integrität Ungarns endgültig auf.

Was Jászi wirklich wollte, ist schwer zu ergründen. Er führte ein politisches Doppelleben. Als Experte für Nationalitätenfragen trat er bereits vor dem Kriegsbeginn auf die politische Bühne. Aber zugleich spielte er im Geheimbund der Freimaurer eine bedeutende Rolle. Hier ist nicht das Freimaurertum zu kritisieren, das kein einheitliches politisches Gebilde darstellt und von Land zu Land unterschiedliche Ziele aufweist, wobei neben Altruismus, Philanthropie und Patriotismus auch Kosmopolitismus Platz findet. Einzelne Logen jedoch wurden wegen ihrer internationalen Verbindungen von Politikern genutzt. Auch für die tschechischen Politiker Masaryk und Beneš, wie schon erwähnt, waren sie „Türöffner" bei den Westmächten für ihr Ziel, die Habsburgermonarchie zu zerschlagen.

Ob Jászi diese Schiene auch benutzte, um seine Vorstellungen international bekannt zu machen, ist schwer nachzuweisen. Die ungarische Historikerin Mária A. Lángi behauptet es.[22] Sie bezieht sich auf die Arbeit

---

[21] Ebenda, S. 123 ff.

[22] Lángi, Mária A.: Trianon, Budapest 2001.

von Dr. István Somogyi, in der es hieß, Jászi hätte schon 1912 seine Vorstellungen von der Lösung der ungarischen Nationalitätenfrage der französischen Großloge „Grande Orient" in Paris zugeschickt, um diese zu informieren. Die „Grande Orient" hatte damals eine beherrschende Stellung in den höchsten politischen Kreisen Frankreichs[23] und galt als Anlaufstelle für Masaryk und Beneš. Über den Freimauer Jászi ist die Tatsache bekannt, daß er 1911 zum Großmeister der Budapester Loge „Martinovics" gewählt wurde. Wegen seiner radikalen Ansichten blieb er dort allerdings ziemlich isoliert. Hierfür spricht die kritische Stellungnahme einer Loge gegen Jászi und seine Mitstreiter:

> „Brüder, die sich radikal nennen, betreiben eine intolerante Aufwiegelung mit Betonung von theoretischen Parolen gegen alles, was sie nicht für richtig, nicht für demokratisch oder international halten, und sie verkünden in anderen Logen nicht nur gefährliche, für unsere Heimat schädliche Direktiven des internationalen Kosmopolitismus, sondern sie zwingen diese zu Stellungnahmen gleicher Richtung."[24]

Hinsichtlich Jászis Motiven liefert seine Meinung über die damalige politische Führungsschicht ein klares Bild:

> „Jászi bezeichnete die offizielle Nationalitätenpolitik in Ungarn als eine Herrenreiterpolitik, die die Nationalitätenfrage als irgendein Hindernisrennen auffaßt, das man mit Bravour nehmen ... und in dem man die ganzen Nationalitäten einfach niedertreten kann."[25]

Nach Jászi war diese feudalistische Nationalitätenpolitik von einer gewaltsamen Magyarisierung gekennzeichnet. Von den Nutznießern der feudalistischen Gesellschaftsordnung Ungarns sei auch keine andere Nationalitätenpolitik zu erwarten, weil jede demokratische Reform ihre Privilegien gefährden würde.

---

[23] Somogyi, István: A szabadkömüvesség igazi arca, Budapest 1929, S. 120 f.

[24] Aus der ziemlich unvoreingenommenen Darstellung von Kiszely, Gábor: Das Freimaurertum, Budapest 1999, S. 119 ff.

[25] Fischer, Holger: Jászi und Károlyi, S. 36 ff.

Dem stellte Jászi seine Konzeption der Nationalitätenpolitik gegenüber, „die das Problem lösen will, indem sie jeder in diesem Land wohnenden Nationalität völlig gleiche Rechte in allen privaten und öffentlichen Bereichen sichert."

Seine 1918 vorgeschlagene Lösung nach Schweizer Vorbild hatte er 1914 noch für völlig nachteilig, sogar für unmöglich gehalten.[26]

Vor dem Ersten Weltkrieg hielt er die Lösung der Nationalitätenfrage ohne eine radikale Änderung des damaligen ungarischen politischen Systems nicht für möglich. Das ist ein merkwürdiger Standpunkt, zumal Ungarns politisches Leben nach dem Ausgleich mit Wien 1867 von einem Liberalismus gekennzeichnet war, der es ermöglichte, daß auch Jászi das politische System ungehindert kritisieren konnte; der Rede- und Pressefreiheit wurden keine Schranken gesetzt. Auch die wirtschaftlichen Freiheiten – Budapest wuchs nach dem Ausgleich mit Wien 1867 in fünfzig Jahren beinahe auf das Zehnfache – erreichten das westeuropäische Niveau. An alldem durften auch die Nationalitäten teilhaben.

Wenn sich Jászi bis zur Revolution 1918 patriotisch zeigte und in seinen Schriften die Bewahrung der territorialen Integrität für unabdingbar hielt, so hatte das einen einfachen Grund: ohne diesen Vorbehalt hätte er seine Ideen in der damaligen Zeit gar nicht mit Aussicht auf Beachtung veröffentlichen können. Aber während der Revolution unter Károlyi relativierte sich der Patriotismus Jászis; er wollte nunmehr nur noch die wirtschaftliche Einheit des historischen Ungarns retten, wozu er freilich ebensowenig Machtmittel hatte wie sein Dienstherr Károlyi. Trotz ihrer ententefreundlichen Einstellung wurden beide von den westlichen Siegermächten als Verhandlungspartner gar nicht ernst genommen.

Im November 1918 wurde die ungarische Partei der Kommunisten gegründet, deren aggressive Agitation zu einer immer stärkeren politischen Polarisierung im Lande führte. Am 8. Januar 1919 trat die Regierung Károlyi zurück. Doch Károlyi blieb auf der politischen Bühne – als vorläufiger Präsident der Republik. In der neuen Regierung Berinkey, in der die Sozialdemokraten eine beherrschende Stellung hatten, wurde Jászi auf eigenen Wunsch nicht mehr Minister, sondern beschränkte sich auf eine Funktion als Berater.

---

[26] Ebenda.

Nach dem Regierungswechsel „waren serbische, rumänische, tschechoslowakische sowie französische Truppen so weit vorgedrungen, daß sich der ungarische Hoheitsbereich lediglich auf das von Magyaren bewohnte Kerngebiet Ungarns … erstreckte.“[27] Das war die Bilanz der drei Monate dauernden Karolyi-Regierung, die die ungarische Armee aufgelöst hatte.

Die vom französischen Oberstleutnant Vix am 20. März 1919 überreichte Note der Entente besiegelte das Schicksal der Regierung Berinkey, denn die in der Note angegebene neue Demarkationslinie war nach Vix' Worten „als ausgesprochen politische Grenze zu betrachten“. In der Antwortnote teilte die ungarische Regierung mit, sie könne die Verantwortung für die Durchführung nicht mittragen – und trat am 21. März 1919 gemeinsam mit Károlyi zurück.

Während Károlyi noch einen sozialdemokratischen Ministerpräsidenten ernennen wollte, verständigte sich die sozialdemokratische Partei, ohne Karolyi davon in Kenntnis zu setzen, mit der Kommunistischen Partei auf eine Koalition und auf die Ausrufung der Räterepublik. Das war die zweite Revolution seit Kriegsende. Die Kommunisten hatten mit Hilfe der Sozialdemokraten die Macht übernommen. Der gedemütigte Károlyi zeigte sein wahres Gesicht und bot seine Unterstützung an:

> „Ich selbst kann in der neuen Lage nichts anderes tun, als sie (die neue Regierung) in jeder Weise und mit ganzer Kraft zu unterstützen und ihr helfen. Ich werde wie ein einfacher Soldat arbeiten, weil ich sehe, daß Ungarn nur durch die Internationale gerettet werden kann …“[28]

Mit seiner Politik hat Károlyi zur Aufteilung Ungarns und zugleich zu der Osteuropas maßgebend beitragen. Daß er später in Westeuropa im Dienste der Komintern tätig wurde, bestätigt nur seine politische Gesinnung.

In der von Károlyi in Ungarn verursachten Verwirrung gelang es dem Kommunistenführer Béla Kun, die Macht an sich zu reißen und eine Räterepublik nach sowjetischem Muster einzurichten. Schon in den voran-

[27] Ebenda, S. 135 f.
[28] Ebenda, S. 156.

gegangenen Monaten „stockte das Wirtschaftsleben, in den Städten entstand Arbeitslosigkeit, auf dem Lande brachen Bauernunruhen aus. Die Aufteilung des adeligen Großgrundbesitzes wurde gefordert. Hinzu kam die kommunistische Propaganda, die von Moskau gelenkt und von heimgekehrten Kriegsgefangenen getragen wurde. Deren Führung übernahm eine links stehende Intelligenzschicht, die fast ausschließlich nichtmadjarischer Herkunft war."[29]

Die kommunistische Schreckensherrschaft mit blutiger Unterdrückung der Andersdenkenden dauerte 133 Tage. Die Furcht der Alliierten vor der Ausbreitung des Kommunismus in Europa hatte die Aussichten Ungarns, doch noch bessere Friedensbedingungen zu bekommen, weiter verschlechtert. Um die kommunistische Herrschaft niederzuschlagen, wurde den Rumänen erlaubt, bis nach Budapest vorzudringen. Zugleich sammelten sich auch ungarische Gegenkräfte, die in der Stadt Szeged eine Gegenregierung unter der Führung des ehemaligen Admirals der Monarchie, Nikolaus Horthy, bildeten und eine Armee vorwiegend aus Offizieren rekrutierten. Als das Regime Béla Kuns von den in einen Bürgerkrieg verwickelten russischen Sowjets keine Militärhilfe mehr erhielt, brach das kommunistische System unter dem Vormarsch der Horthy-Armee schnell zusammen. Die Kommunistenführer flohen nach Moskau.

Dieser letzte ungarische „Beitrag" verstärkte nur noch die bei den Alliierten ohnehin vorhandene Entschlossenheit zur Aufteilung Ungarns.

Bei den Pariser Friedensverhandlungen wurde Ungarn als besiegtes Land betrachtet und mußte daher – ohne die Möglichkeit zu echten Verhandlungen – den Friedensvertrag von Trianon am 4. Juni 1920 in der vorgelegten Form unterzeichnen. Das historische Ungarn hatte damit 71,4 Prozent seines Staatsgebietes und 63,5 Prozent seiner Bevölkerung eingebüßt. Dazu schreibt der Historiker Stadtmüller:

> „Die harten Bedingungen des Trianoner Vertrags waren vorwiegend das Werk der tschechischen (Benesch und Kramar), der rumänischen (Bratianu und Titulescu) und jugoslawischen (Paschitsch und Wesnitsch) Delegationen. Ihr Einfluß war umso gewichtiger, als

[29] Stadtmüller, Georg: Geschichtliche Ostkunde, Band 2, S. 118.

das Hauptaugenmerk der alliierten Großmächte ganz überwiegend auf den Friedensvertrag mit Deutschland (Versailles) konzentriert war.“[30]

Im Friedensvertrag von Versailles (28. Juni 1919) wurden dem deutschen Reich ebenfalls, so Stadtmüller weiter,

> „umfangreiche Gebietsabtretungen auferlegt: Im Westen Elsaß-Lothringen, im Osten fast ganz Posen und Westpreußen, das Memelgebiet und das Hultschiner Ländchen. Danzig wurde zur ‚freien Stadt‘ erklärt. Über die staatliche Zugehörigkeit Oberschlesiens sollte eine Volksabstimmung entscheiden. Die Reichsregierung mußte die Unabhängigkeit Österreichs als ‚unabänderlich‘ anerkennen. Dem zuvor stets so feierlich verkündeten Selbstbestimmungsrecht aller Völker wurde nun, wo es um das Recht der Besiegten ging, die Verwirklichung verwehrt.“[31]

Die Friedensverträge mit den anderen Besiegten folgten: mit Österreich in St. Germain-en-Laye am 10. September 1919, mit Bulgarien in Neuilly am 27. November 1919, mit Ungarn in Trianon am 4. Juni 1920 und mit der Türkei in Sèvres am 10. August 1920.

Diese „Pariser Vorortverträge“ verpflichteten zu hohen Reparationszahlungen, Rüstungsbeschränkungen und Gebietsabtretungen.

Die ungarische Nationalversammlung beschloß unter dem Druck der Alliierten ein Gesetz, das „das Haus Österreich der dynastischen Rechte verlustig“ erklärte. Ungarn blieb jedoch verfassungsrechtlich weiterhin ein Königreich – allerdings vorläufig ohne König. Als „Reichsverweser“ wurde Admiral Horthy im März 1920 gewählt.

Nach dem Ende des Ersten Weltkriegs wurde Frankreich, das unter Ministerpräsident Clemenceau die Friedensbedingungen bestimmt hatte, die führende politische Macht des europäischen Kontinents. Grundlage der neuen Gleichgewichtspolitik der Franzosen war die Überzeugung: Nur der Planslawismus könne Frankreich vor dem Pangermanismus retten. Statt die Möglichkeit einer deutsch-französischen Verständigung

[30] Ebenda, S. 120.

[31] Ebenda, S. 76 f.

und Zusammenarbeit zu suchen, wie es später Adenauer und de Gaulle taten, verhinderte Clemenceaus haßerfüllte Politik gegen Deutsche und Österreicher einen Weg des europäischen Friedens. Das von feindlichen Gefühlen diktierte Vertragswerk von Versailles löste keineswegs die Nationalitätenprobleme in Osteuropa, sondern führte zum Zweiten Weltkrieg und öffnete den Russen wieder die Tür nach Europa, wie es bereits nach Napoleons gescheitertem Rußlandfeldzug geschehen war.

Der Historiker François Fejtö stellt fest:

> „Der Hauptfehler des Systems von Versailles war, daß das Nationalitätenproblem des alten Österreich unter neuen Vorzeichen wiederbelebt wurde. Österreich hatte nach 1867 aus neun Nationalitäten bestanden, aus Deutschen, Tschechen, Polen, Ruthenen (Ukrainer), Slowenen, Kroaten, Serben, Italienern und Rumänen – das alte Ungarn aus sieben, aus Madjaren, Deutschen, Slowaken, Rumänen, Ruthenen, Kroaten und Serben. Aber die neue Tschechoslowakei umfaßte ebenfalls sieben und Jugoslawien neun Nationalitäten. Ja, in den Randgebieten der neuen Staaten bildeten die Minderheiten mitunter die Mehrheit, so etwa die Deutschen in Nordböhmen; die Ukrainer in Ostgalizien; die Albaner in der Hochebene von Kosovo; die Madjaren in der Südslowakei, im östlichen Siebenbürgen, in der Batschka und der Baranya; die Bulgaren in Caribrod. Unentwirrbar vermischt waren die Nationalitäten etwa im Banat, in Mazedonien, in Siebenbürgen, in der Marmarosch (Maramures) … usw. Das Nationalitätenproblem ist also nicht gelöst, sondern nur verlagert worden. Es wäre indessen unrichtig, das Versagen des Systems von Versailles allein der Unvollkommenheit der Grenzziehung und der zentrifugalen Tendenz der Minderheiten anzulasten. War es doch die Tschechoslowakei, die als erste wegen des angeblichen Verstoßes gegen die Rechte der Minderheiten zerbrochen ist – und gerade dort sind diese Rechte am ehesten respektiert worden, gerade dort haben Madjaren und Deutsche viel mehr bürgerliche Freiheiten genossen als im Ungarn Horthys oder im Deutschland Hitlers. Manche Minderheiten fühlten sich unterdrückt, bloß weil sie nicht mehr die frühere dominierende Stellung innehatten. Viel schlimmer hat man aber in Versailles gesündigt, indem man Ungarn zerstückelte, ein künstliches Österreich errichtete und Bulgarien nicht zufriedenstellte. Dadurch schuf oder verstärkte man in diesem Raum Diver-

genzen, die von Dritten leicht ausgenutzt werden konnten, in erster Linie von Deutschland."[32]

Ohne Kommentar: Graf Károlyi reiste eine Zeitlang mit einem jugoslawischen Paß in Europa herum und wählte dann Paris zu seinem Wohnsitz. Sein Verteidigungsminister Linder („Ich will keine Soldaten mehr sehen") siedelte nach Belgrad um.

1.2 Die Wiener Schiedssprüche – Der Hitler-Stalin-Pakt

Zwischen den beiden Weltkriegen bestimmte die französische Bündnispolitik die Konstellation in Osteuropa. Dabei gab es allerdings mehrere Konzeptionen für Bündnisse. Als Grundlage diente die Bündnispolitik Clemenceaus, der „Cordon sanitaire", der auf dem Bündnis mit Polen und der engen Kooperation mit der „Kleinen Entente" (Tschechoslowakei, Jugoslawien, Rumänien) beruhte.

Der französische Ministerpräsident Briand brach erstmals mit der deutschlandfeindlichen Pariser Außenpolitik, nachdem die französische Besetzung des Ruhrgebietes gescheitert war. Das Resultat war der „Locarno-Pakt" (1925) zwischen Briand und dem Reichsaußenminister Stresemann. Wegen des ständigen Minister- und Kurswechsels in Frankreich hatte diese Kooperation keinen Bestand.

Nach dem Vormarsch des Faschismus in Europa kehrte der französische Außenminister Barthou, der 1934 in Marseille ermordet wurde, zum „Cordon sanitaire" zurück. Es wurde ein gegen Italien gerichteter Balkanpakt mit der Teilnahme von Jugoslawien, Rumänien, Griechenland und der Türkei abgeschlossen. Premier Lavals Außenpolitik hingegen war freundlich gegenüber Italien.

Die „Volksfront-Regierung" von Léon Blum unter Beteiligung der Kommunisten nahm schließlich eine freundlichere Haltung gegenüber der Sowjetunion ein.

Das Ziel der französischen Bündnispolitik, Deutschland mit Hilfe der osteuropäischen Kleinstaaten zu umklammern, entsprach dem Geist

---

[32] Fejtö, François: Die Geschichte der Volksdemokratien, Band 1, Graz u. a. 1972, S. 26 f.

von Versailles. Die wachsende Zusammenarbeit zwischen Deutschland und der Sowjetunion seit ihrer Vereinbarung von Rapallo (1922) minderte den „Wert der französischen Bündnishilfe“ sichtlich. Die Hegemonie Frankreichs in Osteuropa blieb eine kurzlebige Episode. Frankreich hatte seine Macht wieder einmal falsch eingeschätzt.

In Moskau hatte Stalins neue Politik – Aufbau des Sozialismus in einem Lande – den Versuchen Lenins, die kommunistische Revolution in andere europäische Länder zu exportieren, vorläufig ein Ende gesetzt. Der neue Machthaber im Kreml brauchte außenpolitische Ungestörtheit. Mit Litauen schloß Moskau 1926 einen Nichtangriffspakt. 1929 wurde mit der Unterzeichnung des Litwinow-Protokolls der Briand-Kellog-Pakt (Kriegsächtungspakt) auf die Sowjetunion, Polen, Estland, Lettland, Litauen und Rumänien ausgedehnt. Mit Finnland schloß Moskau 1932 einen Nichtangriffspakt.

Der Zusammenbruch der drei Kaiserreiche machte die staatliche Wiedergeburt Polens möglich. Das Staatsvolk des neuen Polens bestand zu einem Drittel aus nationalen Minderheiten (hauptsächlich Ruthenen, Juden, Weißruthenen und Deutsche).

Nach dem Vertrag von Trianon wurde das verkleinerte Ungarn autoritär regiert. Der Adel mit Großgrundbesitz (etwa 200 Familien) hatte wieder den größten politischen Einfluß. Die Bodenreform wurde nach bescheidenen Anfängen beendet. Ministerpräsident Graf István Bethlen versuchte, das Land mit ausländischem Kapital wirtschaftlich neu aufzubauen. Die ungarische Außenpolitik stand ganz im Zeichen des revisionistischen Kampfes gegen den Vertrag von Trianon. Die Chance zu Grenzrevisionen bekam Ungarn erst nach Hitlers Machtergreifung.

Unterstützung dazu lieferte Italiens faschistischer Diktator Mussolini:

> „In seinem Streben nach Expansion begünstigte Mussolini die revisionistischen und irredentistischen Bestrebungen bei anderen Völkern. Aus Gegensatz zu Frankreich im Donauraum und im Mittelmeer, für das er als ‚mare nostro‘ die italienische Vormachtstellung beanspruchte, kehrte er sich von den Pariser Friedensverträgen ab, die er als Instrument der britisch-französischen Vorherrschaft auf dem Kontinent bezeichnete.“[33]

[33] Stadtmüller, Georg: Geschichtliche Ostkunde, Band 2, S. 124.

Als 1933 Hitler an die Macht kam, begann die italienische Außenpolitik nach einigen Spannungen bald eine immer stärkere Kooperation mit Deutschland. 1936 entstand die Achse Berlin-Rom, 1937 trat Rom dem Antikominternpakt bei, 1939 wurde ein Militärbündnis zwischen Deutschland und Italien unterschrieben.

Die Aushöhlung der Pariser Friedensverträge erfolgte auf deutschen Druck mit der Sudetenkrise. Um den Frieden in Europa zu „retten", kam es Ende September 1938 zu der berüchtigten Münchener Konferenz, auf der die französische und die britische Regierung Hitlers Forderung nachgaben und die Tschechoslowakei aufforderten, das Sudetenland an Deutschland abzutreten. Einige Tage später trat Präsident Beneš in Prag zurück und verließ sein Land.

Vielleicht dachten der britischer Premier Chamberlain und der französische Regierungschef Daladier, sie könnten Hitler mit diesem Zugeständnis von einem Krieg abhalten. Doch dem ersten Riß im Vertragswerk von Versailles folgten bald die nächsten, noch größeren Risse. Die kurzsichtige, von Rache bestimmte Politik Clemenceaus zeigte nun, wie unhaltbar die französischen Vorstellungen von einer Gleichgewichtspolitik à la Versailles waren.

Von blindem Haß gegen alles Deutsche erfüllt, vermochte Clemenceau nicht einzusehen, daß man ein großes Volk nicht ein für allemal besiegen kann. Man kann nicht bestreiten, daß Versailles die innenpolitische Entwicklung in Deutschland in den 20er Jahren maßgeblich beeinflußte und zur Machtergreifung Hitlers wesentlich beitrug. Damals ging der Spruch um: „Hitler wurde nicht in Braunau, sondern in Versailles geboren."

Mit den Münchener Zugeständnissen war Hitler nicht aufzuhalten. Dort hatte er noch erklärt: „Wir wollen gar keine Tschechen in unserem Reich." Aber sechs Monate später, am 15. März 1939, wurde der tschechische Reststaat in das Deutsche Reich als „Reichsprotektorat Böhmen und Mähren" eingegliedert.

Damit nahm die zweite Aufteilung Osteuropas vor dem Zweiten Weltkrieg ihren Anfang. Die politische Instabilität der Tschechoslowakei wurde nicht nur durch die Sudetenkrise, sondern auch durch die Unabhängigkeitsbestrebungen der Slowaken und der Karpatenukrainer (Ruthenen) hervorgerufen. Prag konnte sie mit Gewährung der Autonomie nicht mehr befriedigen. Im März 1939 erklärten die Slowaken unter ihrem Führer Tiso auf deutsche Ermutigung hin ihre staatliche Unabhängigkeit, die sie seit langem angestrebt hätten, zumal sie vom Zusammenleben mit den Tschechen im gemeinsamen Staat enttäuscht gewesen seien. Unbeeinträchtigt kamen allerdings auch die Slowaken nicht davon. Aufgrund des Ersten Wiener Schiedsspruchs (2. November 1938) Deutschlands und Italiens mußten die Slowaken die von ungarischer Bevölkerung bewohnte Südslowakei an Ungarn abtreten. Danach besetzten die Ungarn auf eigene Faust – und zu Hitlers Ärger – die Karpaten-Ukraine, die vor 1920 ungarisches Staatsgebiet gewesen war.

Der Anschluß Österreichs, auch ein Teil der Ostpolitik Hitlers, erfolgte schon im März 1938. Nach dem Machtantritt des deutschen Diktators hatte die nationalsozialistische Bewegung auch in Österreich einen starken Auftrieb erhalten. Der damalige Kanzler Dollfuß, ein harter Gegner Hitlers, wurde im Juli 1934 von Nationalsozialisten ermordet. Der anschließende Putschversuch der österreichischen Nazis wurde mit italienischer Hilfe niedergeschlagen; Mussolini, der damals noch kein Verbündeter Hitlers war, ließ seine Truppen am Brenner aufmarschieren. Das schreckte den „Führer" offenbar ab, und er bot Wien im Juli 1936 einen Vertrag an, in dem das Deutsche Reich die volle Souveränität der Republik Österreich anerkannte. Österreich bekannte sich dabei als deutscher Staat.

Der Nachfolger von Dollfuß, Schuschnigg, traf Hitler im Februar 1938 in Berchtesgaden, wo er unter der Drohung militärischer Gewalt eine enge außenpolitische Kooperation mit dem Deutschen Reich vereinbarte. Um Österreichs Unabhängigkeit zu retten, rief Schuschnigg am 9. März 1938 zu einer Volksabstimmung auf. Hitler antwortete darauf mit dem sofortigen Einmarsch der deutschen Truppen in Österreich und verkündete am 13. März die Eingliederung Österreichs in das deutsche Reich. Die Westmächte hatten dagegen nichts unternommen.

Hier zeigt sich, welch verheerende Folgen die Zerschlagung der österreichisch-ungarischen Monarchie hatte. Hitler hätte diese europäische Großmacht kaum vernichten oder auch nur „gleichschalten" können, denn ein derartiger Versuch hätte alle Nationalitäten der Doppelmonarchie vereint. Die mit dem Pariser Friedenssystem geschaffene politische Konstellation im östlichen Mitteleuropa und auf dem Balkan, bei der die kleinen Staaten schutzlos Deutschland und Rußland ausgeliefert waren, öffnete für Hitler den Weg zum Zweiten Weltkrieg und danach für Stalin zum Vordringen des Sowjetkommunismus in diesen Raum.

Nach der Zerschlagung der Tschechoslowakei wandte sich Hitler gegen Polen. Wenige Jahre zuvor, nach seiner Machtergreifung, hatte er noch Pläne geschmiedet, Polen als Verbündeten gegen Rußland zu gewinnen. Bereits 1934 hatte er mit Warschau einen Freundschafts- und Nichtangriffspakt geschlossen. Die deutsche Diplomatie ließ zu dieser Zeit noch den Eindruck entstehen, die Streitfragen – Danzig und die Behandlung der deutschen Minderheiten in Polen – seien friedlich zu lösen. Doch nach dem Einmarsch in Prag änderte sich der Ton schlagartig. Die ersten deutschen Forderungen vom 21. März 1939 – Wiederanschluß Danzigs an das Deutsche Reich und eine exterritoriale Autobahn und Eisenbahn durch den „Korridor"– lösten in London „unerwartete" Reaktionen aus. Am 31. März wurde eine britisch-französische Garantieerklärung für Polen veröffentlicht. Als am 7. April italienische Truppen Albanien besetzten, erweiterten Großbritannien und Frankreich die Erklärung auf Griechenland und Rumänien.

Die Westmächte wollten auch die Sowjetunion für ein Bündnis in Osteuropa gewinnen, das Hitler aufhalten sollte. Dieser Plan wurde jedoch durch die starken politischen Gegensätze zwischen den Ländern Ostmitteleuropas und Moskau erschwert.

Zugleich warb auch Hitler um die Sowjets. Dabei half ihm der mit Japan 1936 abgeschlossene Antikomintern-Pakt, zumal dieser von Moskau im Fernen Osten eine starke militärische Präsenz verlangte.

Die Sowjetunion, von Stalins groß angelegten militärischen „Säuberungen" geschwächt, verhandelte daraufhin mit beiden Seiten, um sich aus einem größeren Krieg herauszuhalten. Im März 1939 deutete Stalin an, eine Partnerschaft mit Deutschland zu bevorzugen. Er sagte in einer Rede, die Sowjetunion „sei nicht bereit, für andere die Kastanien aus dem Feuer zu holen." Aber gleichzeitig deutete der sowjetische Diktator seine Bereitschaft an, über den Preis seines Verhaltens zu reden. Wenige Tage danach folgte die erste Fühlungnahme.[34] Nachdem Hitler sich entschlossen hatte, die Streitfragen mit Polen durch Krieg zu lösen, kamen die Verhandlungen zum Schluß.

Am 23. August 1939 wurde die Welt vom Abschluß eines deutsch-sowjetischen Nichtangriffspaktes überrascht. Der deutsche Außenminister Ribbentrop und der sowjetische Volkskommissar des Äußeren, Molotow, unterzeichneten in Moskau den Vertrag, der die allgemeine wirtschaftliche und politische Zusammenarbeit vorsah und beide Staaten zu

[34] Ebenda, S. 160.

außenpolitischen Konsultationen verpflichtete. In einem geheimen Zusatzprotokoll wurde die Aufteilung „Zwischeneuropas“ vereinbart:

1. Finnland, Estland, Lettland sowie Polen ostwärts von Narew, Weichsel und San lagen außerhalb der deutschen Interessensphäre.
2. Die Sowjetunion erklärte sich für uninteressiert an Litauen und dem westlichen Hauptteil Polens.
3. Deutschland erklärte sich für uninteressiert an Bessarabien.

Der Pakt gab Hitler die Möglichkeit, Polen anzugreifen, was einige Tage später tatsächlich geschah. Die Russen marschierten in Ostpolen ein. Sie okkupierten die drei baltischen Staaten und zwangen Finnland im Winter 1939 durch einen Krieg zu Gebietsabtretungen.

In einem deutsch-sowjetischen Grenz- und Freundschaftsvertrag vom 28. September 1939 wurde jedoch auch Litauen als sowjetisches Interessengebiet anerkannt, während Deutschland das Gebiet zwischen Weichsel und Bug und den Zipfel Suwalki beanspruchte.

Als die deutschen Truppen im Feldzug gegen Frankreich im Westen gebunden waren, zwang Stalin im Juni 1940 Rumänien, Bessarabien und die südliche Bukowina abzutreten.

Nach dem Sieg über Frankreich fühlte sich Hitler schon stark genug, um sich über die sowjetischen Interessen hinwegzusetzen. Der Zweite Wiener Schiedsspruch vom 30. August 1940, der den östlichen und nördlichen Teil Siebenbürgens an Ungarn zurückgab, wurde in Abwesenheit von Vertretern der Sowjetunion gefällt, obwohl die russische Diplomatie ihr Interesse an Ungarn, Rumänien und Bulgarien mehrmals bekräftigt hatte, schreibt François Fejtö. Dieser Schiedsspruch

> „wurde in Moskau wie ein neues München empfunden. Die territorialen Garantien, die die Achsenmächte Rumänien zugesichert hatten, konnten nur als ein gegen die UdSSR gerichteter Akt aufgefaßt werden. Die deutschen und sowjetischen Interessen prallten aber nicht nur an der Donau, sondern auch in Finnland aufeinander. Der Abschluß des Dreimächtepaktes am 27. September 1940 ließ erkennen, daß der deutsch-russische Vertrag schon längst überholt war.“[35]

[35] Fejtö, François: Geschichte der Volksdemokratien, Band 1, S. 41.

Molotow versuchte im November 1940 in Berlin die Interessengegensätze zu glätten. Aber die Verhandlungen blieben ohne Ergebnis, denn Hitler war entschlossen, die deutsche Alleinherrschaft in Südosteuropa zu sichern. Danach traten Ungarn, Rumänien und die Slowakei dem Dreimächtepakt bei. Es folgte der Beitritt Bulgariens und Jugoslawiens im März 1941. Doch wieder bewegte sich die politische Drehbühne im Frühjahr 1941 in Südosteuropa. Nach dem Sturz der deutschfreundlichen Regierung in Belgrad beschloß Hitler, Jugoslawien mit Militärgewalt zu erobern. Dazu brauchte er Ungarn, um die Transportwege für die deutschen Truppen zu sichern. Aber der damalige ungarische Ministerpräsident, Graf Pál Teleki, zögerte, den deutschen Wunsch zu erfüllen, zumal er nur wenige Monate zuvor mit Belgrad einen Freundschaftsvertrag geschlossen hatte. Telekis Zwangslage führte schließlich zu seinem Selbstmord. Damit wurde der Weg für Deutschland zum Angriff auf Jugoslawien frei.

Ungarn ergriff die Gelegenheit, die durch den Vertrag von Trianon verlorenen ungarischen Gebiete, die Batschka und Südbaranya mit ungarischer und deutscher Bevölkerungsmehrheit, militärisch zurückzuerobern. Kroatien, damals ein Teil Jugoslawiens, wurde durch die Einrichtung eines deutschen Satellitenregimes wieder ein eigener Staat.

Als Hitler im Juni 1941 die Sowjetunion angriff, beherrschte er die Kleinstaatenwelt Zwischeneuropas, was ihm ein sicheres Aufmarschgebiet garantierte. Die Westmächte mit ihren Bündnispflichten hatten schon im Vorfeld des Zweiten Weltkrieges völlig versagt.

Die Frage ist durchaus angebracht, wie sich die politische Konstellation in Osteuropa entwickelt hätte, wenn Frankreich und Großbritannien nicht beschlossen hätten, als Sieger des Ersten Weltkrieges Österreich-Ungarn zu zerschlagen und aufzuteilen. Die Doppelmonarchie hatte als Ordnungsmacht und Vielvölkerstaat zugleich eine integrierende Funktion für die Minderheiten in ihrem Machtbereich und sorgte als autarke wirtschaftliche Einheit für politische Stabilität und Wohlstand für alle. Daß auch Ungarn mit seinem Verhalten unter Károlyi und Kun zum Zusammenbruch wesentlich beigetragen hat, steht außer Zweifel.

Was Deutschland betrifft, so war es ein folgenschwerer Fehler, daß der deutsche Generalstab Lenin aus der Schweiz nach Finnland transportierte, um ihn in Rußland die kommunistische Revolution leiten zu lassen. Die deutsche Fehleinschätzung führte zur dritten Aufteilung Osteuropas im 20. Jahrhundert – zugunsten Moskaus.

Hitler hätte die Möglichkeit gehabt, die Donaumonarchie Österreich-Ungarn wiederherzustellen und dadurch auch diesen Teil des Vertragswerks von Versailles zunichte zu machen. Er hat nicht einmal daran gedacht, dem verbündeten Ungarn dessen historische Grenzen zurückzugeben. Der Anschluß Österreichs samt der alten ungarischen Gebiete im Burgenland und die zwei Wiener Schiedssprüche beweisen dies. Der deutsche Diktator wollte Zwischeneuropa in ein Satellitenreich ohne größere Staaten umwandeln. Den erhofften Sieg über Rußland wollte er mit niemandem teilen.

1.3 Wie Stalin Jalta verstanden hat

Der Sieg über Hitler-Deutschland im Zweiten Weltkrieg ermöglichte es Stalin, Zwischeneuropa unter sowjetische Herrschaft zu bringen. Bulgarien, Polen, die Tschechoslowakei, Rumänien, Ungarn sowie Ostdeutschland wurden von Moskau als „Kriegsbeute“ betrachtet und innerhalb von drei Jahren politisch und wirtschaftlich gleichgeschaltet. Ausnahmen bildeten Titos Jugoslawien und in gewisser Weise Enver Hodschas Albanien, die ihre Unabhängigkeit ohne direkte sowjetische Hilfe erkämpft hatten.

Trotz seiner Versprechungen gegenüber dem amerikanischen Präsidenten Roosevelt und dem britischen Premier Churchill im Februar 1945 auf Jalta, dachte der Sowjetdiktator keine Minute daran, das Selbstbestimmungsrecht der Osteuropäer zu achten. Vielmehr soll er erklärt haben:

> „Dieser Krieg ist nicht wie in der Vergangenheit; wer immer ein Gebiet besetzt, er legt ihm auch sein eigenes gesellschaftliches System auf. Jeder führt sein eigenes System ein, soweit seine Armee vordringen kann. Es kann ja nicht anders sein.“[36]

Der amerikanische Präsident Roosevelt verkannte völlig die expansionistischen Absichten Stalins, er schieb im März 1943 dem britischen Premier Churchill:

---

[36] Milovan, Djilas: Gespräche mit Stalin, Frankfurt a. M. 1962, S. 146.

„Ich weiß, Sie werden meine brutale Offenheit mir nicht verübeln, wenn ich behaupte, daß ich mit Stalin persönlich besser umgehen kann, als Ihr Foreign Office oder mein State Department.“[37]

Um zu zeigen, von welchen folgenschweren Illusionen Roosevelt im Umgang mit Stalin geleitet wurde, genügt es, einen einzigen Satz aus einem Telegramm an seinen Moskauer Botschafter zu zitieren:

„Ich habe das Gefühl, daß Stalin nichts anderes will als Sicherheit für sein Land, und ich glaube, daß er ... für eine demokratische und friedliche Welt arbeiten wird und nicht den Versuch machen wird, etwas zu annektieren.“[38]

Für die künftige Ausgestaltung der amerikanisch-sowjetischen Beziehungen war die am 14. August 1941, also kurz nach dem Ausbruch des Krieges zwischen Deutschland und der Sowjetunion beschlossene Atlantik-Charta von grundsätzlicher Bedeutung.

Hinsichtlich der amerikanischen Kriegsziele wurde damit Stalin frühzeitig vor vollendete Tatsachen gestellt,

„als es Roosevelt anläßlich seines Zusammentreffens mit Churchill ‚für angebracht‘ hielt, eine die sowjetischen Interessen nicht berücksichtigende weltweite Pax Americana unmißverständlich anzumelden.“[39]

Die von Roosevelt und Churchill unterzeichnete Atlantik-Charta wandte sich vor allem gegen die deutsche und japanische Expansion, aber die dabei formulierten Prinzipien konnten auch als ausgesprochen antisowjetisch verstanden werden.

Vom Herbst 1944 an, mit dem Vordringen der Sowjetarmee in Osteuropa, kam es zu ernsten ordnungspolitischen Auffassungsunterschieden zwischen Washington und Moskau. Zu dieser Zeit war Washington noch

[37] Zitiert bei Stadtmüller, Georg: Geschichtliche Ostkunde, Band 2, S. 187.

[38] Ebenda, S. 187.

[39] Niedhart, Gottfried (Hg.): Der Westen und die Sowjetunion, Paderborn 1983, S. 183 f. Das Buch bietet eine ausführliche Darstellung der Politik der Europäer und der USA gegenüber der Sowjetunion.

nicht bereit, auf das in der Atlantik-Charta bekräftigte „One-World"-Konzept zu verzichten. Bis zur Konferenz von Jalta hat Roosevelt gehofft, sich gegenüber den Sowjets durchsetzen zu können.

Doch die Rechnung für die kriegerischen Leistungen hatte der sowjetische Diktator rechtzeitig bei den Westalliierten eingereicht. Daraufhin versuchte Churchill, der Stalins Absichten klar erkannte, sich mit dem Sowjetführer über die Festlegung der Einflußzonen in Ost- und Mitteleuropa für die Nachkriegszeit zu einigen.

Im Oktober 1944 stimmte Stalin dem Vorschlag des britischen Premiers wie folgt verbal zu:

Rumänien:	Westmächte	10 %
	Sowjetunion	90 %
Griechenland:	Westmächte	90 %
	Sowjetunion	10 %
Jugoslawien:	Westmächte	50 %
	Sowjetunion	50 %
Ungarn:	Westmächte	50 %
	Sowjetunion	50 %
Bulgarien:	Westmächte	25 %
	Sowjetunion	75 %

Über dieses „percentages agreement" zwischen Churchill und Stalin war Washington nur unzureichend informiert. Im Februar 1945 – es wurde der wichtigste Kriegsgipfel der Großen Drei, Roosevelt, Churchill und Stalin – konnte sich in Jalta auf der Krim der Kreml weitgehend durchsetzen.

Zunächst wurde die Einteilung Deutschlands in vier Besatzungszonen beschlossen. Für die Anerkennung Frankreichs als vierte Besatzungsmacht forderte Stalin im Gegenzug die Anerkennung des „Lubliner Komitees" – einer Moskau willfährigen und von polnischen Kommunisten stark durchsetzten politischen Gruppe – als provisorische Regierung Polens, die im Januar 1945 nach dem sowjetischen Vormarsch gegründet worden war. Nach Jalta galt die polnische Exilregierung in London nicht mehr als alleinige Sprecherin Polens. Stalin räumte damit das letzte Hindernis einer kommunistischen Machtübernahme in Warschau aus dem Wege.

Die Pläne Moskaus für die politische Gleichschaltung der besetzten Gebiete in Osteuropa lagen schon mindestens zwei Jahre vor Jalta bereit.

Hier stand Stalin lediglich vor der Aufgabe, die militärische Präsenz der Sowjetunion in den von der Roten Armee besetzten Ländern von den Westalliierten als politisches Faktum anerkennen zu lassen, was ihm auch gelang.

Was genau in Jalta vereinbart wurde, hat die Öffentlichkeit bis heute nicht erfahren, da keinerlei amtliche Konferenzprotokolle angefertigt wurden. Es gilt jedoch als sicher, daß die sowjetische Seite sich auf keinen Fall verpflichtet hatte, noch vor dem Abschluß eines Friedensvertrages mit Deutschland ihre Truppen aus Osteuropa abzuziehen.

Die Russen hatten sich bis 1948 durch konspirative Machtübernahme alle militärisch besetzten Länder Osteuropas – und sogar die nicht besetzte Tschechoslowakei – de facto einverleibt und kolonialisiert. Stalin wußte, wie auch seine Nachfolger, daß die Völker Osteuropas zutiefst antikommunistisch sind, und daß sie die kommunistische Herrschaft in derselben Stunde abschütteln würden, in der die letzten Sowjettruppen ihr Land verlassen würden. Osteuropa wurde kolonialisiert, weil der Kreml die Wirtschaftskapazität der Sowjetunion vergrößern wollte – und zwar mit Kulturlandschaften, die sowohl industriell als auch landwirtschaftlich weit über dem Niveau Rußlands lagen.

Daß es sich hier nicht um die übliche „Rache“ für vorausgegangene Verbrechen handelte, also um Strafe für die Länder, die an Hitlers Rußlandfeldzug beteiligt waren, sondern um reine Machtgier, wird unumstößlich durch die Gleichschaltung der von den Deutschen besiegten Länder Polen und Tschechoslowakei bewiesen, die politisch an der Seite der Siegermächte standen. Um das sowjetische Staatsgebiet zu vergrößern, annektierte Moskau neben den baltischen Staaten und dem nördlichen Drittel Ostpreußens auch große Teile Ostpolens, das rumänische Bessarabien, das ehemalige ungarische bzw. tschechoslowakische Staatsgebiet, die sogenannte Karpatenukraine.

Was in Jalta geschah und wie es geschah, darüber berichtet der vielleicht am besten informierte Zeitzeuge Otto von Habsburg, der Sohn des letzten österreichischen Kaisers und ungarischen Königs Karl:

> „Während des Krieges habe ich mehrmals Gelegenheit gehabt, mit dem Präsidenten (Roosevelt) zu sprechen, oft habe ich ihn gesehen und konnte so seinen physischen Zerfall stufenweise beobachten. Kurz vor Jalta, auf der zweiten Konferenz von Quebec, im September 1944 führte ich mit ihm ein längeres Gespräch und er fühlte sich

damals schon so schlecht, daß er mir sagte: er glaube nicht, daß er die nächste Präsidentenwahl im November erleben werde. Nun in Jalta, das vom 4. bis 12. Februar 1945 dauerte, d.h. ein Vierteljahr nach der Wahl, mußte der Zustand Roosevelts noch verzweiflungsvoller sein.

Roosevelt hatte schon beim Jahreswechsel 1941–42 jene Konzeption akzeptiert, daß er im Interesse der russischen Kriegspartnerschaft der Sowjetunion jedwede Konzession gewähren kann, die diese sich wünscht. Er dachte dabei, die Vereinigten Staaten würden am Ende des Krieges ohnehin eine so überlegene wirtschaftliche Macht sein, daß sie im Laufe der Friedensverhandlungen jede früher gemachte Konzession, die sich als nicht richtig erwiesen hat, berichtigen könnten. Roosevelt hatte auch noch vor Jalta die Illusion, daß er dieses Spiel gewinnen könne. Auf Grund meiner Eindrücke, die später auch Winston Churchill bekräftigt hat, ist es aber wahrscheinlich, daß er gerade auf der Konferenz von Jalta Zweifel bezüglich der Richtigkeit seiner Politik bekam."[40]

Den Weg nach Jalta können wir nicht verstehen, schreibt Otto von Habsburg, wenn wir die Tatsache außer acht lassen, daß der amerikanische Nachrichtendienst OSS die Kräfteverhältnisse des Dritten Reiches systematisch überbewertete. Diese Organisation habe im Weißen Haus ständig die Angst genährt, daß Rußland mit Hitler einen Sonderfrieden abschließen könne und daß dann die beiden totalitären Staaten Amerika besiegen könnten. Dieser Alptraum war so tief verwurzelt, daß man die gegenteiligen Informationen, insbesondere die britischen und polnischen nachrichtendienstlichen Berichte, einfach als unwahre und unglaubliche Informationen beiseite legte. Diese falsche Einschätzung sei letztlich der Grund dafür gewesen, daß Amerika gegenüber Moskau zu den weitestgehenden Zugeständnissen bereit war – um Rußland als kriegführenden Verbündeten behalten zu können.

Zu dieser falschen Beurteilung trug noch bei, legt Otto von Habsburg dar, daß es im Kreis der vertrautesten Mitarbeiter Roosevelts auch sowjetfreundliche Personen gab. So entstand die Situation, daß Roosevelt die Pläne Stalins bestenfalls nur erahnen konnte, während Stalin alles genau

---

[40] Habsburg, Otto von: Jalta und was danach geschah, München 1979, S. 19 ff.

erfuhr, was die Amerikaner dachten oder beabsichtigten. Roosevelt erzählte einem guten Bekannten Ottos von Habsburg einige Tage nach Jalta: Es war ein beängstigendes Erlebnis gewesen, zu sehen und zu erfahren, daß Stalin „seine Gedanken lesen konnte und über die Grenzen der amerikanischen Nachgiebigkeit gut informiert" war. „Wir befinden uns kaum im Irrtum", so Otto von Habsburg,

> „wenn wir auf Grund späterer Erkenntnisse vermuten, daß solche Personen wie Alger Hiss oder Harry Dexter White ihre Informationen dazu benutzten, der Sowjetunion die besten Ratschläge zu geben und daß Moskau dadurch seine Möglichkeiten am besten zu nutzen vermochte."[41]

Nach Meinung Ottos von Habsburg erwies sich die Vertreibung der Deutschen aus Mitteleuropa als die vielleicht folgenschwerste Entscheidung der Konferenz von Jalta. „Soweit ich auf Grund meiner Erfahrungen feststellen konnte," schreibt er,

> „war diese unheilverkündende Vorstellung anfangs allein und ausschließlich das Werk von Eduard Beneš. Nur später gelang es ihm, für diesen Plan die Großmächte zu gewinnen. Roosevelt, das weiß ich genau, war gar nicht begeistert von diesem Gedanken."[42]

1983 hatte ich Gelegenheit, den ersten Sicherheitsberater des amerikanischen Präsidenten Reagan, Richard Allen, zu fragen, ob die Amerikaner sich in Jalta gegenüber der Sowjetunion verpflichtet haben.[43] Der republikanische Politiker war ein entschiedener Gegner der Ostpolitik der 70er Jahre. Seine These lautete: Die Ära der Entspannung hat es der Sowjetunion ermöglicht, militärisch mit den Vereinigten Staaten gleichzuziehen. Er hielt es für einen „Fehler", daß Washington stets allzu vorsichtig taktiert habe, wenn ein Land in Osteuropa, wie Ungarn, wie die Tschechoslowakei, sich gegen Moskau auflehnte. Allen verneinte, daß der

---

[41] Ebenda.
[42] Ebenda.
[43] Ein längeres Gespräch mit Richard Allen im März 1983 bei einer NATO-Konferenz im Mannheimer Schloß.

Grund dafür die Abmachungen der Siegermächte von 1945 in Jalta seien: die Aufteilung Europas in zwei Interessensphären. „Meiner Meinung nach ist es klar, daß wir an Jalta nicht festhalten sollten," sagte er. „Man muß im kritischen Moment bereit sein, etwas zu tun. Wir haben diesen kritischen Moment auch in Polen verpaßt." Auf die Frage, was man dort hätte unternehmen können, antwortete er: „Man hätte zumindest den westlichen Kreditfluß abschneiden müssen." Die sowjetische Auslegung der friedlichen Koexistenz richte sich, fügte er hinzu, keineswegs nach dem Prinzip „leben und leben lassen."

Wie ich von Ungarns letztem Außenminister während des Krieges, Generaloberst Gustav Hennyey, Anfang der 70er Jahre in München erfuhr, hatte seine Regierung die Westalliierten durch Otto von Habsburg ersucht, die drohende Gefahr der russischen Besetzung Ungarns dadurch abzuwenden, daß die Truppen der Westmächte auf dem Balkan oder in Ungarn landen sollten.[44]

Präsident Roosevelt hatte den Erzherzog Otto von Habsburg telegraphisch zu der Quebecer Konferenz im September 1944 eingeladen, wo er ihn in Gegenwart von Churchill und Eden empfing und darauf hinwies, daß jetzt die letzte Gelegenheit bestehe, die bedingungslose Unterwerfung Ungarns durch Rußland noch zu verhindern. Die Russen hatten nämlich die Vereinbarung mit den Westalliierten in Bezug auf Bulgarien verletzt. Sie hatten zugestimmt, Muschanoff und seine Mitarbeiter mit der neuen Regierungsbildung zu betrauen. Statt dessen wurden Muschanoff und seine Mitarbeiter von den einmarschierenden Russen verhaftet, die ihre eigenen Agenten als Regierung einsetzten. Als der britische Außenminister Eden diese Nachricht überbrachte, fühlten sich Churchill und Roosevelt nicht mehr an die Vereinbarungen von Teheran und der nachfolgenden Konferenzen gebunden, wonach Ungarn dem russischen Einflußgebiet zugewiesen wurde. Roosevelt und Churchill baten gemeinsam Otto von Habsburg, dies dem ungarischen Reichsverweser Horthy zu übermitteln, worauf der Erzherzog bemerkte, daß er nicht sicher sei, ob auf Grund seiner Mitteilung der Reichsverweser sich

---

[44] Mit der Hilfe des Osteuropa-Historikers Professor Georg Stadtmüller gelang es, Hennyey davon zu überzeugen, wie wichtig es wäre, die spannenden Wochen dieser kaum bekannten Geschichte in einem Buch darzustellen. So erschienen Hennyeys Erinnerungen in Betreuung des Ungarischen Instituts München unter dem Titel: Ungarns Schicksal zwischen Ost und West 1975. Siehe dazu das Kapitel: Ungarns Weg aus dem Zweiten Weltkrieg, S. 59 ff.

zum Handeln entschließen werde. Otto von Habsburg meinte, daß Tibor von Eckhardt beim Reichsverweser wahrscheinlich größeren Einfluß habe.[45] Hierauf bat Roosevelt Erzherzog Otto, daß sowohl er als auch Tibor von Eckhardt ein Telegramm an den ungarischen Reichsverweser konzipieren sollten, für dessen Übermittlung nach Budapest Roosevelt persönlich Sorge tragen werde.

Die Telegramme gleichen Inhalts enthielten Roosevelts Forderungen:

> „Ungarn muß zwei Verpflichtungen annehmen:
> 1. Bedingungslose Kapitulation gegenüber Amerika und England, aber nicht gegenüber Rußland.
> 2. De facto militärische Unterstützung der angelsächsischen Militärkräfte zur Befreiung Österreichs. Was Rumänien den Russen angeboten hat, das muß Ungarn gegenüber den Angelsachsen tun, bei der ersten Gelegenheit, welche später bestimmt wird."

Inzwischen sollte Ungarn seine Militärkräfte bewahren, ebenso seine innere Ordnung und sein Gebiet, damit es einen brauchbaren Wert für die alliierten Mächte repräsentieren konnte. Wenn Ungarn diesen Bedingungen Folge leiste, werde es seinen Platz in der westlichen Welt behalten können. Die Vergeltung für die Naziinvasion im März 1944 sei moralisch berechtigt, politisch unvermeidlich. Weiteres Zaudern würde zum endgültigen Verderben führen.

Diese Mitteilung haben damals weder der ungarische Außenminister Hennyey, der Adressat, noch seine Regierung erhalten. Daher war eine Antwort an Roosevelt nicht möglich. So mußte Ungarn sein Schicksal, die russische Besetzung, erleiden.

Was war da geschehen, wo sind die Telegramme verschwunden? Darüber konnte ich Otto von Habsburg in Budapest befragen.

Der einschlägige Teil des Interviews im Wortlaut:

> – „Vom letzten Außenminister Horthys, von Gustav Hennyey, habe ich erfahren, daß Sie 1944 die Zustimmung von Präsident Roosevelt

[45] Der ungarische Politiker Tibor von Eckhardt, ein Vertrauter Horthys, hielt sich während des Krieges im Auftrag des ungarischen Staatschefs in Washington auf. Das Verhältnis zwischen Otto von Habsburg und Horthy war nicht ungetrübt, hatte doch auch der Reichsverweser dem König Karl, Ottos Vater, die Rückkehr auf den ungarischen Thron verweigert.

zur Landung der Westalliierten auf dem Balkan bekamen. In diesem Fall hätten wahrscheinlich die Amerikaner Ungarn besetzt …"

Otto von Habsburg: „Ja."

– „Wie wurde der Beschluß des Präsidenten unterschlagen?"

Otto von Habsburg: „Dabei hatte wieder Beneš eine entscheidende Rolle, wie auch manche Mitglieder der englischen Regierung. Churchill hat uns unterstützt, aber sein Außenminister Eden hatte leider andere politische Vorstellungen. Eden wollte diese Länder vernichten, er wäre sogar noch weitergegangen. Er wollte auch Österreich ausradieren. Er war voller Haß und Vorurteile, ihn konnte man nicht überzeugen. Daneben darf man auch nicht vergessen, daß die Russen in dieser Zeit in der amerikanischen Administration sehr einflußreich waren."

– „Waren es die sowjetfreundlichen Berater in der Nähe von Roosevelt gewesen?"

Otto von Habsburg: „Gewiß. Alger Hiss, Harry Dexter White und der, der meiner Meinung nach der einflußreichste war: Harry Hopkins. Ich erinnere mich an mein letztes Gespräch mit Roosevelt, der ein großer Freund von Hopkins war. Ich habe vertrauliches Material von der ungarischen Regierung gebracht und Roosevelt bemerkte: Er werde diese Sachen in einen Extra-Safe legen, dessen geheimes Zahlensystem auch Hopkins nicht kenne. Zum ersten Mal hatte ich das Gefühl, Roosevelt vertraut Hopkins nicht so sehr. Doch Harry Hopkins hatte tragisch großen Einfluß auf den Präsidenten. Einen viel größeren als zum Beispiel Alger Hiss. Der Einbau der russophilen Berater in die amerikanische Administration begann schon vor dem Krieg. Und es geschah hauptsächlich durch Frau Roosevelt, die bestimmt keine Kommunistin war, aber mit den Linken sympathisierte."

Der Fall Ungarn zeigt, an welch dünnen Fäden die Schicksale kleinerer Völker und Länder hängen.

Schon ab August 1944 mußten die Westalliierten feststellen, daß sie von Stalin meisterhaft hereingelegt worden waren. Der Kalte Krieg, „cold war“[46], begann eigentlich schon im September 1944, also noch vor Ende des Zweiten Weltkriegs. Es war aber zu spät, die wahren Absichten des sowjetischen Diktators zu erkennen. Der Kremlführer fühlte sich so sicher, daß er bereits ein Jahr nach Kriegsende weitermarschieren wollte. Der sowjetische Griff nach der Türkei, Griechenland und den iranischen Ölquellen – rein machtpolitische Ambitionen Moskaus – bewirkte eine Kehrtwendung der Außenpolitik der Vereinigten Staaten. Am 12. März 1947 erklärte Präsident Truman vor beiden Häusern des amerikanischen Kongresses:

> „Es muß, glaube ich, der außenpolitische Grundsatz der Vereinigten Staaten werden, allen Völkern, deren Freiheit von militanten Minderheiten oder durch einen von außen ausgeübten Druck bedroht wird, unseren Beistand zu leihen. Wir müssen, glaube ich, allen freien Völkern dabei helfen, ihre Geschicke selber zu bestimmen ...
>
> Die totalitären Regierungen wurzeln in dem üblen Boden der Armut und des Bürgerkrieges, saugen ihre Nahrung aus Elend und Not und erreichen ihr volles Wachstum dort, wo die Hoffnung auf ein besseres Dasein stirbt. Diese Hoffnung aber gilt es lebendig zu halten ... Wenn wir Schwäche zeigen, gefährden wir den Frieden der Welt und schaden der Wohlfahrt unseres eigenen Landes.“

Mit der Trumandoktrin vermochten die Vereinigten Staaten von Amerika Griechenland und die Türkei vor der russischen Vorherrschaft zu retten. Die Kehrtwendung der amerikanischen Außenpolitik trug auch dazu bei, daß Stalin den Absprung Jugoslawiens aus dem sowjetischen Lager 1948 unvergolten ließ. Was aber die übrigen Staaten Osteuropas betraf, ließ die Trumandoktrin Stalin völlig kalt.

Die Abmachungen von Jalta haben dem Kreml in Ostmitteleuropa für längere Zeit ziemlich freie Hand gegeben; die Trumandoktrin galt nur der Abwehr einer weiteren Ausdehnung der sowjetischen Herrschaft. Das schien restlos bestätigt zu werden durch das zurückhaltende Verhalten Washingtons während der ungarischen Revolution 1956.

[46] Die Benennung stammt von dem amerikanischen Publizisten Walter Lippmann, jedoch erst aus dem Sommer 1947.

Noch „geräuschloser" duldeten die Westalliierten die sowjetische Besetzung der Tschechoslowakei im August 1968 nach dem Prager Frühling aufgrund der Breschnjewdoktrin, der „begrenzten Souveränität der Länder Osteuropas".

Bereits zwei Jahre danach, im August 1970, schloß die Bundesrepublik Deutschland mit der Sowjetunion einen „Gewaltverzichtsvertrag", wobei Bonn die Oder-Neiße-Linie als die von Stalin nach Westen vorgeschobene Westgrenze Polens samt den anderen „Grenzziehungen" Moskaus nach dem Krieg auf den früheren Gebieten des Deutschen Reiches ohne eine sowjetische Gegenleistung anerkannte, obwohl Bonn zu diesem Akt mangels des ausstehenden Friedensvertrages der ehemaligen Siegermächte in keiner Weise gezwungen war. Nach dem Abschluß erklärte der sowjetische Außenminister Gromyko lapidar: Für die Sowjetunion sei der deutsch-sowjetische Vertrag nichts anderes als ein „Grenzvertrag". Das hieß im Klartext: Die Akzeptanz der nach dem Krieg in Osteuropa entstandenen „Realitäten" – die Anerkennung der Sowjetisierung Osteuropas. Damit wurden die Jalta-Vereinbarungen aus sowjetischer Sicht auch von der Bundesrepublik Deutschland de facto akzeptiert.

Fünf Jahre danach, am 1. August 1975, gaben nunmehr 33 europäische Staaten sowie die Vereinigten Staaten und Kanada in der Schlußakte der Konferenz über Sicherheit und Zusammenarbeit in Europa in Helsinki ihre Zustimmung zur sowjetischen Oberhoheit über Osteuropa. Sie sprachen sich für die „Unverletzlichkeit der Grenzen" in Europa aus, für den Status quo zwischen Ost und West auf dem Kontinent.

Im Gefolge der sogenannten „Entspannungspolitik" oder „friedlichen Koexistenz" zwischen dem von Moskau geführten kommunistischen Lager und den westlichen Demokratien gelang es dem Kreml, nicht nur die ständigen Versorgungskrisen im eigenen Herrschaftsbereich durch erleichterten Ankauf westlicher Lebensmittel in großen Mengen zu bewältigen, sondern auch hochentwickelte westliche Technologien, also Investitionsgüter auf Kreditbasis en gros einzukaufen, was schließlich den sowjetischen Rüstungsvorsprung in einigen Bereichen gegenüber der westlichen Führungsmacht Amerika ermöglichte.

Doch trotz großzügiger westlicher Hilfsbereitschaft sammelte sich seit den ersten „Marschversuchen" nach 1948 der Sand im Getriebe des kommunistischen Systems.

2. Krisen, Aufstände, Revolutionen im kommunistischen Osteuropa

2.1 Warum das Sowjetmodell überall versagt hat

Wenn man kommunistische Wirtschafts- und Gesellschaftssysteme analysiert, kommt man schnell zu dem Schluß, daß es sich um die primitivsten Formen des Kapitalismus handelt – belastet mit vielen leistungshemmenden politischen Faktoren. Die zweite Erkenntnis ist nicht weniger aufschlußreich: Alles, was Karl Marx seinerzeit am Kapitalismus kritisiert und zu bekämpfen empfohlen hatte, konnte man gerade dort in unverdünnter Form entdecken, wo wirtschaftliche und politische Einrichtungen sich auf seine Lehre beriefen. Eine List der Geschichte? Keineswegs. Ein Zufall? Marx selber schloß den „Zufall" als einen Faktor, der die Geschichte beeinflussen könnte, aus.

Er hatte zwei unabdingbare Maßnahmen als das Ziel der Revolution genannt: die Aufhebung des Privateigentums an den Produktionsmitteln und die Diktatur des Proletariats. Weder das eine noch das andere Ziel wurde in den kommunistischen Länder verwirklicht.

Was das Eigentum an Produktionsmitteln betrifft, so fand nach der kommunistischen Machtergreifung lediglich ein „Besitzwechsel" statt. Das produktive Vermögen ging in die Dispositionsgewalt der regierenden kommunistischen Parteien über, die fortan in der Rolle der Arbeitgeber auftraten. Die Verteilung des Privateigentums, der „Beute" des siegreichen Klassenkampfes, unter das Volk blieb aus, da die neue Ordnung nicht vom Proletariat diktiert wurde, sondern von der neuen Elite, den Parteiführungen, präziser noch von der herrschenden Clique der Berufsrevolutionäre, die tatsächlich alle Macht in ihren Händen vereinten.

Schon Lenin korrigierte Marx:

> „Wir haben gesagt, daß die Arbeiter ein sozialdemokratisches Bewußtsein gar nicht haben konnten. Dieses konnte ihnen nur von außen gebracht werden. Die Geschichte aller Länder zeugt davon, daß die Arbeiterklasse aus eigener Kraft nur ein tradeunionistisches (das heißt gewerkschaftliches) Bewußtsein herauszuarbeiten vermag, die Überzeugung von der Notwendigkeit, sich in Verbänden zusam-

menzuschließen, einen Kampf gegen die Unternehmer zu führen, der Regierung diese oder jene für die Arbeiter notwendigen Gesetze abzutrotzen und anderes. Die Lehre des Sozialismus ist hingegen aus den philosophischen, historischen und ökonomischen Theorien hervorgewachsen, die von den gebildeten Vertretern der besitzenden Klasse, der Intelligenz, ausgearbeitet werden. Auch die Begründer des modernen Sozialismus, Marx und Engels, gehörten ihrer sozialen Stellung nach der bürgerlichen Intelligenz an ... “[47]

Im Klartext: Die Arbeiterschaft allein kann ihre Interessen weder vertreten noch erfolgreich durchsetzen, sie braucht als Führer gebildete Leute – nicht aus den eigenen Reihen, sondern Mitglieder aus den wohlhabenden Schichten. Lenin schrieb:

„Der Träger der Wissenschaft ist nicht das Proletariat, sondern die bürgerliche Intelligenz; in einzelnen Mitgliedern dieser Schicht ist denn auch der moderne Sozialismus entstanden und durch sie erst geistig hervorragenden Proletariern mitgeteilt worden, die ihn dann in den Klassenkampf des Proletariats hineintragen, wo die Verhältnisse es gestatten. Das sozialistische Bewußtsein ist also etwas in den Klassenkampf des Proletariats von außen Hineingetragenes, nicht etwas aus ihm urwüchsig Entstandenes ... “[48]

So wurde es nach der kommunistischen Machtergreifung nichts mit der „Diktatur des Proletariats“. Die Macht besaßen allein die Cliquen bürgerlicher Berufsrevolutionäre, die nun, im Besitz der Produktionsmittel, wirtschaftlich gesehen aus ihrem Land eine einzige Firma machten.

Damit fand jene völlige Konzentration des Kapitals statt, die Marx als unausweichlich für den Kapitalismus bezeichnet hatte. Seine Prophezeiung wurde ausschließlich in kommunistischen, das heißt staatskapitalistischen Gesellschaftssystemen Wirklichkeit:

„Es ist die Konzentration bereits gebildeter Kapitale, Aufhebung ihrer individuellen Selbständigkeit, Verwandlung vieler kleinerer in

[47] Lenin, Wladimir I.: Was tun?, Studienausgabe, München 1902, Bd. 1, S. 59 f.
[48] Ebenda, Bd. 2., S. 66 f.

> wenige größere Kapitale ... Das Kapital schwillt hier in einer Hand zu großen Massen, weil es dort in vielen Händen verlorengeht ... "[49]

Die Besitzer des enteigneten Kapitals, die jeweiligen Führungsspitzen der kommunistischen Parteien, standen in ihren jeweiligen Ländern völlig konkurrenzlos da. Eine Mitsprache des Proletariats, in dessen Namen und angeblichem Interesse das Kapital aus Privatbesitz beschlagnahmt wurde, fand nicht statt. Das Proletariat war stets völlig von der Verfügungsmacht ausgeschlossen. Das Streikrecht der Arbeiter wurde abgeschafft. In dem so entstandenen staatsmonopolistischen Kapitalismus wurde alle Macht in den Händen einiger Leute konzentriert. Der Diktatur der Partei – statt des Proletariats – stand nichts im Wege.

Das Fehlen von Demokratie und die Unterdrückung der elementaren Menschenrechte wurden von der Marxistin Rosa Luxemburg bereits kurz nach der russischen Revolution scharf kritisiert:

> „... Ohne allgemeine Wahlen, ungehemmte Presse- und Versammlungsfreiheit, freien Meinungskampf erstirbt das Leben in jeder öffentlichen Institution, wird zum Scheinkampf, in dem die Bürokratie allein das tätige Element bleibt. Diesem Gesetz entzieht sich niemand. Das öffentliche Leben schläft allmählich ein, einige Dutzend Parteiführer von unerschöpflicher Energie und grenzenlosem Idealismus dirigieren und regieren, und eine Elite der Arbeiterschaft wird von Zeit zu Zeit zu Versammlungen aufgeboten, um den Reden der Führer Beifall zu klatschen, vorgelegten Resolutionen zuzustimmen, im Grunde nichts anderes als eine Cliquenwirtschaft – eine Diktatur allerdings, aber nicht die Diktatur des Proletariats, sondern eine Diktatur einer Handvoll Politiker, das heißt eine Diktatur im bürgerlichen Sinne der Jakobiner-Herrschaft ... "[50]

Diese Systemanalyse von Rosa Luxemburg traf bis zum Zusammenbruch des Kommunismus zu.

Das kommunistische Wirtschafts- und Gesellschaftssystem ist die primitivste Form des Kapitalismus. Dies hat folgende Gründe:

---

[49] Marx, Karl: Das Kapital, Bd. 2, Frankfurt a. M. 1967, S. 654 f.

[50] Luxemburg, Rosa: Die russische Revolution, Berlin 1922, S. 113.

1. Die regierende Parteispitze bestand nicht nur auf ihrem Machtmonopol, sondern auch auf dem Monopol des Denkens. Die schöpferischen Kräfte der Gesamtgesellschaft konnten so im Wirtschaftsprozeß nur in äußerst beschränktem Maße zur Geltung kommen. Jede öffentliche Kritik von unten am Wirtschaftskonzept und an der Führungsmethode wurde hart bestraft.
2. Im Besitz der Macht und des Kapitals war die Parteispitze in der Rolle des Arbeitgebers ganz und gar arbeitnehmerfeindlich. Sie richtete Pseudogewerkschaften ein, die in den Betrieben, neben der Parteiorganisation, als zweiter „Einpeitscher", keinesfalls aber als Interessenvertretung der Arbeitnehmerschaft fungierten. Es gab keinerlei Möglichkeit, gegen das Lohndiktat der Arbeitgeber (der Parteiführungen) zu protestieren. Die Entlohnung der Arbeit wurde für die große Masse der Arbeiter nach dem von Lenin eingeführten „Prinzip der Gleichheit" bewerkstelligt. Damit wird klar, warum die Leistungen des einzelnen in den kommunistischen Volkswirtschaften im Vergleich zu den westlichen Industriestaaten so niedrig waren. Jeder kommunistische Staat war im Grundsatz eine einzige Firma mit einer einzigen Personalabteilung. Der Arbeitnehmer befand sich in einem Leibeigenen-System, da er in der Regel keine Möglichkeit hatte, den Arbeitsplatz frei zu wählen, geschweige denn, das Land zu verlassen.

Wo es kein Streikrecht gab, wurde der Arbeitnehmer bedingungslos zur Arbeit gezwungen. Nirgendwo in der kapitalistischen Welt ist die Entfremdung der Arbeiter von ihrer Arbeit und Produktion so ausgeprägt, wie es im Staatskapitalismus des Sowjetblocks der Fall war. Dort war der Arbeitgeber (die Partei) zugleich auch Polizist und Richter. Der Arbeitnehmer hatte keine weitere Anlaufstelle, um seine Beschwerden mit Aussicht auf Erfolg einzureichen.

Die These von John Maynard Keynes, daß nicht die Produktionsmittel verstaatlicht werden sollten, sondern das Kapital für das Volk zugänglich gemacht werden müsse, bewirkte nach dem Krieg eine Vervielfachung der Zahl der Kleinkapitalisten in den Industrieländern. Die von Marx erwartete Polarisierung der Gesellschaft ist soziologisch gesehen nicht eingetreten, statt dessen eine enorme Erstarkung der mittleren Schichten. Die so entstandenen Verhältnisse in den westlichen Wohlfahrtsstaaten hatten den Unterschied zwischen den beiden Gesellschaftssystemen erheblich zu Lasten des Ostblocks vergrößert.

2.2 Ruhe und Ordnung durch Gewalt – Roter Millionenmord

Stalin hatte nach dem Zweiten Weltkrieg – aus der Sicht der vernünftigen Staatslenkung – die einmalige Chance, das System zu ändern und ohne größere innenpolitische Erschütterungen von der Diktatur zur Demokratie überzuleiten. Während der Kriegsjahre war der Konflikt zwischen Volk und kommunistischer Machtelite zurückgestellt worden. Der Sieg über Hitler-Deutschland und dessen Verbündete erzeugte für kurze Zeit jene patriotische Grundstimmung, die unbedingt notwendig gewesen wäre, um einen neuen Anfang zu machen und die Bevölkerung für eine aktive Mitwirkung zu gewinnen. Diese historische Gelegenheit wurde verpaßt; ob sie überhaupt gesehen oder ob sie befürchtet wurde, bleibt offen. Stalin hielt an seiner Despotie fest.

Nichts wurde geändert. Die Schreckensherrschaft wurde uneingeschränkt fortgesetzt. Stalins paranoide Angst vor Machtverlust vereitelte eine Lockerung der Diktatur. Das Straflagersystem Gulag wurde weiter ausgebaut. Unzählige unschuldige Menschen kamen um, wie es Solschenizyn in seinem Erlebnisbericht „Der Archipel Gulag" beschrieben hat.

Der russische Historiker Alexander Jakowlew, einst Chefberater Gorbatschows, der sich seit Jahren mit dem sowjetischen Totalitarismus beschäftigt, wurde von der Frankfurter Allgemeinen Sonntagszeitung am 13. März 2005 in einem Interview gefragt:

– „Wie viele sind durch Stalins Terror ums Leben gekommen?"

Jakowlew: „Das ist unmöglich zu beantworten. Wir finden immer noch Massengräber und wissen nicht, wer da liegt. Kürzlich hatte ich den Fall eines Parteisekretärs in der Ukraine. Der hat persönlich 3.000 Leute erschossen. Das Politbüro hat 1937/38 Quoten zur Erschießung von Hunderttausenden festgelegt. Während der Kollektivierung wurden fünf Millionen Bauernfamilien hinter den Ural deportiert – wie viele von ihnen sind umgekommen? Dann gibt es die Deportation der Kaukasus-Völker. Wir wissen, daß während der Deportation etwa 40 Prozent umgekommen sind. Genaue Zahlen kennen wir nicht. Ich glaube, daß es so bis 25 Millionen Opfer Stalins gibt."

– „Wie sehen Sie Lenin und Stalin?"

> Jakowlew: „Stalin hat sich nichts Neues ausgedacht, was Lenin nicht schon gemacht hätte. Lenin hat Kinder als Geiseln genommen, er hat Konzentrationslager gegründet, das Terrorsystem geschaffen. Lenin ist der Ideologe und Taktiker des internationalen Terrorismus. Stalin ist sein eifriger Schüler, er hat den Terror dann allerdings in viel größerem Ausmaß realisiert."

Jakowlew ist eine authentische Quelle für die Bilanz des roten Millionenmordes. Stalins „großer Säuberung" (velikaja tschistka), die von 1936 bis 1938 dauerte, fiel der größte Teil der Altbolschewiken zum Opfer. Auch der Osteuropa-Historiker Georg Stadtmüller legt dar: „Säuberungen" der Partei oder Regierung von Personen, die eine andere Auffassung hatten als der Parteiführer, sind keine Erfindungen Stalins. Schon Lenin hatte „gesäubert" und war gegen Andersdenkende – nicht nur Menschewiken und Sozialrevolutionäre – mit vernichtender Kraft vorgegangen.

Während Stalins brutaler „Säuberungen" fanden auch Liquidierungskampagnen brutalster Art unter der Führungselite statt. Stadtmüller schreibt:

> „Durch diese ‚große Säuberung' wurde fast das gesamte alte Führerkorps der KPdSU vernichtet. Unter den Hingerichteten befanden sich:
>
> 1. alle Politbüromitglieder Lenins – mit Ausnahme von Trotzkij, Sokolnikow und Stalin,
> 2. ein Ministerpräsident der Sowjetunion und zahlreiche stellvertretende Ministerpräsidenten,
>   zwei Kominternpräsidenten,
>   ein Chef des Generalstabs,
>   drei von fünf Marschällen,
>   13 von 15 Armeekommandeuren,
>   62 von 85 Korpskommandeuren,
>   220 von 406 Brigadekommandeuren,
>   rund 1.500 von insgesamt 6.000 höheren Offizieren,
> 3. insgesamt – die Zahlenangaben schwanken – dürfte die Säuberungswelle der 30er Jahre etwa acht bis neun Millionen Menschen in die Gefängnisse gebracht haben.[51]

[51] Stadtmüller, Georg: Geschichtliche Ostkunde, Band 2, S. 137.

Der Aderlaß – vor allem an geschulten Kräften – war riesig. Als die „große Säuberung“ 1938 zu Ende ging, war Stalins Alleinherrschaft unerschütterlich gefestigt. Sie ruhte seitdem auf der allgemeinen Angst vor neuen Blutbefehlen des nunmehr allmächtigen Generalsekretärs der Partei.

Mit der Stalinschen „Säuberungspolitik“ in der Ukraine war 1938 Nikita S. Chruschtschow beauftragt. Fast zwei Jahrzehnte später hat Chruschtschow – nunmehr als Erster Sekretär der KPdSU – Einzelheiten jener Blutbefehle Stalins mitgeteilt. In seiner sogenannten Geheimrede vor dem 20. Parteikongreß in Moskau schilderte er im Februar 1956 die terroristischen Methoden des Parteiführers:

> „Stalin hielt sich nicht damit auf, die Menschen zu überzeugen, aufzuklären und geduldig mit ihnen zusammenzuarbeiten, sondern er zwang anderen seine Ansichten auf und verlangte absolute Unterwerfung unter seine Meinung. Wer sich dieser Konzeption widersetzte oder einen anderen Standpunkt zu vertreten, die Korrektheit der eigenen Position zu beweisen suchte, wurde unweigerlich aus dem Führungskollektiv ausgestoßen und anschließend sowohl moralisch als auch physisch vernichtet. Dies zeigte sich in besonderem Maße in der Zeit nach dem 17. Parteikongreß, als zahlreiche prominente Parteiführer und einfache Parteimitglieder, die der Sache des Kommunismus mit aufrichtiger Hingebung dienten, dem Despotismus Stalins zum Opfer fielen.“[52]

2.3 Keine kommunistische Machtergreifung ohne Gewalt

Allen Ländern wurde das kommunistische Gesellschaftssystem durch List und Waffengewalt aufgezwungen – selbst in Rußland. Im November 1917 hatten in den letzten freien Wahlen Lenins Bolschewiken nur 25 Prozent der Stimmen erhalten. Als am 18. Januar 1918 die Nationalversammlung zusammentrat und die Mehrheit sich nicht der bolschewistischen Minderheit unterordnen wollte, ließ Lenin, wie schon erwähnt,

[52] Ebenda, S. 138.

das Parlament gewaltsam auflösen. Die Machtfrage war hier schon im Oktober 1917 entschieden, zumal die Provisorische Regierung kein Machtmittel hatte, sich gegenüber der einzigen Kraft, den von Trotzkij geführten kommunistischen Revolutionstruppen zu behaupten. Auf parlamentarischem Wege wäre Lenins Machtergreifung hingegen nie gelungen.

Nicht die kommunistischen Massenbewegungen, sondern außerordentliche politische Krisen haben dem stets zur Gewaltanwendung bereiten Kommunismus zur Macht verholfen. Diese Tatsache hat der Marxismusfachmann Nikolaus Lobkowicz in seinem Buch „Marxismus und Machtergreifung – Der kommunistische Weg zur Herrschaft“[53] vielfach belegt. Er schrieb:

> „1969 gab es auf der Welt 94 kommunistische Parteien, inzwischen sind einige hinzugekommen, da der Moskau-Peking-Konflikt in einer Reihe westlicher Länder zur Gründung kleiner antisowjetisch-prochinesischer Splitterparteien geführt hat. Nach dem Sturz der chilenischen Minderheitsregierung Allendes sind derzeit noch 14 kommunistische Parteien an der Macht, nämlich diejenigen der Sowjetunion, Chinas, Polens, der DDR, der Tschechoslowakei, Ungarns, Rumäniens, Bulgariens, Jugoslawiens, Albaniens, Nordkoreas, Vietnams, der Mongolischen Volksrepublik und Kubas. Sieht man einmal vom höchst ungewöhnlichen Sonderfall Kuba ab, wo ein Nichtkommunist sich nach einer ohne Hilfe der kommunistischen Partei zustande gekommenen Machtergreifung unerwartet zum Marxismus-Leninismus bekannte, sind alle Parteien der genannten Länder durch direkte oder indirekte militärische Unterstützung der Sowjetunion (und Chinas) zur Herrschaft gelangt ... Allerdings waren die militärischen Eingriffe nicht in allen Fällen so eindeutig, daß es möglich wäre, die kommunistische Technik der Machtergreifung als ein primär militärisches Problem zu behandeln.
>
> In der Tschechoslowakei hatte sich, bevor die Kommunisten im Februar 1948 endgültig an die Macht kamen, die Rote Armee schon weitgehend zurückgezogen, und obwohl die Machtergreifung wohl kaum ohne einen Armee-Oberbefehlshaber gelungen wäre, der

[53] Zürich 1978.

während des Krieges die tschechoslowakischen Truppen in der Sowjetunion kommandiert hatte (General Svoboda), kann der Wahlerfolg vom Mai 1946, der den Kommunisten in Böhmen 43,26 Prozent und in der Slowakei über 30 Prozent der Stimmen brachte (übrigens der größte Wahlerfolg in der Geschichte des Kommunismus), nicht übersehen werden.

In Jugoslawien hätte zwar Titos Regierung ohne die Nähe der Roten Armee vermutlich kaum die Wahlen vom November 1945 überstanden, aber die Kommunisten waren aufgrund einer geschickten Guerillatätigkeit sowie durch Koalitionsmanöver schon vorher an der Macht. Was Albanien betrifft, so kamen die Kommunisten nur deswegen zum Zuge, weil ihre Partei (damals) ein Ableger der jugoslawischen war."[54]

Der Haß gegen die kommunistische Wirtschafts- und Gesellschaftsordnung sowjetischer Spielart entlud sich in Osteuropa in Aufständen und echten Revolutionen. Das große Experiment, das Sowjetmodell, war schließlich in der Sowjetunion selbst frühzeitig und kläglich gescheitert. Aber bis zur Wende, bis zum Systemwechsel dauerte es noch Jahrzehnte.

2.4 Der 17. Juni 1953 – Arbeiteraufstand in der DDR

Drei Monate nach Stalins Tod kam es zum Aufstand der Arbeiter in Ostberlin und in Mitteldeutschland, der nicht nur die Deutschen in ihrem geteilten Land erschütterte. Es war ein spontaner Wutausbruch der Arbeiter ohne vorausgegangene Pläne und ohne Führung. Der 17. Juni 1953, der erste Versuch des Volkes, sich selbst zu befreien, die erste soziale und nationale Revolution, rüttelte an der kommunistischen Macht in Ostberlin – und erschreckte die Machthaber in Moskau. Der Nachkriegsmonolith des Kommunismus in Osteuropa zeigte die ersten Risse. Der Aufstand brach völlig unvorbereitet aus.

Die Arbeiter waren nicht darauf vorbereitet, ein Revolutionskomitee oder gar eine provisorische Regierung und eine Volksvertretung zu bilden.

---

[54] Lobkowicz, Nikolaus: Marxismus und Machtergreifung, Zürich 1978, S. 56 f.

Der Aufstand, wie gesagt, ging von Arbeitern aus und wurde von ihnen weitergetragen, entwickelte sich aber sehr schnell zu einer politisch motivierten Volkserhebung, die spontan aus den inneren Widersprüchen des Systems hervorbrach. Dazu schreibt Rolf Steininger:

> „Die Unruhen erfaßten mehr als 500 Orte in der DDR – viel mehr, als bislang im Westen angenommen worden war. Die Streiks begannen bereits vor dem 17. Juni und dauerten bis Mitte Juli an. Es war ein Aufstand gegen die SED, mit der Forderung nach Abschaffung des Systems und freien Wahlen, d. h. auch Wiedervereinigung."[55]

Die Vorgeschichte des Aufstandes begann bereits im Juni 1945 mit der Gründung der KPD, setzte sich fort mit der Zwangsunion der KPD und SPD zur SED im April 1946. Im Frühjahr 1948 informierte der Leiter der sowjetischen Militäradministration (SMAD), Generalmajor Tulpanow, die SED-Führung über die neue Lage, die Teilung Deutschlands als vollzogene Tatsache, und legte die SED auf eine stalinistische Ausrichtung fest – mit der Errichtung einer Ordnung in der Sowjetischen Besatzungszone wie in den Volksdemokratien in Osteuropa. Konkret beschrieb General Tulpanow die Veränderungen wie folgt:

- Faktisch ist eine Aufteilung Deutschlands in zwei Teile, welche sich nach verschiedenen Gesetzen entwickeln, zustande gekommen.
- Die Entwicklung der sowjetischen Zone ist eine Entwicklung nach dem Typ der neuen Demokratien.
- In der sowjetischen Zone steht die Partei der Arbeiter und Bauern an der Macht.
- Die Funktionen der Staatsmacht ändern sich grundsätzlich. Das vergesellschaftete Eigentum, die Planung, die Teilnahme der Massen am wirtschaftlichen Leben stellen die Partei vor neue Aufgaben.
- Die SED befinde sich „an der Grenze zweier Welten, dort wo die Welt des Kapitalismus auf die Welt des Sozialismus trifft. Deswegen sind ihr auch große, verantwortliche Aufgaben auferlegt". Es gehe darum, „ihre Reihen organisatorisch und ideologisch zu festigen."

Als Aufgabe wurde der SED aufgetragen, „den Kampf um die Eroberung ganz Deutschlands" zu führen.

---

[55] Steininger, Rolf: 17. Juni 1953 – Der Anfang vom langen Ende der DDR, München 2003, S. 15 ff.

Am 27. September 1949 gab dann das Politbüro der KPdSU grünes Licht für die Gründung der DDR. Bei den ersten Wahlen im Oktober 1950 erreichte die SED durch massive Wahlfälschungen, Pressionen und Manipulationen ihr Ziel.

Die öffentlich vertretene Auffassung, die SED sei eine Partei der Wiedervereinigung, war nichts anderes als eine Zwecklüge.

Weiter heißt es bei Steininger:

> „Dann kam der 10. März 1952 mit der berühmten Stalin-Note. Es wird wohl nie definitiv zu klären sein, wie weit Stalin beim Thema der Einheit Deutschlands gegangen wäre. Die Note wirkte jedenfalls auf die SED-Führung geradezu verstörend. Das merkwürdig schwache Echo der Note in der DDR kann man als Indiz für die Furcht des Politbüros vor dem Ende des eigenen Staates werten. Die DDR stand offensichtlich zur Disposition, Die erste Antwortnote des Westens hat möglicherweise diese Gefahr bereits beseitigt. Jedenfalls gab Stalin dann Pieck, Grotewohl und Ulbricht am 7. April im Kreml als zukünftige Aufgabe mit auf den Weg, eine eigene Armee aufzubauen, neun bis zehn Armeekorps, 30 Divisionen, 300.000 Mann – nicht Miliz, sondern ausgebildete Armee. Alles ohne Geschrei, aber beharrlich, wie Pieck notierte …“[56]

Die SED-Führung erkannte die Gunst der Stunde. Es ging jetzt darum, die Kluft zwischen Bonn und Ostberlin zu vertiefen und damit eine mögliche Wiedervereinigung schwieriger zu machen. Die DDR riegelte nun die innerdeutsche Grenze ab. Binnen weniger Stunden mußten 11.000 Menschen ihren Besitz verladen und ihre Häuser verlassen.

Auf der Zweiten Parteikonferenz vom 9. bis 12. Juli 1952 ging es nun um den Aufbau des Sozialismus in der DDR. Der Initiator hieß Walter Ulbricht. Die Zustimmung Moskaus zur Verkündung dieses Vorhabens erreichte die SED-Führung erst am Tag der Eröffnung der Parteikonferenz.

Mit dem Aufbau des Sozialismus war jetzt die radikale Veränderung der gesellschaftlichen Struktur geplant. Die Sonderentwicklung, die der ostdeutsche Staat bis dahin genommen hatte, sollte vertieft und beschleunigt werden.

---

[56] Ebenda, S. 29.

Die Zweite Parteikonferenz leitete eine Phase des revolutionären Umwandlungsprozesses ein: verschärfter Klassenkampf, völlige Zentralisierung der Verwaltung, volle Verstaatlichung der Industrie und Teilkollektivierung der Landwirtschaft. Dazu Steininger:

> „Ohne Rücksicht auf die Schwierigkeiten eines rohstoffarmen, durch Krieg, Demontagen und Reparationen geschwächten Landes sollte eine bedeutende Schwerindustrie aus dem Boden gestampft werden ... Gleichzeitig wurde ... der Aufbau bewaffneter Streitkräfte beschleunigt vorangetrieben ... Die finanziellen Aufwendungen waren gewaltig und in keinem Haushalt vorgesehen. Allein für die Verteidigung und Aufrüstung wurden rund anderthalb Milliarden Mark ausgegeben, das waren zehn Prozent des Haushalts, hinzu kamen die sowjetischen Reparationsforderungen, weitere zehn Prozent. Die Frage war, woher diese Mittel genommen werden sollten. Zunächst wurde die Konsumgüter- und Lebensmittelindustrie vernachlässigt; ergänzend wurden 450 Millionen Mark aus dem Fonds für die Renten- und Sozialfürsorge genommen, d. h. ein Viertel dieser Kosten sollten die Ärmsten der Armen tragen, was im Zusammenhang mit dem Aufbau des Sozialismus wie Hohn wirken mußte."[57]

Gleichzeitig wurde der Klassenkampf ständig verschärft. Dies hatte zur Folge, daß die Fluchtbewegung weiter anstieg. Im ersten Halbjahr 1952 wurden insgesamt 72.226 Flüchtlinge registriert, im zweiten Halbjahr schon 110.167, von Januar bis Mai 1953 184.793 und bis Juli sollten es dann 320.000 sein. Das war ein klarer Ausdruck der Verbitterung der Bevölkerung.

In dieser Situation faßte das Zentralkomitee der SED einen folgenschweren Entschluß: Am 14. Mai 1953 wurde die Erhöhung aller Arbeitsnormen in den volkseigenen Betrieben um mindestens zehn Prozent bis zum 1. Juni angeordnet; der Ministerrat beschloß entsprechend am 28. Mai, setzte jedoch eine Frist bis zum 30. Juni, dem 60. Geburtstag Ulbrichts, der ganz im Stil des Stalinschen Personenkults gefeiert werden sollte. Schon am 17. Mai wurde der ZK-Beschluß in einem Bericht der

---

57 Ebenda, S. 34 f.

„Täglichen Rundschau“ bekannt; die Situation verschärfte sich, es kam zu ersten Unruhen und Streiks.[58]

Dann kam es überraschend zu einer radikalen Kehrtwendung – offensichtlich aus Angst vor den Unruhen. In einem Kommuniqué der SED hieß es, die „Lebenshaltung der Arbeiter, Bauern, der Intelligenz, der Handwerker und der übrigen Schichten des Mittelstandes sei zu verbessern.“

„Erst seit der Wende 1989 wissen wir“, schreibt Steininger in seinem zitierten Buch, „wie es zu diesem radikalen Kurswechsel der SED-Führung gekommen ist.“ Die „Freunde“ in Moskau hatten eingegriffen und Ulbricht sowie Grotewohl Anfang Juni nach Moskau zitiert. Dort wurde mit der sowjetischen Führung eine deutschlandpolitische Diskussion geführt, deren Resümee in einem bis Ende 1989 geheimgehaltenen Memorandum „Über die Maßnahmen zur Gesundung der politischen Lage in der Deutschen Demokratischen Republik“ festgehalten wurde. Die Russen waren sehr beunruhigt über die in der DDR entstandene Lage und übergaben den SED-Führern ihr Memorandum.

In diesem Dokument hieß es, daß infolge der Durchführung jener fehlerhaften politischen Linie in der DDR eine „äußerst unbefriedigende politische und wirtschaftliche Lage“ entstanden sei. Nach der Zweiten Parteikonferenz sei „fälschlicherweise der Kurs auf einen beschleunigten Aufbau des Sozialismus“ genommen worden, mit schwerwiegenden Konsequenzen und Fehlern, die im einzelnen aufgelistet wurden. Die „politische und ideologische Arbeit unter der Leitung der SED entspreche nicht den Aufgaben der Stärkung der DDR.“ Das alles schaffe eine ernste Gefahr für die politische Beständigkeit der DDR.

Zur Verbesserung der Lage wurden Maßnahmen genannt. Für „nicht richtig“ bezeichnet wurde der Kurs auf die Forcierung des Aufbaus des Sozialismus. Der Fünfjahresplan sei zu revidieren, Maßnahmen zur Stärkung der Gesetzlichkeit und Gewährung der Bürgerrechte zu treffen, mit einem „nackten Administrieren im Bezug auf die Geistlichen“ sei „Schluß zu machen und die schädliche Praxis der groben Einmischung der Behörden in die Angelegenheiten der Kirche“ sei einzustellen. Zur Zeit sei die Hauptaufgabe der „Kampf für die Vereinigung Deutschlands auf demokratischer und friedlicher Grundlage.“

[58] Ebenda, S. 39.

Der neue Kurs von Moskau deutete auf eine neue sowjetische Außenpolitik hin – mit dem Ziel, den Ausbau der westlichen Allianz mit einem Wiedervereinigungsangebot zu stoppen und dabei den Sozialismus in der DDR beizubehalten.

Daß in dem Moskau-Papier von der Rücknahme der Arbeitsnormen keine Rede war, erwies sich als ein folgenschwerer Fehler und und führte zum Aufstand.

Die Reaktion der aufgebrachten Arbeiter drückte sich in weiteren Forderungen aus. „Wir wollen keine Lohnkürzungen, wir wollen Butter statt Kanonen, weg mit der SED-Regierung, den Ausbeutern der Arbeiterklasse, Freiheit!" war am 13. Juni im VEB Optima in Erfurt am Schwarzen Brett zu lesen. In Ostberlin riefen die Betriebsräte einer SED-Bauarbeiterkonferenz der Stalinallee-Baustellen: „Den Kapitalisten macht Ihr Geschenke, uns beutet Ihr aus." In dieser hochexplosiven Lage erklärte ein Vertrauensmann Ulbrichts, Otto Lehmann, in der Gewerkschaftszeitung „Tribüne", die Beschlüsse über die Erhöhung der Normen seien „in vollem Umfang richtig" und müßten durchgeführt werden.[59] Dieser Artikel galt als Zünder des Aufstandes.

Nun zeigten mehrere hundert Bauarbeiter von Block 40 der Stalinallee sich bereit, gegen die Normenerhöhung vorzugehen.

Der Aufstand mußte seine Führer auch deshalb ganz von unten, unmittelbar aus den Reihen der Werktätigen holen, weil die Parteiintelligenz mit enthüllender Ahnungslosigkeit abseits stand. In der Emigration während der nationalsozialistischen Herrschaft hatten die Schriftsteller und Denker jeglichen Kontakt zu ihrem Volk verloren. Sie kamen als Internationalisten zurück, nicht als Patrioten, nicht als Brüder der Entrechteten, sondern als Umerzieher und Bestrafer der Nation. Diese Intellektuellen saßen in ihren abgeschirmten Villen und Clubs und erregten sich über das Schicksal der sowjetischen Atomspione Ethel und Julius Rosenberg in Amerika.

Die für ein freies Deutschland kämpfenden Ostberliner, Leipziger, Bitterfelder, Rostocker und Görlitzer Arbeiter waren am 17. Juni 1953 völlig allein, niemand half ihnen, auch nicht die westdeutsche Sozialdemokratie. Diese hatte sich mit Jalta und der deutschen Teilung damals offenbar abgefunden.

---

[59] Ebenda, S. 46.

Die Abschaffung der Einparteidiktatur auch in den Betrieben, in der Wirtschaft, stand an erster Stelle der Forderungen der Juni-Revolutionäre. Die Hauptziele der Volksopposition hießen: Einheit Deutschlands, Abzug der Besatzungstruppen, Abschaffung der Geheimpolizei und der politischen Justiz, der Berufsverbote aus religiösen und ideologischen Motiven, Abschaffung der Kolchosen und der staatlichen Leibeigenschaft auf dem Dorfe, Umwandlung der Volkskammer in ein Parlament frei und geheim gewählter Volksrepräsentanten, Befreiung der Universitäten und des Kulturlebens von Dogmen und staatsmarxistischer Ideologie, Ablösung des Staatskapitalismus durch eine Gesellschaftsordnung jenseits von Westliberalismus und Ostkommunismus, eine soziale Gerechtigkeit nach deutschem Selbstwertgefühl.

Der 17. Juni begann eigentlich im Winter 1952/53. Im Ulbricht-Staat mehrten sich die Schauprozesse und Geheimtribunale nach stalinistischem Muster gegen Klein- und Mittelbauern, gegen Christdemokraten und Liberale, aber auch gegen Sozialdemokraten, die glaubten, daß sie neben den Kommunisten eine selbständige Rolle spielen könnten.

Ulbrichts Geheimpolizei leistete Überstunden mit Verhaftungen, mit Verhören, Folterungen. Und mit Mord. Wenn eine „Errungenschaft" in diesen Monaten moskowitischer Finsternis in Deutschland reibungslos funktionierte, dann war es die Maschinerie des Terrors, der politischen Strafjustiz. Aufbau und Ausbau der Konzentrationslager konnte man nicht stoppen, hier herrschte Zucht und Ordnung und Planerfüllung – im Archipel Gulag zwischen Neiße und Erzgebirge, Oder und Elbe, Darß und Lübecker Bucht.

Die Bilanz des „Fortschritts" in der Ulbricht-Ära läßt sich in Zahlen ausdrücken: etwa 300.000 politische Häftlinge, davon 100.000 umgekommen. Von 1945 bis 1950 gab es zehn Vernichtungslager in Regie des sowjetischen Innenministeriums MVD. Für die Verschollenen stellten die Berliner am Heiligen Abend 1952 zum ersten Mal Kerzen in die Fenster ihrer Ruinenhäuser. Als am 8. Mai 1953 der Tag der „Befreiung" gefeiert wurde, mußten die Menschen paradieren und Transparente schleppen. Eine Demütigung der Bevölkerung. Und die Arbeiter handelten.

Der Aufstand begann, wie gesagt, auf Block 40 der Baustelle Stalinallee, am 16. Juni 1953 um 7 Uhr morgens. Die Arbeiter lesen die „Tribüne", diskutieren und bleiben sitzen. Als gegen 8:30 Uhr ein Gewerkschaftsfunktionär erscheint, um sie zur Arbeit anzutreiben, sagt man ihm: „Hau ab, es ist zu spät."

„Hau ab!“ – das ist die historisch belegte Kriegserklärung der mitteldeutschen Arbeiterklasse an die SED. Achtzig Bauarbeiter des Volkseigenen Betriebs Bau-Union Berlin stimmen ab. Einstimmig beschließen sie, zum Regierungssitz in der Leipziger Straße zu marschieren. Achtzig brechen auf, in wenigen Stunden sind es Zehntausende, Arbeiter, Frauen, Jugendliche, Rentner: das Volk. Sie rufen: „Berliner, reiht euch ein, wir wollen keine Sklaven sein!“ Am Strausberger Platz und später am Alexanderplatz werden die Sicherheitsketten der Volkspolizisten überrannt, der Zug der Unzähligen wälzt sich vom Lustgarten über die Linden durch die Wilhelmstraße in die Leipziger Straße ... Die deutsche Arbeiterrevolution beginnt gewaltlos. Ohne Henkerstricke, ohne Beile, ohne Messer. Die Gewalt des Volkes manifestiert sich in einer Moral der Unerschrockenheit.

Am Nachmittag fahren zwei Lautsprecherwagen durch die Straßen Berlins: „Das SED-Politbüro hat der Regierung der DDR empfohlen, die obligatorische Normenerhöhung um zehn Prozent zurückzunehmen.“ Die Forderungen der Bauarbeiter sind also erfüllt, der Anlaß ihrer Demonstration hinfällig geworden. Sie werden aufgefordert, ihre Versammlung aufzulösen. Die Machthaber wollen dem Aufstand ein Ende machen, aber die Arbeiter haben sofort durchschaut, worum es hier geht. Die Menge löst sich nicht auf. „Kollegen in ganz Berlin, wir fordern auch für morgen früh ab 7 Uhr zum Generalstreik auf“, heißt es aus den Lautsprechern der eroberten Propagandawagen. SED-Plakate mit der Aufschrift „Gesellschaft für deutsch-sowjetische Freundschaft“ werden zerrissen und Ulbrichtbilder verbrannt. Die Sache bekommt einen politischen Charakter. Noch in der Nacht zum 17. Juni werden gepanzerte Vorausabteilungen zweier Sowjetdivisionen nach Berlin in Marsch gesetzt. Auch schwer bewaffnete Einheiten der kasernierten Volkspolizei fahren nach Berlin. Die Dienstgebäude der Regierung, Polizei und Partei werden hermetisch abgeriegelt.

Unter den in Berlins Mitte versammelten aufständischen Massen sind alle Berufsgruppen vertreten – nicht nur Arbeiter. Am frühen Vormittag greift der Generalstreik von Berlin nach Halle, Magdeburg, Jena, Görlitz und Rostock über. In Berlin, in der Leipziger Straße kommt es schon vormittags zu Zusammenstößen zwischen Arbeitern und Polizisten.

Der sowjetische Hochkommissar in Deutschland und Botschafter Moskaus, Semjonow, übernimmt bereits morgens um 8 Uhr den Befehl in Ostberlin. Der Kreml hat sich entschieden, den Arbeiteraufstand brutal niederzuschlagen. Panzer der Besatzungstruppen fahren ohne Vorwarnung in die Massen hinein. Es gibt die ersten Toten und Verletzten. Die unbewaffneten Arbeiter haben keine Chance gegen die Sowjetpanzer.

Bis zum 22. Juni waren 6.750 Personen in Ostberlin und in der DDR verhaftet worden. Zu 65 Prozent kamen sie aus der Arbeiterschaft – amtliche Zahlen, die erst nach 1990 bekannt geworden sind. Es folgte der massive Einsatz der sowjetischen Militärjustiz gegen DDR-Bürger. Innerhalb weniger Tage wurden 18 Todesurteile verhängt; zwei weitere, von der SED vollstreckte, folgten. Insgesamt wurden etwa 1.600 Personen verurteilt. Die Propaganda der SED zielte darauf ab, daß „Agenten aus der Bundesrepublik" und „faschistische Elemente" den Aufstand vorbereitet und durchgeführt hätten.

Rolf Steininger schreibt:

> „Die neuen wissenschaftlichen Arbeiten zum 17. Juni auf der Basis der seit 1990 zugänglichen Akten zeigen, daß der Protest von Arbeitern ausgegangen und weitergetragen, aber sehr schnell in eine politisch motivierte Volkserhebung – unter Beteiligung der bäuerlichen Bevölkerung – übergegangen ist Was man aber im Westen lange nicht gewußt hatte, was für ein Schockerlebnis dieser 17. Juni für die SED-Führung blieb: Der Aufstand war flächendeckend. Die Unruhen erfaßten mehr als 500 Orte in der DDR (Grotewohl hatte von 270 gesprochen); zwischen 500.000 und einer Million Menschen haben sich beteiligt. In 593 Betrieben wurde gestreikt und die Zahl der Streikenden betrug eine halbe Million – also weit mehr, als bislang im Westen angenommen worden war."[60]

Es war eine erstaunliche Leistung, wie aussagekräftig und vollständig einfache deutsche Arbeiter in wenigen Stunden ihren Forderungskatalog zusammengestellt hatten. Sie haben damit Lenins These, daß die Arbeiter kein politisches Bewußtsein hätten, eindrücklich widerlegt.

---

[60] Steininger, Rolf: 17. Juni 1953, S. 51.

2.5 Oktober 1956 – Ungarn an der Schwelle der Freiheit

Es war eine klassische Volkserhebung gegen die stalinistischen Machthaber, ein kühner und erbitterter Befreiungskampf gegen sowjetische Besatzungs- und Invasionstruppen, der in Budapest in wenigen Tagen viele tausend Todesopfer forderte – der größte Aufstand gegen Moskau im sowjetischen Machtbereich.[61]

Aber sowohl der bewaffnete als auch der politische Kampf der ungarischen Aufständischen blieb bis zuletzt ohne Chance, denn sie standen völlig isoliert, ohne jegliche ausländische Beziehungen da; auch Waffen wurden ihnen von niemandem angeboten.

Wichtig ist, daß der ungarische Volksaufstand und der etwa gleichzeitig stattfindende Machtkampf in der ungarischen Kommunistischen Partei in ihren Motiven und in ihren Mitteln zwei verschiedene Dinge waren. Zum nationalen Flügel der KP stellten die Aufständischen erst Ende Oktober engere Kontakte her, als dieser Teil der KP sich bereit zeigte, aus dem Warschauer Pakt auszutreten. Die Freiheitskämpfer hatten am 31. Oktober zwar die Wiederherstellung der alten (bis 1949 üblichen) Koalitionsregierung von vier Parteien erzwungen, aber in Moskau war die Entscheidung für die militärische Niederschlagung der ungarischen Revolution schon gefallen.

Für eine energische politische Intervention des Westens zugunsten der Aufständischen – falls sie überhaupt erwogen wurde – war in diesen Tagen die internationale Konstellation äußerst ungünstig. Die Vereinigten Staaten standen vor den Präsidentschaftswahlen, was die außenpolitische Aktivität jeweils für einige Monate lahmlegt. Außerdem gab sich die Regierung Eisenhower/Dulles dem falschen Glauben hin, daß die von Chruschtschow auf dem 20. Parteitag im Februar 1956 eingeleitete „Entstalinisierung" der sowjetischen Führungsmethoden sowie das an den Westen gerichtete Angebot einer „friedlichen Koexistenz" den Kalten Krieg früher oder später ohnehin entschärfen würden.

---

[61] Dieses Kapitel beinhaltet auch die persönlichen Erfahrungen und Recherchen des Autors. In der Koalitionsregierung, die in den drei letzten Tagen der Revolution gebildet wurde, war er Wirtschaftsberater bei der nicht-kommunistischen Petöfi-Bauernpartei (Minister F. Farkas und I. Bibo).

Chruschtschow wäre vermutlich bereit gewesen, Ungarn aus dem sowjetischen Machtbereich zu entlassen, wenn Washington die Erfüllung der Abmachungen von Jalta ernsthaft gefordert hätte. Aber US-Außenminister Dulles verschloß sich einer Hilfsaktion für Ungarn, und er stoppte verärgert auch die zur gleichen Zeit gestartete, erfolgreiche britisch-französisch-israelische Militäraktion gegen Nassers Ägypten. Der gemeinsame Angriff wurde deswegen gestartet, weil der ägyptische Diktator auf sowjetische Ermutigung im Sommer 1956 den bis dahin unter internationaler Verwaltung stehenden Suez-Kanal, den wichtigsten Seeweg zwischen Europa und Asien, verstaatlicht und kurz darauf israelischen Schiffen die Durchfahrt versagt hatte.

Washington hätte sich damals mit einer entschlossenen politischen Unterstützung des ungarischen Aufstandes gegen Moskau und der Strafaktion gegen Ägypten wahrscheinlich vieles, möglicherweise auch den begonnenen Nahost-Konflikt – auch ohne das Risiko einer militärischen Kollision mit Moskau – ersparen können. Nasser und seine prosowjetische Politik erwiesen sich nämlich bald als Büchse der Pandora für besorgniserregende Entwicklungen im Nahen Osten. Aber Washington wollte offenbar das sich anbahnende „Entspannungsklima“ nicht beeinträchtigen. So blieb Moskau sowohl in Budapest als auch am Suez-Kanal der Sieger.

Die Amerikaner haben vermutlich nicht erkannt, wie labil und unsicher die sowjetische Führung im Sommer 1956 geworden war. Bereits im April 1956 gab es neue Spannungen zwischen Peking und Moskau. Anlaß dazu war die Geheimrede Chruschtschows über den „Personenkult“ Stalins auf dem 20. Parteitag. Das Zentralorgan der KP Chinas veröffentlichte am 5. April eine Kritik an dem Sowjetführer, die neben Stalins Fehlern auch seine „Verdienste“ unterstrich. In den folgenden Tagen, als das sowjetische Politbüromitglied Mikojan in Peking weilte, trug Mao selbst die chinesischen Einwände gegen die sowjetische Kritik an Stalin vor. Ein allgemeiner Widerstand gegen die sowjetische Einsichtigkeit war zu dieser Zeit allerdings noch nicht zu erkennen. Mao sah jedoch die Zeit gekommen, die sowjetischen Führer in Verlegenheit zu bringen.

Zuvor war es in der sowjetischen Parteiführung erneut zum Streit über den künftigen Kurs Moskaus gekommen. Die Stalinisten im Politbüro unter der Führung Molotows, die von Chruschtschows Politik den Zerfall des sowjetischen Machtbereichs und den Verlust der Führung Moskaus in der internationalen kommunistischen Bewegung befürchteten, sammelten sich mit ihren Vertrauensleuten im Ostblock zu einer Abrechnung mit Chruschtschow. Sie wollten beweisen, wie gefährlich die Politik Chruschtschows sei. Dabei wurde der KP Ungarns von den Moskauer Stalinisten eine wichtige Rolle zugedacht, jener Partei, deren innere Spaltung die Gegensätze im sowjetischen Politbüro genau widerspiegelte.

In Budapest hatte Molotow seine beiden zuverlässigsten Anhänger überhaupt in Osteuropa: den ungarischen Parteichef Rákosi und dessen Freund, Politbüromitglied Gerö. Das Ziel der Stalinisten war es, aus der KP Ungarns sobald als möglich einen Debattierclub zu machen und es in dieser Partei so weit kommen zu lassen, daß sich Auflösungserscheinungen einstellen würden. So wollten sie Chruschtschow „unumstößliche" Beweise liefern, daß seine Politik für die Sowjetmacht existenzgefährdende Folgen habe.

Das Experiment erschien ihnen keineswegs als riskant, denn der Staatssicherheitsdienst (die politische Polizei) war in keinem Land im Ostblock so stark wie in Ungarn.

Bereits im Frühjahr begann eine Welle der schonungslosen Kritik an den stalinistischen Führungsmethoden der KP Ungarns, die auch in der Presse ihren Niederschlag fand. Zugleich bildete sich eine Parteiopposition, deren Zusammensetzung jedoch nur schwer erkennbar war, denn an der Kritik beteiligten sich auch waschechte Stalinisten recht lebhaft – Leute von denen man wußte, daß sie zu allem fähig waren.

Bis Mitte Oktober blieb die immer heftiger werdende Debatte im Rahmen der KP. Die parteilose Prominenz schwieg, sie hatte einfach Angst, provoziert zu werden, und betrachtete das Recht auf Kritik als ausschließliches Privileg der Parteimitglieder. Obwohl erregt und voller Hoffnung, blieb auch die Bevölkerung zurückhaltend und vorsichtig.

Im Zuge der allgemein fühlbaren Unsicherheit und der Auflockerungstendenzen in der internationalen kommunistischen Bewegung entwickelte der italienische Kommunistenführer Togliatti im Sommer 1956 seine These vom Polizentrismus, die eindeutig gegen die Vormachtstellung Moskaus gerichtet war.

Togliattis Feststellungen wurden in Peking besonders günstig aufgenommen, weil sie die führende Rolle der KP der Sowjetunion in der internationalen kommunistischen Bewegung – zumindest im ideologischen Bereich – in Zweifel zogen. Bereits die Entwicklungen in Polen und Ungarn gaben der chinesischen Führung ausgezeichneten Anlaß, sich in die Angelegenheiten Moskaus einzumischen.

Nach dem Posener Aufstand Ende Juni 1956 schaltete die polnische Parteiführung auf einen nationalkommunistischen Kurs um und wollte die Beziehungen zur Sowjetunion – entsprechend der Stimmung im Lande – auf die Grundlage der Gleichberechtigung umstellen. Die Symbolfigur des neuen Kurses war der infolge der Entstalinisierung aus der Haft entlassene einstige KP-Führer Gomulka. Die polnische Parteiführung trat einheitlich auf, denn der damalige Parteichef Ochab, der als Stalinist galt, schloß sich dem nationalistischen Parteiflügel an. Die polnische KP-Führung fand in Peking wirksame Unterstützung.

Im September hatte Mao in Peking die polnischen Parteiführer, die zum Achten Chinesischen Parteikongreß nach China eingeladen worden waren, ermutigt, ihre eigene Art von Kommunismus zu entwickeln. Mao zeigte in Gesprächen mit Ochab viel Sympathie für die antistalinistische Fraktion der polnischen KP und auch für Gomulka. Als Mao und Ochab über die Absetzung Molotows als sowjetischem Außenminister diskutierten (Molotow blieb weiter Politbüromitglied), soll der chinesische Parteichef gesagt haben: „Es scheint, daß China und Polen seit einiger Zeit Weggenossen sind, ohne es selbst zu wissen. Es ist eine neue Genossenschaft, und wir sind froh darüber." Darauf sagte Ochab zu dem anwesenden sowjetischen Politbüromitglied Mikojan: „Unser Volk will keine Befehle mehr aus dem Ausland empfangen." Der über diesen Vorfall verärgerte Mikojan flog sofort nach Moskau zurück, obwohl der Parteitag noch nicht beendet war.

Die Moskauer Führung wurde zunehmend nervös, denn die Spannungen in der ungarischen KP erreichten einen Höhepunkt. KP-Führer Rákosi sah die Zeit gekommen, im Sinne seiner Moskauer stalinistischen Auftraggeber Chruschtschow zu warnen, wie gefährlich es für den Kreml sein könnte, wenn der Aufweichungsprozeß in der Partei weiter zugelassen würde. In einer Rede sagte er: „Das offene Auftreten gegen die Partei und die Volksdemokratie wird hauptsächlich von einer bestimmten Gruppe organisiert, die sich um Imre Nagy formiert hat."

Imre Nagy war ein Vertrauter Chruschtschows. 1954 hatte der Sowjetführer Nagy zum Ministerpräsidenten befördert. An der Spitze der Partei war jedoch weiterhin der Stalinist Rákosi geblieben – aufgrund eines Kompromisses im Moskauer Politbüro. Schon 1955 gelang es Rákosi, Imre Nagy als Regierungschef zu stürzen und aus der Partei auszuschließen. Im Juli 1956 forderte Rákosi, die „Nagy-Verschwörung" zu liquidieren und 400 Anhänger Nagys zu verhaften.

Plötzlich erschienen die sowjetischen Politbüromitglieder Suslow und Mikojan in Budapest, um an der Sitzung des Zentralkomitees der KP teilzunehmen, auf der Rákosi seine Verhaftungsforderungen vortrug. Mikojan, der in Moskau an der Seite Chruschtschows stand, griff in die Debatte ein, wies Rákosis Verlangen strikt zurück und sagte, die Kritiken seien nicht gegen die Partei, sondern gegen die Führungsmethoden Rákosis gerichtet.

Rákosi widersetzte sich ihm und hielt an seinem Plan fest. Daraufhin rief Mikojan Chruschtschow an und meldete ihm den Vorfall. Chruschtschow gab Rákosi übers Telefon den Laufpaß.

Damit hatten die Molotow-Gruppe und ihre ungarischen Handlanger die erste Runde gegen Chruschtschow verloren. Den Posten des Parteichefs erhielt jedoch nicht Imre Nagy, sondern überraschenderweise der zweite Mann der Molotow-Gruppe, Ernö Gerö. Das war ein neuer Kompromiß im Moskauer Machtkampf.

Unterdessen wuchs in Polen und Ungarn von Tag zu Tag die antisowjetische Stimmung. Die Entwicklung in beiden Ländern versetzte den Kreml in Panik. Chruschtschows Position wurde immer schwächer. Die Ereignisse schienen im sowjetischen Politbüro die Stalinisten um Molotow zu rechtfertigen, die meinten, daß Nachgiebigkeit für das Sowjetsystem existenzgefährdend sei.

Die hohe sowjetische Parteidelegation (Chruschtschow, Mikojan, Molotow und Kaganowitsch), die am 19. Oktober in Warschau uneingeladen eintraf, um den Einfluß Moskaus wiederherzustellen, konnte Gomulkas Machtantritt auch durch Drohungen nicht mehr verhindern. Der polnische Verteidigungsminister Rokosowski – ein Sowjetmarschall – mußte sogar gleich nach Moskau zurückkehren. Die polnische KP trat – im Gegensatz zur ungarischen – gegen Moskau geschlossen auf.

Die politische Entwicklung in Ungarn war zu dieser Zeit so weit fortgeschritten und die innerparteiliche Opposition vertrat ihre Forderungen mit solcher Härte, daß sich Parteichef Gerö genötigt sah, Imre Nagy zu rehabilitieren und wieder in die Partei aufzunehmen. Gerö tat dies zwar gegen seine Überzeugung, aber er gab sich bis zuletzt völlig gelassen. Ende September unternahm er eine lange Reise in die Sowjetunion, wo Chruschtschow ihn mit Tito bekanntmachte, dann fuhr er auf den Rat des Sowjetführers nach Belgrad. Diese Reise sollte der Versöhnung zwischen den beiden kommunistischen Regimen dienen, aber nach zehntägigem Aufenthalt in Jugoslawien blieb alles beim alten. Gerö wollte Chruschtschow keinen Gefallen tun.

Inzwischen war aus dem Petöfi-Kreis in Budapest ein zweites politisches Zentrum geworden, ein Forum revolutionärer Stimmungsmache gegen Parteichef Gerö und dessen Kurs. Merkwürdig erschien allerdings, daß viele der lautstärksten Wortführer der Kritik eine makellose stalinistische Vergangenheit hatten. Auch der Staatssicherheitsdienst, der bis zuletzt Gerö treu ergeben blieb, schlug nicht zu. Kein einziger Kritiker der politischen Verhältnisse wurde verhaftet.

„Hier stimmt etwas nicht", meinten die noch lebenden früheren bürgerlichen Politiker. Keiner von ihnen ließ sich jedoch aus der Reserve locken. Der ganze Prozeß innerhalb der KP kam ihnen verdächtig vor. Sie waren fest davon überzeugt, daß Moskau die nunmehr unverhüllte antisowjetische Stimmung nicht lange dulden werde. Mit Erstaunen wurde auch festgestellt, daß die etwa 60 Redner bei den viel zitierten Pressedebatten des Petöfi-Kreises wenige Tage vor dem Volksaufstand ausnahmslos Mitglieder der KP waren. Die anwesende nichtkommunistische Schriftstellerprominenz – darunter die politisch stark engagierten Autoren Gyula Illyes, László Németh und Péter Veres – blieb jedoch stumm.

Am 22. Oktober meldeten sich auch die Studenten öffentlich zu Wort. Ihre Forderungen lauteten: Abzug der Sowjettruppen, Abhaltung freier Wahlen unter Teilnahme der früheren bürgerlichen Parteien; Revision des gesamten Systems der Planwirtschaft. Sie erklärten sich mit Polen solidarisch und kündigten für den 23. Oktober eine große Kundgebung an.

Die Demonstration wurde zunächst vom Innenministerium verboten. Parteichef Gerö, der in den Morgenstunden aus Belgrad zurückgekehrt war, wollte gegen die Studenten hart vorgehen. Anzumerken ist, daß auch die Anhänger Imre Nagys gegen diese Großkundgebung waren. Sie befürchteten, daß es sich um eine Provokation gegen sie handelte, denn sie hatten weder den Abzug der Sowjettruppen noch die Einführung des Mehrparteiensystems gefordert. Aber die Nagy-Anhänger konnten das Geschehen nicht beeinflussen. Die Demonstration der Budapester Schüler und Studenten wurde schließlich von KP-Chef Gerö zugelassen. Zugleich wurden Einheiten des Staatssicherheitsdienstes und des Militärs um Budapest zusammengezogen.

Der Aufmarsch der Schüler und Studenten verlief ruhig. Am Spätnachmittag aber strömten massenweise Arbeiter aus den Industriebezirken in die Stadtmitte und schlossen sich der Kundgebung an. Von da an gerieten die Ereignisse aus der Kontrolle der Polizei. Immer mehr Menschen sammelten sich auf den Straßen. Der Volkszorn gegen das kommunistische Regime brach in den Abendstunden mit solch elementarer Wucht aus, daß er nicht mehr gebremst werden konnte. Das war die Geburtsstunde der ungarischen Revolution.

KP-Chef Gerö konnte der Lage nicht mehr Herr werden. Die spontane Revolution war noch am selben Abend, als mehrere Einheiten der ungarischen Armee ihre Waffenlager für die Demonstranten öffneten, zugunsten der Aufständischen entschieden. Gerö forderte darauf den Einsatz der sowjetischen Truppen.

In derselben Nacht ernannte das Zentralkomitee der KP zwar Imre Nagy wieder zum Ministerpräsidenten, aber Gerö blieb weiter Parteichef.

Die Aufständischen, denen sich in den nächsten Tagen viele ungarische Offiziere und Soldaten anschlossen, konnten sich in den Straßen von Budapest gegen russische Panzer behaupten. Bald stand ein junger Oberst, Pál Maléter, an der Spitze der Freiheitskämpfer. Ihre Gegner waren nicht nur die Russen, sondern auch die ungarische politische Polizei. Imre Nagy wollte vermitteln, weil er sich für einen loyalen Kommunisten hielt, aber er begriff nicht, daß es für einen Kompromiß zu spät war.

Bereits am 24. Oktober erschienen Suslow und Mikojan wieder in Budapest. Mikojan beschuldigte Gerö, er habe Moskau durch seine „übertriebene und verzerrte" Darstellung der Lage „in Panik getrieben" und so den Einsatz sowjetischer Truppen veranlaßt. Suslow schloß sich mit dem „Vorschlag" an, Gerö möge sofort zurücktreten. Als Gerö mit dem Hinweis protestierte, daß Moskau ihn brauche, um die Partei zusammenzuhalten, erklärte Mikojan: „Infolge Ihrer unglaublichen Tölpeleien ist die Partei schon auseinandergefallen."

Nicht nur die ungarische KP war gespalten, sondern auch die Sowjetführung im Kreml. Chruschtschows Position im Politbüro war stark erschüttert. Am 26. Oktober berichtete die Londoner „Times":

> „Nun kursieren auch Gerüchte über einen Riß im Präsidium (der KPdSU). Vermutlich kommt man der Wahrheit mit der Annahme näher, daß die meisten Führer beim Abwägen der Vorteile und Nachteile einer vorangetriebenen ‚Liberalisierung' mit sich selbst nicht ganz einig sind. Wie aus dem Charakter der Männer und aus ihren kürzlichen Äußerungen zu schließen ist, dürften Molotow, Kaganowitsch und Suslow größte Zweifel hinsichtlich des neuen

Weges haben, und Marschall Woroschilow und auch Malenkow werden sich ihnen wohl anschließen. Andererseits haben die neuen Führer Chruschtschow, Schepilow, Kiritschenko und Frau Furzewa zu einem guten Teil die Unterstützung von Bulganin und Mikojan gefunden."

Unterdessen zogen sich die Sowjettruppen allmählich aus Budapest zurück. Chruschtschow, der von den Stalinisten in die Ecke gedrängt worden war, wollte die Revolution in Ungarn noch nicht mit Gewalt niederschlagen, denn dies hätte zugleich die Anerkennung des Scheiterns seiner Entstalinisierungskampagne, seine Untauglichkeit für die Führung der Partei bedeutet. Später, als er schon seine Gegner, die Molotow-Gruppe, aus der Parteiführung entfernt hatte, erzählte er auf dem Höhepunkt seiner Macht vor westlichen Diplomaten in gelöster Stimmung, daß er sich damals für Ungarn den Status von Finnland zwischen Ost und West vorgestellt hatte.

Die Ereignisse nahmen jedoch einen anderen Verlauf. Ausschlaggebend für die Haltung des Kremls gegenüber Ungarn war die von den sowjetischen Botschaftern in den westlichen Hauptstädten gewonnene Erkenntnis, daß weder die Vereinigten Staaten noch andere NATO-Mitglieder eine militärische Hilfsaktion – nicht einmal indirekt – unternehmen würden.

Nachdem der ungarische Ministerpräsident Nagy am 31. Oktober den Austritt seines Landes aus dem Warschauer Pakt verkündet hatte, schickte das amerikanische Außenministerium zwei Tage später an den jugoslawischen Präsidenten Tito ein Telegramm: „Die Vereinigten Staaten betrachten Regierungen an den Grenzen der Sowjetunion, die der Sowjetunion nicht gewogen sind, nicht mit Wohlwollen." Damit gab die Regierung Eisenhower/Dulles grünes Licht für die sowjetische Niederschlagung des ungarischen Aufstandes. Tito, dem ein freies Ungarn kaum gelegen gekommen wäre, leitete das amerikanische Telegramm unverzüglich an Chruschtschow weiter. Dies befreite den Sowjetführer vom letzten Zweifel.

Solange die Sowjetunion die militärische Niederschlagung der ungarischen Revolution nicht angefangen hatte, also bis zum 4. November, brachte Washington die ungarische Sache nicht vor den UN-Sicherheitsrat.

(Prälat Béla Varga, der von 1945 bis 1947 Präsident des ungarischen Parlaments war, und später Berater des amerikanischen Präsidenten Eisenhower in ungarischen Angelegenheiten wurde, erzählte mir 1976 in New York, daß er in diesen schicksalhaften Tagen von den amerikanischen Überlegungen ausgeschlossen wurde. Er, den Eisenhower immer empfing, wenn er darum bat, versuchte zwischen dem 23. Oktober und dem 4. November fast jeden Tag, vom Weißen Haus und vom State Department empfangen zu werden, aber er bekam jedes Mal nur verzögernde Antworten. Erst nach der russischen Niederschlagung des ungarischen Aufstandes öffneten sich diese Türen wieder für ihn.)

Nun hielt auch Peking seine Zeit für gekommen und nutzte die Lage Chruschtschows aus. Mao und Tschou En-lai rieten zwar am 20. Oktober von Gewaltanwendung in Polen ab, forderten die Russen jedoch eine Woche später zu einer sofortigen militärischen Intervention in Ungarn auf. Da Chruschtschow die chinesischen Sympathien im Machtkampf mit seinen Rivalen nicht entbehren konnte, mußte er im Sinne der chinesischen Forderungen handeln.

Die chinesische Stellungnahme, in der Peking die sowjetische Intervention für „gerechtfertigt" hielt, erschien am 10. November im Zentralorgan der KP Chinas – 13 Tage vor der sowjetischen Erklärung gleichen Inhalts.

Die Führungskrise in Moskau führte zum sprunghaften Anstieg des chinesischen Einflusses und Ansehens im gesamten Ostblock. Es war damals im Westen gar nicht beachtet worden, daß Peking in diesen Oktobertagen das Mitspracherecht im Weltkommunismus erlangt hatte.

Für die „Duldung" des sowjetischen Eingreifens in Ungarn verlangte Washington nichts, obwohl die Regierung Eisenhower gegenüber Moskau noch eine viel stärkere Karte als die Bereitschaft zur Beilegung der Suezkrise hätte ausspielen können.

Anthony Eden, der damalige britische Außenminister, behauptet in seinen Memoiren:

> „Man sollte die (Jalta-) Abkommen im Lichte der ungarischen Situation vom Herbst 1956 betrachten. Aufgrund der von Sowjetrußland in Jalta selbst abgegebenen Erklärung und der von ihm unterzeichneten Deklaration darf es in Ungarn nur solange Truppen stationieren, als es eine Besatzungsstreitmacht in Österreich unterhält und Ungarn als Korridor zu betrachten ist."[62]

[62] Eden, Anthony: Memoiren 1945–1957, Köln/Berlin 1960, S. 587.

Nach dem Staatsvertrag von 1955 mit Wien wurden die Sowjettruppen aus Österreich sofort abgezogen. „Es trifft zwar zu", so Eden weiter,

> „daß die Russen jetzt behaupten, kraft des Warschauer Paktes in Ungarn zu sein. Aber in den Jalta-Abkommen war auch festgelegt, daß die ungarische Regierung aufgrund freier Wahlen gebildet werden müsse. Die Sowjetregierung verstieß auch gegen diese Abmachung. Der Warschauer Pakt wurde von einer dem Land aufgezwungenen kommunistischen Regierung unterzeichnet."[63]

Die Entscheidung im sowjetischen Politbüro, die ungarische Revolution mit Militärgewalt niederzuschlagen, muß spätestens am 30. Oktober gefallen sein, denn bereits am 31. Oktober rollten neue starke sowjetische Panzertruppen nach Ungarn. Der Beschluß der UN-Vollversammlung, der den sowjetischen Rückzug aus Ungarn forderte, kam zu spät und blieb wirkungslos.

Der damalige amerikanische Botschafter bei den Vereinten Nationen, Cabot Lodge, erzählte später, daß er damals keine Anweisungen aus Washington erhalten hatte.

In der Sitzung des Ministerrats am 2. November, an der auch der sowjetische Botschafter Andropow teilnahm, sagte János Kádár aufgeregt zu Andropow: „Ich gehe auf die Straße und werde mit meinen Händen gegen eure Panzer kämpfen." Bevor er in einem russischen Panzerauto aus Budapest verschwand, erklärte Kádár noch um 21:45 Uhr im ungarischen Rundfunk: „Unser Volk hat mit seinem Blut bewiesen, daß es die Forderung der Regierung nach Abzug der Sowjettruppen aus Ungarn unerschütterlich unterstützt. Wir wollen keine weitere Abhängigkeit."

Derselbe Kádár erschien nach dem 4. November als Statthalter Moskaus in Budapest mit dem Auftrag, mit den Aufständischen abzurechnen. Unter seiner Verantwortung wurden Imre Nagy und Pál Maléter und Hunderte Patrioten hingerichtet. Viele Tausende kamen in Gefängnisse und Straflager.

Doch von dem Schlag, den das Sowjetsystem in diesen Tagen bekommen hatte, hat sich die internationale kommunistische Bewegung nie mehr erholt.

---

[63] Ebenda, S. 588.

2.6 1968 – Der Prager Frühling

Der mutige Versuch der Tschechen und Slowaken, im „Prager Frühling" 1968 einen „Sozialismus mit menschlichem Antlitz" zu verwirklichen, bewies nach dem ungarischen Volksaufstand 1956 von neuem, daß das Sowjetmodell in der Wirtschaft und Gesellschaft Osteuropas auch mit Gewalt nicht auf Dauer durchzusetzen war.

Nach Chruschtschows Entstalinisierungskampagne 1956 und den ungarischen Ereignissen desselben Jahres kam es zu einer weiteren Verhärtung der politischen Verhältnisse in der ČSSR. Die bescheidenen Hoffnungen der Bevölkerung wurden gedämpft, und der neue Kurs, ein Neostalinismus, gewann an Boden.

Die zweite sowjetische Entstalinisierungswelle, auf dem 22. Parteitag der KPdSU im Oktober 1961 eingeleitet, traf die Prager Führungsspitze unvorbereitet.[64] Der Gärungsprozeß in der KP stellte den Parteichef Novotny vor eine kaum lösbare Aufgabe:

> „In der Zwangslage, in der Auseinandersetzung zwischen Moskau und der ‚Achse' Peking – Tirana Position beziehen zu müssen, dem neuen Programm der KPdSU Genüge zu tun und trotz der sich zuspitzenden Wirtschaftskrise die Kritiker einer stalinistischen Haltung zu besänftigen, machte Novotny aus Rudolf Slansky einen ‚tschechischen Berija' und schrieb sich durch dessen Entlarvung das Verdienst zu, als früher Antistalinist den ‚Personenkult' in der ČSSR bereits vor zehn Jahren beseitigt zu haben ... Die Unruhe in der Partei machte die Verschiebung des Zwölften Parteitages vom Oktober auf den Dezember 1962 notwendig, auf dem dann, angeheizt durch die Kuba- und Berlin-Krisen, die Vertiefung des Ostblock-Schismas und den in Ungarn und Bulgarien durchgeführten Entstalinisierungsprozeß, die Parteiführung eine ‚Verletzung der sozialistischen Gesetzlichkeit' zugeben und einer ‚Überwindung der Folgen des Personenkults' innerhalb von vier Monaten zustimmen mußte. Die Demontage des Prager Stalin-Monuments Ende November 1962 unterstrich die Ausrichtung des ‚neuen' Kurses."[65]

[64] Eine kompetente Darstellung des Prager Frühlings findet sich bei Hoensch, Jörg K.: Geschichte der tschechoslowakischen Republik, Stuttgart u. a. 1973.

[65] Ebenda, S. 147.

Novotnys politisches Lavieren konnte seinen absoluten Führungsanspruch nicht mehr wiederherstellen. Trotz straffer Pressezensur vermochte man nicht zu verhindern, daß in den einflußreichsten Kulturzeitschriften eine regimekritische Diskussion in Gang gesetzt wurde. Der Sturz Chruschtschows am 15. Oktober 1964 schwächte die Position Novotnys, der sich bei den neuen Kremlführern Breschnjew und Kossygin dadurch unbeliebt gemacht hatte, daß er seine Verärgerung über die ohne vorherige Konsultation vollzogene Entmachtung seines Schutzherrn unverhüllt zum Ausdruck brachte. Trotzdem wurde er 1964 für weitere fünf Jahre in seinem Amt bestätigt.

Die schlechte Wirtschaftslage war durch kurzfristige Plankorrekturen nicht zu beseitigen. Moskau belastete die tschechische Wirtschaft auch dadurch außerordentlich, daß Prag überall dorthin Waffen liefern mußte, wo die Russen diese Geschäfte in eigenem Namen vermeiden wollten. Zugleich drosselten die Sowjets die tschechoslowakische Personenwagenproduktion (Skoda), denn sie wollten ihre eigenen Produkte im Ostblock verstärkt absetzen.

Novotny geriet unter Zugzwang. Dazu schreibt der Historiker Hoensch:

> „Als der Zwölfte Parteitag 1962 die Notwendigkeit einer ‚wesentlichen Vervollkommnung der Leitung der Volkswirtschaft' ausdrücklich erkannte und Professor Ota Sik, den Direktor des Ökonomischen Instituts der Akademie der Wissenschaften, demonstrativ in das ZK berief, wurde das Signal für wissenschaftliche Analysen und öffentliche Diskussionen gegeben. Mit einem ZK-Beschluß im Januar 1965 wurde die Entscheidung für eine im Grundsatz marktwirtschaftliche Ordnung mit Staatseigentum an den Produktionsmitteln, für eine ‚sozialistische Marktwirtschaft' getroffen. Durch die planmäßige Leitung der Volkswirtschaft in der Form zentraler Entwicklungspläne und wirtschaftspolitischer Aktivität, durch die Ausnutzung der ‚sozialistischen Ware-Geld-Beziehung' (das heißt des Marktmechanismus) und durch ökonomische Selbständigkeit der Unternehmen in der Form der Planautonomie nach Maßgabe betrieblicher Rentabilitätskriterien sollten die immanenten Mängel des bisherigen Wirtschaftssystems beseitigt werden. Der 13. Parteitag stimmte 1966 dem ‚Programm zur beschleunigten Realisierung des neuen Leitungssystems' zum 1. Januar 1967 zu. Der durch Gesetz … 1966 in Kraft gesetzte vierte Fünfjahresplan sprach nur noch

> ein unverbindliches Zielprogramm für die wirtschaftliche Entwicklung in den Jahren 1966–1970 bei einer vorgesehenen Wachstumsrate von 2,9 Prozent in der Landwirtschaft und von 5,5 Prozent in der Industrie aus."[66]

Diese Beschlüsse enthielten eine bahnbrechende Reform der kommunistischen Planwirtschaft.

Novotny wandte sich nach 1965 gegen diese Reformen, „weil dabei nicht nur restaurative kapitalistische Ideen eingeschleust werden könnten, sondern auch die feste Allianz mit der UdSSR belastet werde."[67] Er hatte aus seiner Sicht recht, aber er konnte die Entwicklung nicht mehr bremsen, geschweige denn aufhalten.

Die politische Gärung, angeheizt durch die einseitig proarabische Stellungnahme der tschechoslowakischen Parteiführung nach dem Sechs-Tage-Krieg im Juni 1967, richtete sich gegen Moskau.

> „Als sich während des Konflikts im Vorderen Orient Regierung und offizielle Propaganda vorbehaltlos der proarabischen Politik der UdSSR anschließen," schreibt François Fejtö in seiner „Geschichte der Volksdemokratien", „steigert sich die unter den Intellektuellen herrschende Gereiztheit. Die plumpe Propaganda verletzt nicht nur jedes Empfinden für Gerechtigkeit und Maß, sie erinnert auch an die antisemitischen Ausfälle zur Zeit des Slansky-Prozesses und zeigt im Vergleich mit der maßvollen und neutralen Haltung der Rumänen nicht nur den Mangel an Würde, sondern wieder einmal die Abhängigkeit der Prager Führung. Für die meisten Tschechoslowaken bestand kein Zweifel über die Berechtigung Israels, sich, und sei es durch einen Angriff, gegen die drohende Vernichtung zu wehren. Auf dem Schriftstellerkongreß Ende Juni 1967 kritisieren mehrere Redner die Politik der Regierung. Pavel Kohout vergleicht das Schicksal Israels mit dem der Tschechoslowakei nach dem Münchener Abkommen. Jan Prohazka, ZK-Kandidat und früherer Novotny-Intimus, verliest einen an die Parteileitung gerichteten Brief, in dem gegen die Anti-Israel-Kampagne protestiert wird. Einige Wochen

[66] Ebenda, S. 149 f.

[67] Ebenda, S. 149 f. Professor Ota Sik wurde während des Prager Frühlings der führende Mann für Wirtschaftsfragen.

> nach dem Kongreß verläßt der slowakische Schriftsteller Ladislav Mnacko seine Heimat, geht nach Israel und klagt in der westlichen Presse die Unterwürfigkeit und antisemitischen und rückschrittlichen Tendenzen der Prager Regierung an, worauf ihm seine Staatsbürgerschaft aberkannt wird ... Die Sowjetregierung war von Anfang an auf Nassers Seite und wälzte die ganze Verantwortung für den Konflikt auf Israel und seine ‚Beschützer', die Vereinigten Staaten und Großbritannien, ab. Mit Ausnahme Rumäniens stießen alle Länder des Blocks, denen sich diesmal auch Jugoslawien anschloß, in des Kremls Horn und brachen nach einem in aller Eile am 9. Juni in Moskau veranstalteten ‚Gipfeltreffen' wie der Kreml die diplomatischen Beziehungen zu Israel ab."[68]

Es gibt triftige Gründe für die Annahme, daß die antiisraelische Politik des Novotny-Regimes bei der Entstehung des Prager Frühlings eine wesentliche Rolle spielte. Dies war sogar eine Anwort an Moskau: Mit uns werdet ihr für euren proarabischen Nahostkurs nicht rechnen können.

Mit Blick auf die wachsenden innenpolitischen Unruhen sah Novotny ein, daß er die Krise allein nicht mehr bewältigen könne. Deshalb wandte er sich an Breschnjew: Der sowjetische Parteichef sollte sich selbst in Prag ein Bild machen und über das weitere Verfahren entscheiden. Der Kremlchef stattete am 8./9. Dezember 1967 einen geheimen Besuch ab und ließ dann überraschend wissen, die KPdSU und die UdSSR würden sich in „eure internen Angelegenheiten nicht einmischen." Das bedeutete nichts anderes, als daß Moskau Novotny fallen ließ. Breschnjews Kandidat war der in der Sowjetunion aufgewachsene und ausgebildete Slowake Alexander Dubček, von dem er vermutlich erwartete, daß dieser die alten Beziehungen zwischen Moskau und Prag wiederherstellte. Der Wechsel an der KP-Spitze erfolgte am 5. Januar 1968.

Der in Prag ziemlich unbekannte Dubček überraschte die Genossen mit seiner Lernfähigkeit. Als er Ende Januar Moskau besuchte, betonte er die Notwendigkeit innerer Reformen. Im Februar sagte er in Prag in Anwesenheit der Führer aller Bruderparteien, die ČSSR gedenke ihre Außenpolitik nach den Grundsätzen der Gleichberechtigung, des gegenseitigen Nutzens und der internationalen Solidarität auszurichten und

---

[68] Fejtö, François: Geschichte der Volksdemokratien, Bd. 2, Graz u. a. 1972, S. 157 f.

künftig eine Verletzung der Bürgerrechte „auch nicht im geringen Maße“ zu dulden. Das war schon die Stimme des Prager Frühlings.

Ermutigt von diesen Aussagen verlangten nun führende politische Kreise in Prag eine weitgehende Demokratisierung des Systems, die Rehabilitierung politischer Opfer und die Bestrafung der Verantwortlichen für die Verletzung der „sozialistischen Gerechtigkeit“, ferner eine durchgreifende Verfassungsänderung mit dem Ziel einer stärkeren Verankerung der Menschen- und Freiheitsrechte.

Die Forderungen nach freier Meinungsäußerung durch die Abschaffung der präventiven Zensur und nach öffentlicher Diskussion nationaler Belange weckten sofort den Widerstand konservativer Parteikreise, die auch Moskau informierten und alarmierten. Das russische Mißtrauen, geteilt insbesondere von der DDR und Polen aus Furcht vor einem Übergreifen der Liberalisierungswelle, machte Moskau mobil.

Breschnjew beorderte kurzfristig die Führungen der europäischen Warschauer-Pakt-Staaten für den 23. März 1968 nach Dresden, wo die Tschechen und Slowaken gezwungen wurden, eine Vereinbarung zur Stärkung des Warschauer Vertrags und seiner Streitkräfte zu treffen. Die Sowjettruppen sollten künftig auf dem Gebiet der ČSSR stationiert werden dürfen. Es war der erste Schritt zur Besetzung dieses unzuverlässig gewordenen Landes.

Am selben Tag wurde Novotny als Staatspräsident abgelöst. Sein Nachfolger General Svoboda wurde von den Sowjets (noch) respektiert. Novotnys sonstige Parteiämter erhielt der populäre Jan Smrkovsky, der bald zum Motor der Reformbewegung wurde. Das neue Aktionsprogramm der KP trug seine Handschrift. Es sollte „den Sozialismus mit menschlichem Antlitz“ ermöglichen und „eine neue Phase einer sozialistischen Revolution in einer Epoche nichtantagonistischer Beziehungen einleiten“ – ohne das Machtmonopol der KP. Dieses Programm ergab die Regierungserklärung des neuen Ministerpräsidenten Oldřich Černik.

Dubček, vom reformerischen Eifer der Bevölkerung mitgerissen, konnte als Zentrist immer schwerer eine Schiedsrichterrolle ausüben. Sein Appell auf dem ZK-Plenum Ende Mai, antikommunistische wie dogmatische Positionen aufzugeben, erweckte bei den Intellektuellen den Eindruck, der Demokratisierungsprozeß werde nun abgebremst. Jörg Hoensch schreibt dazu in seinem schon zitierten Buch:

„Die Befürchtungen wurden zudem durch die Maßnahmen und Pressekampagnen gegen die ČSSR in den anderen Ländern der Volksdemokratie genährt. Pointierte Berichte über die angebliche Erweiterung des Einflußbereichs ‚reaktionärer und antikommunistischer Elemente' in Prag gaben bereits Mitte April Anlaß zu Überlegungen, eine militärische Intervention für den Fall vorzubereiten, daß sich die moskautreuen tschechoslowakischen Genossen mit der Bitte an die UdSSR und andere Volksdemokratien wenden sollten, den Sozialismus in der ČSSR zu schützen ... Am 8. Mai 1968 kam es in Moskau dann zu ersten, sich danach häufenden Konsultationen zwischen den Partei- und Staatsführungen der UdSSR, der DDR, Polens, Ungarns und Bulgariens, während sowjetische Militärdelegationen die Stimmung, aber auch das Terrain in der ČSSR erkundeten. Die Ankündigung von Stabsmanövern unter Beteiligung größerer sowjetischer Kontingente ließ erkennen, daß der Kreml vor einer militärischen Intervention nicht zurückschrecken wollte, wenn dem Reformspuk nicht durch politische Pressionen der Garaus gemacht werden konnte.

Der häufige Austausch von Delegationen half nicht, das auf beiden Seiten wachsende Mißtrauen abzubauen. Der Abkanzelung der führenden Mitglieder des progressiven Flügels als ‚Revisionisten' in der Presse der anderen Volksdemokratien veranlaßte Dubček, eine am 12. Juni eingegangene Einladung Breschnjews, die Meinungsverschiedenheiten in zweiseitigen Gesprächen beizulegen, vorerst auszuschlagen. Während mehr als 16.000 Rotarmisten sowie ostdeutsche und polnische Stabseinheiten mit tschechoslowakischen Verbänden in Westböhmen zwischen dem 20. und 30. Juni Manöver abhielten, trat in Prag die Nationalversammlung zusammen, um nach Gesetzen zur Vorbereitung der Föderalisierung der Republik und der Rehabilitierung der Opfer des Stalinismus über die völlige Aufhebung der Zensur zu befinden. Als am 27. Juni das ‚Manifest der zweitausend Worte' des Schriftstellers L. Vaculik erschien, das den Machtmißbrauch einer unfähigen kommunistischen Parteibürokratie gegenüber Andersdenkenden beklagte, verlangte Breschnjew das sofortige Verbot des Dokuments und die formale Distanzierung der Prager Führung von dieser ‚offiziellen Proklamation der Gegenrevolution'.

Alle Bemühungen Dubčeks, die Bruderparteien von der Ernsthaftigkeit des tschechoslowakischen Experiments zu überzeugen, das den wahren Sozialismus von den Verformungen der Stalinzeit befreien und die Bevölkerung statt durch Zwang und Reglementierung zu einer freiwilligen Anerkennung des sozialistischen Systems bewegen wollte, fruchteten nichts.“[69]

François Fejtös Kommentar dazu:

> „Die Tragik des Prager Frühlings liegt eben darin, daß Führung, Aktivisten und die öffentliche Meinung bis zuletzt, bis zum 20. August, geglaubt hatten, die Russen würden den Reformern ein gewisses Maß an Verständnis entgegenbringen, weil es in der Tschechoslowakei doch keine Animosität gegen die UdSSR gab und weil doch kein verantwortlicher Politiker ernstlich an den Austritt aus dem Bündnis dachte. Führer und Geführte wollten nicht wahrhaben, daß diese Politik für die Sowjets und ihre Verbündeten unannehmbar war, da ‚sie eine Gefahr für das gesamte sozialistische System darstellt‘.“[70]

Die Russen bestanden auf ihrem Führungsanspruch bei jeder Veränderung des Systems. Keine KP durfte klüger werden als die sowjetische. Kein Satellitenstaat durfte einen „besseren“ Sozialismus „erfinden“ als die Sowjetunion. Dieser Anspruch auf das Monopol des Denkens führte zu Aufständen und Revolutionen im Sowjetblock, zumal die Satelliten in jeder Hinsicht auf einem höheren Niveau standen als die Russen und die Völker der Sowjetunion. Das führte letzten Endes zum Zusammenbruch ihres Reiches.

Nun kam es zur Breschnjewdoktrin, zur beschränkten Souveränität der Satellitenstaaten Moskaus.

Am 14./15. Juli 1968 verlangten die fünf harten Gegner in einem Brief an die Prager KP-Führung eine drastische Kursänderung:

> „Neben der Ermahnung, energisch an der führenden Rolle der Partei festzuhalten und alle Ansätze für revisionistische, antisozialistische, ja sogar konterrevolutionäre Aufweichung auszumerzen, und dem Hinweis, die Errungenschaften der sozialistischen Außenpoli-

[69] Hoensch, Jörg K.: Geschichte der tschechoslowakischen Republik, S. 155.
[70] Fejtö, François: Geschichte der Volksdemokratien, Bd. 2, Graz u. a. 1972, S. 277.

tik nicht durch leichtfertige, opportunistische Westpolitik aufs Spiel zu setzen, wurde vor allem bemängelt, daß die ČSSR gegenüber den ‚üblichen gemeinsamen Stabsübungen nicht das richtige Verständnis' aufgebracht habe und daher die reale Gefahr erwachse, daß die Tschechoslowakei sich aus der sozialistischen Staatengemeinschaft und aus ihrem Verteidigungsbündnis lösen werde. Den Prager Genossen wurde zwischen den Zeilen bedeutet, die Souveränität eines Mitgliedstaates des Warschauer Paktes bestehe in dem Privileg, sich freiwillig dem Willen der Supermacht UdSSR unterzuordnen. Die Teilnehmer der Warschauer Konferenz nahmen damit das Recht für sich in Anspruch, jedem sozialistischen Staat erbeten oder ungebeten zu Hilfe zu kommen, wenn nach ihrer Ansicht – oder genauer: nach der Ansicht der sowjetischen Partei- und Staatsführung – die Basis der sozialistischen Ordnung gefährdet schien."[71]

Unter dem Druck aus Moskau stimmte nun das KP-Präsidium einem Treffen mit der sowjetischen Parteiführung am 29. Juli in der Ostslowakei zu. Zugleich fanden Manöver in der UdSSR, der DDR und Polen statt, mit dem Ziel, die logistischen Bedingungen für die militärische Besetzung der ČSSR zu schaffen. Die Gespräche in Cierna wurden ohne Ergebnis beendet.

Die Besuche von Tito (vom 9. bis 11. August) und Ceausescu (vom 15. bis 17. August), bei denen beide nationalkommunistischen Führer die Reformer ermutigten, verschärften die Lage weiter.

Die Entscheidung Moskaus für den Einmarsch in die ČSSR wurde vermutlich am 19. August getroffen. Denn kurz vor Mitternacht, als die ersten schweren sowjetischen Transporter bereits auf den Flughäfen der ČSSR landeten, wurde bekanntgegeben, daß der Einmarsch der fünf Warschauer-Pakt-Staaten an 18 Punkten des Landes begonnen hatte. Die Prager Führung konnte gerade noch das Zentralkomitee der KP und die Nationalversammlung einberufen und die Bevölkerung über die Besetzung informieren. Dabei wurde auf die Unrechtmäßigkeit der Invasion hingewiesen und die Bevölkerung aufgefordert, keinen Widerstand zu leisten. Militärisch lief der Einmarsch planmäßig ab, aber politisch wurde das Unternehmen ein Fiasko.

---

[71] Hoensch, Jörg K.: Geschichte der tschechoslowakischen Republik, S. 156.

„Nach dem Scheitern aller Versuche, in Prag eine willfährige Kollaborationsregierung einzusetzen und den geschlossenen passiven Widerstand der Tschechen und Slowaken zu überwinden, herrschte im Politbüro der KPdSU Uneinigkeit über den in der ČSSR einzuschlagenden Kurs. Während die ‚Falken' … für eine sofortige Entlassung aller ‚Reformer', brutale Repressionen gegen die Bevölkerung und die unverhüllte Einsetzung eines sowjetischen Besatzungsregimes plädierten, vertraten die durch die weltweiten Proteste verunsicherten ‚Tauben', zu denen Kossygin, Suslow und wahrscheinlich Breschnjew gehört haben sollen, die Auffassung, bei der strikt überwachten Durchführung der zur ‚Normalisierung' notwendig erachteten Auflagen werde sich der tschechoslowakische Reformeifer ebenso verschleißen lassen wie die unbotmäßigen Reformpolitiker …

Vergeblich hatte eine moskautreue Gruppe um den ZK-Sekretär A. Indra versucht, ein Kollaborationskabinett zustande zu bringen, das Zusammentreten des 14. Parteitages der KP am 22. August … zu verhindern, den von den Gewerkschaften ausgerufenen Generalstreik zu durchbrechen, die im Untergrund arbeitenden Informationsorgane auszuschalten und die den Invasoren feindlich gesinnte Bevölkerung für die ‚Verteidigung der sozialistischen Errungenschaften' zu begeistern. Erst als diese Bemühungen gescheitert waren, erklärte sich die Kremlführung bereit, den Staatspräsidenten Svoboda in Moskau zu empfangen. Über den Verlauf der vom 23. bis 26. August dauernden Verhandlungen liegen keine verläßlichen Quellen vor; die Tatsache, daß die von den Sowjets verhafteten Reformer wie Parteichef Dubček, Premier Černik und Parlamentspräsident Smrkovsky auf Verlangen des tschechoslowakischen Staatsoberhauptes am 24. zu den Gesprächen hinzugezogen wurden, erlaubt jedoch einige Schlüsse. Vor die Wahl gestellt, entweder die sowjetischen Grundsätze für eine ‚Normalisierung' zu akzeptieren oder mit der Einsetzung einer Militärregierung die letzten Reste der Souveränität einzubüßen und die Gefahr eines zweiten Budapest heraufzubeschwören, waren die tschechoslowakischen Unterhändler offenbar nicht bereit, leichtfertige Konzessionen auf Kosten der Lebensinteressen ihres Landes zu machen. Die nach zermürbenden und nervenaufreibenden Debatten am 26. August 1968 in einem Geheimprotokoll niedergelegten ‚Vereinbarungen' kamen dennoch einer weitgehenden Kapitulation gleich: Die

> bisher begonnenen oder durchgeführten Reformen sollten rückgängig gemacht, die dem Kreml mißliebigen Politiker entlassen, der 14. Parteitag für ungültig erklärt, die Pressezensur wieder eingeführt, die Kontakte zwischen der KPTsch und der KPdSU intensiviert, das Verteidigungssystem des Warschauer Paktes – vor allem entlang der Grenze zur Bundesrepublik Deutschland – ausgebaut und die Anwesenheit der Interventionstruppen so lange gewährleistet werden, bis die Bedrohung des Sozialismus in der ČSSR und in den anderen Paktstaaten beseitigt sei.
>
> Allein die sowjetische Zusage, sich nicht direkt in die innenpolitischen Angelegenheiten einmischen und die Streitkräfte in Etappen zurückziehen zu wollen, konnte als bescheidener Erfolg der tschechoslowakischen Seite gelten. Darüber hinaus ließ Moskau den Vorwurf einer angeblich in der ČSSR herrschenden ,Konterrevolution' fallen, verzichtete auf die These vom ,Hilferuf' und nahm in Kauf, daß die als ,Verräter des tschechoslowakischen Proletariats und der Sache des internationalen Kommunismus' gebrandmarkten Reformpolitiker vorerst ihre Ämter behielten. Damit wurde eingestanden, daß es in der Partei- und Staatsführung gegenwärtig keine personellen Alternativen zu den vom Vertrauen der Bevölkerung getragenen angeblichen ,Revisionisten' gab."[72]

Es begann nun ein stufenweise eingeführter Normalisierungsprozeß im Moskauer Sinne mit personellen Konsequenzen. Bei den Gesprächen im Kreml am 3./4. Oktober 1968 waren noch Dubček und Černik neben dem neuen slowakischen Parteichef Husak dabei. Dubček rückte zwar von einigen kritischen Thesen des Demokratisierungsprozesses ab, wurde dennoch weitgehend isoliert. Eine Troika der „Realisten", bestehend aus Černik, Husak und dem früheren Innenminister Strougal, übernahm die Aufgabe, die sowjetischen Auflagen zu erfüllen.

Eine kurze Unterbrechung brachte die Selbstverbrennung des 21 Jahre alten Studenten Jan Palach am 16. Januar 1969 und die Beteiligung von mehr als 500.000 Menschen an einer friedlichen Trauerdemonstration am 25. Januar. Diese Ereignisse hielten die „Realisten" in der Partei, die bereits eine Mehrheit hatten, für kurze Zeit davon zurück, eine offene

[72] Ebenda, S. 159 f.

Konfrontation mit den resignierten „Reformern“ zu suchen. Doch schon am 17. April kam es zum „aus eigenem Wunsch“ deklarierten Rücktritt Dubčeks zugunsten Husaks. Dabei wurden die „Reformer“ fast vollständig verdrängt:

> „Zwar versprach Husak, er werde keine der großen Ideen der Reformepoche aufgeben, doch ließ er keinen Zweifel aufkommen, daß die Normalisierung jetzt energisch und mit harter Hand durchgesetzt werde.“[73]

Die Gefühle der Bevölkerung drückte die Flugschrift einer Gruppe junger Schriftsteller unmittelbar nach dem sowjetischen Einmarsch aus: „Ein Okkupant ist kein Vebündeter ... “

Der Chefreformer des Prager Frühlings in Wirtschaftsfragen, Professor Ota Sik, schrieb zwanzig Jahre später in einem Beitrag für die „Neue Zürcher Zeitung“:

> „Unser Reformkampf entsprang der gleichen Logik wie die heutige sowjetische Reformbewegung. Leider kam unser Bemühen zwanzig Jahre zu früh. Die von Breschnjews Führung beschlossene militärische Invasion hat eine der bestvorbereiteten und meistversprechenden Reformen des sozialistischen Systems verhindert. Das sowjetische Politbüro hat die Beseitigung der tschechoslowakischen Reformer aus der Politik erzwungen und eine Clique an die Macht gebracht, die sich aus den unfähigsten und gewissenlosesten Parteibürokraten zusammensetzte und gewillt war, alle Reformvorhaben zu liquidieren ... Gorbatschow weiß zu gut, daß die Verleumdungen über die ehemaligen Reformer, die bis heute in der ČSSR verbreitet werden, letztlich auch gegen seine Bemühungen gerichtet sind.“[74]

---

[73] Ebenda, S. 164.

[74] Neue Zürcher Zeitung, 7./8.8.1988.

3. Die Ostpolitik des Vatikans – Der neue Kurs unter Papst Paul VI.

3.1 Casaroli in der DDR

Die neue Ostpolitik des Vatikans unter Papst Paul VI. war durch Nachgiebigkeit gegenüber den kommunistischen Regimen in Osteuropa gekennzeichnet. Was die kirchliche Einheit Deutschlands betraf, waren Paul VI. und sein „Außenminister", Erzbischof Agostino Casaroli, den Wünschen der DDR-Führung nach einer Verselbständigung der katholischen Kirche in Ostdeutschland weit entgegengekommen. Nur der Tod Pauls VI. verhinderte, daß dieser seine Unterschrift unter Dekrete setzte, die die staatliche Teilung Deutschlands auch kirchenrechtlich ratifiziert hätten.[75]

Die gemeinsame kirchliche Verwaltung wurde nach der Gründung der DDR immer mehr erschwert. Mehrere Bistümer wurden zerschnitten: Mecklenburg mit seinem Zentrum Schwerin gehörte kirchlich zum Bistum Osnabrück. Das Gebiet um Magdeburg war Teil des Erzbistums Paderborn. Erfurt mit dem katholischen Eichsfeld war fuldisch. Das sachsen-meiningische Gebiet gehörte zu Würzburg. Ein Staatsvertrag mit dem völkerrechtlich nicht anerkannten und kirchenfeindlichen DDR-Regime war völlig unvorstellbar. Außerdem setzte eine Neufestlegung der kirchlichen Bezirke auf dem Gebiet der DDR eine Regelung der provisorischen Verhältnisse in Polen voraus. Durch die „Westverschiebung" Polens nach 1945 waren große Teile Ostpolens unter sowjetische Herrschaft gekommen, große Teile Deutschlands wiederum, wie das katholische Oberschlesien, unter die Herrschaft Polens. Die Ostpolitik des Vatikans hatte also nicht nach Ländern getrennt betrieben werden können.

Wie in den früheren deutschen Gebieten jenseits von Oder und Neiße, so mußte auch in der DDR eine provisorische Kirchenverwaltung geschaffen werden. Um die Seelsorge auch für die fast zwei Millionen katholischer Flüchtlinge zu gewährleisten, wurden um Schwerin, Mag-

[75] Nach einer rückblickenden Studie von Daniel Deckers: „Treue zu Rom ist schwer geworden", in: Frankfurter Allgemeine Zeitung, 13.4.2005.

deburg, Erfurt und Meinigen herum kirchliche Verwaltungsbezirke eingerichtet. Mit Ausnahme Meiningens, das 1973 Erfurt zugeschlagen wurde, wurden sie von Generalvikaren im Rang eines Weihbischofs geleitet. Ab 1967 hießen sie „Bischöfliche Kommissare".

Die grenzüberschreitende Organisation der katholischen Kirche störte die Abtrennungspolitik der DDR-Führung gewaltig. Die Abtrennung der drei ostdeutschen Jurisdiktionsbezirke von den westdeutschen Bistümern und die mit der Verselbständigung der katholischen Kirche in der DDR einhergehende völkerrechtliche Aufwertung durch den Vatikan wurden daher in den 60er Jahren zu einem wichtigen Ziel Ostberlins.

> „Die Ernennung apostolischer Administratoren (das heißt dem Papst unterstehender Prälaten mit den Rechten und Pflichten eines Diözesanbischofs) in Ostdeutschland wird natürlich von der Regierung der DDR, im Rahmen ihrer derzeitig intensivierten und überhitzten Souveränitätstendenz und ihrer Separationspolitik gegenüber der Bundesrepublik als ein politischer Erfolg gebucht werden,"[76]

bemerkte der Berliner Kardinal Bengsch im März 1967. Das sollte verhindert werden. Schon einen Monat später schrieb Bengsch deshalb an den in Bonn ansässigen, für ganz Deutschland zuständigen Apostolischen Nuntius, Erzbischof Bafile, und bat ihn, den Vatikan darauf hinzuweisen, daß in der katholischen Kirche in der DDR keinerlei Wunsch nach einer Autarkie der dortigen Kirchenverwaltung bestand.

Bengsch ahnte, worum es ging.

> „Die Bemühungen der Regierung der DDR, Fühlung mit dem Heiligen Stuhl aufzunehmen, erklären sich primär aus dem Bestreben, für den zweiten deutschen Staat die internationale Anerkennung zu erwerben",[77]

berichtete ein Vertrauter von Bengsch im Februar 1969 der Frühjahrsversammlung der Deutschen Bischofskonferenz. Diese Tendenz wurde

---

[76] Ebenda.

[77] Ebenda.

schon in einem Gespräch klar, das Bengsch im August 1968 mit dem Staatssekretär für Kirchenfragen in der DDR, Hans Seigewasser, geführt hat. Dieser sagte unter anderem, die Konferenz der Bischöfe in der DDR, die Berliner Ordinarienkonferenz, sollte eine nationale Bischofskonferenz werden. Bengsch, offenbar nicht vollständig informiert, machte Seigewasser keine Hoffnung, daß der Vatikan in dieser Frage Ostberlin entgegenkommen werde. Seigewasser antwortete, nach Informationen, die er in Ungarn und der ČSSR von seinen Kollegen erhalten habe, meine er nicht, daß die Auffassung des Erzbischofs Casaroli sich mit dem Urteil von Kardinal Bengsch decke.

Seigewasser wußte aber offenbar nicht, daß nicht nur Casaroli ein offenes Ohr für das Bestreben der DDR hatte. Auch Paul VI. selbst zeigte sich daran interessiert, eine Verständigung mit den Regimen in den katholischen Ländern Osteuropas zu finden. Er glaubte, auf diese Weise das Schicksal der vielen verfolgten Gläubigen erleichtern zu können. Ein Arrangement mit der DDR-Führung, so hoffte er, könnte zum Vorbild neuer Vereinbarungen werden, zum Beispiel mit der ČSSR, wo die Kirche in eine offizielle, vom Staat tolerierte, und in eine in den Untergrund gezwungene, brutal verfolgte Kirche gespalten war.

Wann Paul VI. sich entschloß, eine neue, fragwürdige Ostpolitik zu betreiben, und was seine wahren Motive waren, ist nicht endgültig geklärt. Aus den Akten der DDR-Bischöfe ist zu entnehmen, daß die Anerkennung der Oder-Neiße-Linie als deutsche Ostgrenze mit dem deutsch-polnischen Vertrag von 1970 und die Unterzeichnung des deutsch-deutschen Grundlagenvertrags im Dezember 1972 das Vorhaben Pauls VI. als realisierbar erscheinen ließen. 1972 wurden die nunmehr endgültig polnischen Gebiete kirchlich neu zugeschnitten. Gleichzeitig errichtete der Vatikan auf dem Gebiet der DDR die Apostolische Administratur Görlitz, die damit aus dem Verbund des Erzbistums Breslau ausschied.

Die westdeutschen Bischöfe wie auch die Bischöfe der DDR waren entsetzt. Sie warnten den Vatikan davor, nach der Anerkennung der neuen deutschen Ostgrenze auch die Teilung Deutschlands zu billigen und damit den Standpunkt der DDR von der deutschen Zweistaatlichkeit zu bestätigen. Der Protest der westdeutschen Kardinäle hatte nur insofern Erfolg, als Paul VI. davon Abstand nahm, diplomatische Beziehungen mit der DDR aufzunehmen. Der Vatikan wollte offenbar erst Erfahrungen mit dem polnischen Modell sammeln.

Dann kam es zur Konferenz über Sicherheit und Zusammenarbeit in Europa (KSZE), die nach zwei Jahren, am 1. August 1975, mit der Unterzeichnung der Schlußakte von Helsinki endete. Alle Unterzeichnerstaaten einschließlich der kommunistischen Regime erkannten auch das Recht auf Religionsfreiheit an. Dieser diplomatische Erfolg gab den Bestrebungen des Vatikans, die deutsche Kirche zu teilen, neuen Schwung. Bereits am 28. November 1974 teilte Kardinal Döpfner dem Papst in einer Audienz mit: „Es wäre verhängnisvoll, wenn der Eindruck entstünde, die Bundesregierung lehne den Kommunismus entschiedener ab als die katholische Kirche." Hinsichtlich der Stimmung unter den Katholiken fügte Döpfner hinzu:

> „Eine große Zahl der deutschen Katholiken – und gerade jene, die sonst in allen Fragen zu Rom stehen – vermag dem Heiligen Stuhl in seinen ostpolitischen Bemühungen nicht zu folgen. In Briefen und Gesprächen ist nicht selten zu hören: ‚Treue zu Rom ist schwer geworden.' Der Autorität des Heiligen Stuhls droht eine Belastungsprobe, die sich allzuleicht auch auf disziplinäre und religiöse Fragen ausweiten könnte."[78]

Der Papst und sein „Außenminister" ließen sich von Döpfners Warnung nicht beeindrucken und hielten an ihrem Plan fest. Nun sollten die Jurisdiktionsbezirke zu Apostolischen Administraturen verselbständigt und bald darauf zu Diözesen erhoben werden. Im Juni 1975 bereiste Casaroli erstmals die DDR und sprach mit der Staatsführung. Seine heikle Reise schildert der deutsche Theologe Wolfgang Hammel in seinem Buch über die Ostpolitik des Vatikans:

> „Einen großen, weltweit beachteten Erfolg konnte Ostberlin vom 9. bis 15. Juni 1975 für sich verbuchen, als Erzbischof Casaroli feierlich von seinem DDR-Kollegen Fischer in der Hauptstadt der DDR begrüßt wurde. Die Erörterung von Friede und Entspannung war der äußerliche Anlaß des Besuches, der sehr gegen den Willen des damaligen Ortsoberhirten, Kardinal Bengsch, stattgefunden haben muß, denn er fehlte bei der Begrüßung am Flugplatz. Noch am Flugfeld

[78] Ebenda.

durfte Casaroli die Hand des Präsidenten des DDR-Friedensrates, Prof. Drehfahl, drücken. In unfreiwilliger Komik hatte die SED-Regie das trojanische Pferd ihrer Friedenspolitik vorgestellt. Friede nach SED-Lesart ist nicht identisch mit der des Vatikans. Zur Besänftigung der mißtrauischen bundesdeutschen Gemüter bekam Casarolis ‚Friedensreise' einen dicken kirchlichen Anstrich, der ein umfangreiches Besuchsprogramm katholischer Einrichtungen berücksichtigte. Sogar das festliche Dankessen für die DDR-Prominenz fand im bischöflichen Palais von Kardinal Bengsch statt. Casaroli und Fischer befanden, daß ihre Gespräche nützlich und wertvoll gewesen waren. Wie überflüssig der Besuch aus seelsorglicher Sicht in Wahrheit gewesen war, wurde Aufmerksamen im gemeinsamen Kommuniqué noch frei Haus geliefert. Das bestehende Verhältnis zwischen Staat und katholischer Kirche stelle eine positive Grundlage für eine gedeihliche Entfaltung der gegenseitigen Beziehungen dar ...

Abschließend diene das folgende Zitat zur Beleuchtung der Vorgangsweise Pauls: ‚Der Hl. Stuhl hat die besonders genannten Erwägungen vor Augen gehabt, als er zu dem Schluß kam, daß Gründe seelsorglicher Notwendigkeit und Zweckmäßigkeit dazu drängen, die Umwandlung der Berliner Ordinarienkonferenz in eine unabhängige Bischofskonferenz nicht länger aufzuschieben; dies erschien um so notwendiger, als die Probleme der Kirche im Bereich der DDR es verlangen, daß die Bischöfe in den Stand gesetzt werden, sie mit voller Autorität in Angriff nehmen zu können.'"[79]

Im nächsten Jahr, im April 1976 unterzeichnete Kardinalstaatssekretär Villot im Vatikan ein Schreiben, in dem er Kardinal Bengsch einfach mitteilte,

„daß seine Heiligkeit entschieden hat, daß die Konferenz der Ordinarien in der DDR aufhören soll eine regionale Bischofskonferenz im Rahmen der Deutschen Bischofskonferenz zu sein und statt dessen nunmehr als selbständige Bischofskonferenz errichtet werden soll."

[79] Hammel, Wolfgang: Die Ostpolitik Papst Johannes Pauls II., Bern 1984, S 101 ff.

Am 6. August 1978 starb Paul VI. Er konnte die vorbereiteten Dekrete nicht unterschreiben. Sein Nachfolger Johannes Paul I., der am 26. August gewählt wurde, starb nach 33 Tagen im Amt.

Zehn Tage später, am 16. Oktober wurde Kardinal Karol Wojtyla, der Erzbischof von Krakau, zum Papst gewählt. Bereits zwei Wochen später erschien der DDR-Außenminister Fischer in Rom und bat den neuen Papst, Johannes Paul II., um eine Audienz, bei der er sich nach der deutschen Kirchenteilung erkundigte. Einzelheiten wurden später aus dem Schreiben von Nuntius Del Mestri an Kardinal Bengsch bekannt:

> „Der Heilige Vater unterstrich seinerseits die Neuheit und Vielfalt seiner eben erst übernommenen Aufgaben und die Notwendigkeit gründlichen Studiums und eingehender Beratung. Dies werde er auch bezüglich der ihm vom Besucher besonders erwähnten Angelegenheit tun und vor allem den Vorsitzenden der Berliner Bischofskonferenz hören müssen."

Daniel Deckers resümiert:

> „Ob Kardinal Höffner, einer der einflußreichsten Kardinäle während des Konklaves, vor oder nach der Wahl mit dem Papst über die Verselbständigung der katholischen Kirche in der DDR gesprochen hat, geben die vorliegenden Akten nicht preis. Gewiß ist nur eines: Das Jahr ging zu Ende, und der Papst, der in Polen gelernt hatte, daß Nachgiebigkeit gegenüber den Kommunisten das falsche Signal war, entschied nichts. Auch in den folgenden Monaten drang aus den Mauern des Vatikans kein Signal, daß Johannes Paul II. geneigt sei, der DDR-Führung entgegenzukommen. Am 30. April 1979 wurde Erzbischof Casaroli zum Nachfolger von Kardinalstaatssekretär Villot befördert. Ostpolitik machte der neue Papst, der anders als sein Vorgänger von dem nahen Ende des Kommunismus überzeugt war, ganz alleine. Die katholische Kirche in Deutschland aber blieb bis 1989 eine ‚gesamtdeutsche Klammer' – am Ende dank des beredten Schweigens von Johannes Paul II."

Welche Motive Papst Paul VI. hatte, gegenüber den kommunistischen Regimen in Osteuropa derart kompromißbereit vorzugehen, dazu gibt es nur Vermutungen. Er mußte wohl wissen, daß die Kommunisten nur zu solchen Vereinbarungen mit dem Vatikan gewillt wären, die Vorteile ausschließlich für sie bringen würden. Wie weit dennoch Paul VI. bereit war, auf dem Weg der Nachgiebigkeit zu gehen, dafür liefert der Fall des ungarischen Kardinals Mindszenty denkwürdige Beweise.

3.2 Kardinal Mindszentys Konflikt mit Papst Paul VI.

Viel eher rechnete man in den 60er und 70er Jahren des vergangenen Jahrhunderts in den Ländern der westlichen Allianz mit der weiteren Expansion des Kommunismus als mit dessen Zusammenbruch, der am Ende der 80er Jahre schnell erfolgte. Die pessimistische Beurteilung der Zukunft war auch im Vatikan unter Papst Paul VI. stark ausgeprägt. In dem neuen „Investiturstreit" zeigte er sich zu weitgehenden Zugeständnissen bereit. In Osteuropa bekamen die kommunistischen Regierungen sogar ein Vetorecht bei der Ernennung der Bischöfe. Es wurde die Institution der „Friedenspriester" geschaffen, die ihre Tätigkeit entsprechend den Erwartungen der Machthaber ausübten.

Der markanteste Gegner der neuen Ostpolitik des Vatikan war József Kardinal Mindszenty, der Primas von Ungarn, der 15 Jahre lang im Asyl der amerikanischen Gesandtschaft in Budapest lebte. Hierher war er am 4. November 1956 geflüchtet, als die Sowjets die Niederschlagung der ungarischen Revolution begannen. Dem Vatikan war es offenbar nicht genehm, daß der Kardinal die mehrmaligen „Einladungen" ablehnte, die Gesandtschaft und seine Heimat zu verlassen. Mindszenty freizulassen, wollte wiederum das Kádár-Regime zu keiner Zeit riskieren – auch aus Angst davor, daß der Kardinal bekanntmachen könnte, wie er von der AVO (der geheimen Staatspolizei) gefoltert und dann in einem Schauprozeß in der Rákosi-Ära verurteilt worden war. Fünfzehn Jahre lang stand ein Dienstwagen der AVO vor dem Nebeneingang der amerikanischen Gesandtschaft, um zu verhindern, daß Mindszenty das Haus verließ.

Der Kardinal berichtet in seinen „Erinnerungen", daß kurz vor seiner Ausreise aus Ungarn am 28. September 1971 Prälat Zagon ihn aufsuchte mit der Botschaft des Papstes, der

„meine, es wäre doch besser, wenn ich mich jetzt zum Verlassen der amerikanischen Botschaft entschließen könnte. Er trug mir Gründe vor, die Seine Heiligkeit zu dieser Ansicht bewogen. Ich hatte dabei den Eindruck, daß auch die Regierung der Vereinigten Staaten, die veränderte Lage und mein Alter berücksichtigend, ein Verlassen der Botschaft inzwischen für wünschenswert halte ... Ich wußte wohl, daß ich in der Gesandtschaft nicht nur wegen meiner Krankheit ein unerwünschter Gast war, sondern daß ich der Entspannungspolitik im Wege stand ... Zagon drängte ... abermals auf meine Entscheidung, doch ich blieb dabei, daß ich Bedenkzeit brauche. Nach der Abreise Zagons informierte ich Präsident Nixon in einem Brief über meine Lage und fragte an, ob es nicht möglich wäre, auch weiterhin in der amerikanischen Gesandtschaft zu verbleiben. Seine Antwort traf unerwartet schnell ein. Er empfahl mir, mich in mein Schicksal zu fügen. Aus diesem im höflichen Ton gehaltenen Schreiben des Präsidenten wurde mir klar, daß ich tatsächlich von jetzt an ein unerwünschter Gast in der Gesandtschaft sei.“[80]

Daraufhin entschied sich Mindszenty, nach Rom zu reisen.

Papst Paul VI. hatte den Kardinal außerordentlich freundlich und entsprechend seiner Position empfangen.

„Tief ergriffen war ich“, so Mindszenty, „als mir erlaubt wurde, bei der hl. Messe anläßlich der Eröffnung der Bischofssynode zu seiner Rechten zu konzelebrieren ... Als wir nach der hl. Messe in die Sakristei gingen, ließ der Papst alle dort Anwesenden entfernen, wandte sich an mich und sagte in lateinischer Sprache: ‚Du bist und bleibst Erzbischof von Esztergom und Primas von Ungarn. Arbeite weiter, und wenn Du Schwierigkeiten hast, wende Dich immer mit Vertrauen an Uns.“[81]

Wie und warum dann alles anders geschah und der Papst Mindszenty seines Amtes enthob, hat mir der Kardinal im September 1974 im Wiener Pazmaneum, wo er sich aufhielt, vertraulich erläutert. Kardinal Mindszenty bat mich lediglich darum, das Gesagte nicht zu seinen Leb-

---

[80] Mindszenty, Josef Kardinal: Erinnerungen, Berlin u. a. 1974, S. 393 ff.
[81] Ebenda.

zeiten zu veröffentlichen. Das Gespräch war von Prälat György Adam aus München, dem Oberseelsorger der ungarischen katholischen Kirche im Westen, vermittelt worden.

Das Gespräch im Wortlaut:

– „Die Mehrheit der katholischen Gläubigen erwartet von der Kirche den ideologischen Widerstand gegen den Kommunismus. Sie erhofft sich Argumente gegen die Ungerechtigkeit. Statt dessen aber reisen die Gesandten des Vatikans zu den kommunistischen Regierungen und erkennen diese ohne Gegenleistung als legal an. Teilt Eure Eminenz die Überzeugung, daß diese Politik früher oder später eine starke Erosion der religiösen Überzeugung der katholischen Gläubigen hervorrufen kann?“

Mindszenty: „Zunächst möchte ich eine Erklärung abgeben, die nicht zur Veröffentlichung bestimmt ist: Die Ostpolitik bedeutet für das ungarische Volk, für die Gläubigen, auf jeden Fall Kreuz und Leid. Aus seinem eigenen Blickwinkel hat das Regime meinen Standpunkt über die Ostpolitik natürlich beanstandet und so konnte es zu dem kommen, was mit mir schließlich geschehen ist. Es ist selbstverständlich, daß die Ostpolitik auf keine Gegenliebe bei den ungarischen Gläubigen trifft, denn seit 1964 hat sich bis zum heutigen Tag die innere Beziehung zur Kirche ständig verschlechtert. Es besteht keine Hoffnung, daß das Regime auf den Weg des Rechts, der Gerechtigkeit und der sich daraus ergebenden Verpflichtungen zurückkehrt.“

– „Sieht Eure Eminenz irgendwelche Vorteile, irgendeine positive Veränderung für die katholische Kirche in Osteuropa, seit der Heilige Stuhl die Beziehungen mit diesen Regierungen aufgenommen hat?“

Mindszenty: „Die Antwort ergibt sich aus meiner vorhergehenden Stellungnahme. Ich kann aber unabhängig hiervon feststellen, daß ich aus dem Geschehen in der Sowjetunion und in Mitteleuropa erkenne, wie der Verfall zunimmt und sich keine Hoffnung auf Besserung zeigt. Wer etwas anderes behauptet, kennt die Grundthesen des Kommunismus nicht und auch nicht die Ereignisse und die Entwicklung der in der Sowjetunion fünfzig, in Ungarn und Mitteleuropa fünfundzwanzig Jahre dauernden Wirklichkeit."

– „Was ist die Motivation der Ostpolitik von Papst Paul? Rechnet der Vatikan vielleicht damit, daß in ganz Europa kommunistische, sozialistische Systeme an die Macht gelangen werden? Will der Vatikan für diesen Fall gerüstet sein?"

Mindszenty: „Ich habe weder vom Heiligen Vater noch von seiner engeren Umgebung jemals gehört, daß dies die Grundlage oder die Begründung der Ostpolitik sei. Ich habe das nie gehört; Vermutungen möchte ich nicht äußern. Aber ich sollte noch etwas dazu sagen: Ich möchte nicht andere belehren, wenn der Heilige Vater über mir steht."

– „Erkennt der Vatikan das Problem, daß die katholische Kirche bei jedem Kompromiß, der zwischen Rom und den osteuropäischen Regierungen zustande kommt, im Grunde ihre Selbständigkeit verleugnen muß?"

Mindszenty: „Ob der Vatikan dies klar sieht oder nicht, auf diese Frage antworte ich nicht. Ich habe schon alles gesagt, was ich sagen kann. Ich werde jetzt darauf nicht antworten, obwohl ich während meines Aufenthalts in der amerikanischen Botschaft und in Rom ständig über die Situation gesprochen habe. Ich habe jedenfalls immer aufgrund meiner Erfahrungen vor Ort gesprochen. Die Anhörung hat stattgefunden und ich habe meine Wünsche vergeblich vorgebracht. Bei den Verhandlungen über das im Jahre 1964 geschlossene Abkommen habe ich zum Beispiel gefordert, daß das Regime zunächst für ein Jahr verpflichtet werden sollte, unsere Bedingungen zu erfüllen, und daß dann erst ein endgültiges Abkommen getroffen werde. Ich habe dies wiederholt gefordert."

– „Wie definiert Eure Eminenz den Begriff des Friedenspriesters?"

Mindszenty: „Der Friedenspriester verdingt sich dem Regime und entfernt sich in gleichem Maße von der Kirche. In dem Maße, wie er sich dem Regime verpflichtet, erlahmt seine Treue gegenüber seiner Kirche und dann auch seine Überzeugung. Unter ihnen gibt es solche, die sich dem Regime völlig verschrieben haben. Ich weise darauf hin, daß ich einen Priester kenne, von dem während des Freiheitskampfes, als die Dokumente und Archive der AVO (Geheime Staatspolizei) zugänglich waren, bekannt wurde, daß er im Range eines Majors der AVO war und dafür Geld erhielt. Ich weiß auch von einem anderen, der in der Stadt auf offener Straße seine Spitzelberichte der AVO übergab. Ich habe in Rom immer wieder darauf hingewiesen, daß ich die Situation in meiner Heimat besser kenne. Ich hatte bessere Kenntnisse über das Leben in Ungarn auch während meiner Haftzeit und der 15 Jahre, die ich in der amerikanischen Gesandtschaft als Quasi-Gefangener verbracht habe."

– „Es gibt Informationen aus Ungarn, wonach einige Geistliche wegen der Entfernung Eurer Eminenz den Gehorsam gegenüber Rom verweigern wollen ..."

Mindszenty: „Das wäre nicht rechtens, das ist nicht erlaubt. Ich wurde nicht aus der Heimat, sondern von einer rechtsgerichteten extremistischen Organisation im Westen aufgefordert, zusammen mit mir treu ergebenen Ungarn aus der katholischen Kirche auszutreten, sollte also ein Martin Luther oder ein Abtrünniger werden. Selbstverständlich habe ich gar nicht erst geantwortet. Derjenige, dem eine Kränkung widerfährt, macht sich lächerlich, wenn er deshalb seinen Glauben verleugnet. Ich bin nicht deshalb zu einem Gläubigen geworden, damit man mit mir nur Gutes tut."

– „Letzte Woche hat eine Mailänder Zeitung, der ‚Giornale Nuovo' berichtet, daß das Sekretariat des Vatikans ein Dokument für den Papst mit dem Titel ‚Glaube und Marxismus' zusammengestellt habe. Das Blatt behauptet, dies sei die Magna Charta der Zusammenarbeit mit den kommunistischen Regierungen."

Mindszenty: „So etwas kann im Gange sein."

– „Worauf ist es zurückzuführen, daß der Vatikan jetzt den Marxismus mit dem Sozialismus gleichsetzt, obwohl sich die Kirche vor dem Krieg an die Spitze der sozialen Bewegungen setzen wollte – mit Rerum Novarum und anderem?"

Mindszenty: „Es kann jedenfalls festgestellt werden, daß der Sozialismus nicht mit dem Marxismus zu identifizieren ist. Eine Gleichsetzung ist zumindest anhand der Enzyklika Rerum Novarum überhaupt nicht möglich. Ein katholischer Gläubiger zum Beispiel kann nicht Mitglied einer marxistischen Partei werden. Das machen weder das Rerum Novarum oder andere Enzykliken noch das Kirchenrecht möglich, allein schon die Logik würde dies verneinen."

– „Nach meiner Information hat sich der Vatikan, als Eure Eminenz Ungarn verlassen hat, gegenüber der ungarischen Regierung verpflichtet, Eure Eminenz des Amtes zu entheben … "

Mindszenty: „Nein. Man hat sich hierzu nicht verpflichtet, der Vatikan hat dies niemals erklärt. Der Vatikan hat vielmehr erklärt, daß ich das Regime niemals kritisieren werde. Hierzu hat er sich verpflichtet. Ich habe das Land verlassen, aber jenes Protokoll, in dem dies festgehalten war, nicht unterschrieben. Es gab Protokolle über mehrere Tage: Jene habe ich unterschrieben. Aber dort, wo von dieser Verpflichtung die Rede war, habe ich widersprochen: Falls ich betroffen sei, könne eine Verpflichtung ohne meine Zustimmung nicht übernommen werden. Zudem sei ich ein volljähriger Mensch und in einer bedeutenden Position. Ich habe diese Sachen nicht unterschrieben. Es ist doch so: Dreiundzwanzigeinhalb Jahre lang habe ich zu allem geschwiegen. Hätte ich in Erfahrung bringen können, daß zwischen dem Regime und dem Vatikan Gespräche hierüber geführt wurden, hätte ich das Land nicht verlassen. Ich kann im Westen nicht so stumm sein, wie ich im Gefängnis, in der Andrassy-Straße 60 (AVO) und schließlich in der amerikanischen Gesandtschaft stumm war. Die andere Seite hat ständig gelogen und mich pausenlos verleumdet. Und die Welt soll nicht erfahren dürfen, was die Wahrheit ist? Nun hat man mich mit der Begründung gerufen, daß meine Memoiren nur dann erscheinen könnten, wenn ich käme. Ein persönlicher Gesandter des Vatikans war bei mir: der Direktor des Büros des verstorbenen Bischofs Apor, Prälat Zagon, der selbst aus der Heimat geflohen ist. Somit war das eine Köderung.

Dies war das eine. Das andere war, daß man mir gesagt hat, ich könne im Kreise der Emigranten wirkungsvoller arbeiten, falls ich das Land verlasse. Das sind wichtige Argumente. Ich kam zu der

Überzeugung, daß ich meine Pflichten in der Heimat gegenüber den dort Lebenden erfüllt habe und daß jetzt auch die im Ausland lebenden Ungarn eine Hilfe brauchen: Sie haben mich aufgefordert, zu kommen.

Nach anderthalb Jahren kam der Nuntius, der mir mitteilte, daß man die Verpflichtungen unterzeichnet habe. Ich habe erwidert, daß man mir den Text hätte vorlegen sollen. Wie kann ich auf irgendetwas bestehen oder in irgendeiner Sache nachgeben, wenn ich nicht einmal weiß, worum es sich handelt? Das kann man von mir nicht verlangen. Bis zum heutigen Tag habe ich den Text nicht erhalten.

Ich habe in meinen „Erinnerungen" über diese Dinge natürlich etwas abgeschwächt geschrieben. Wenn ich gesagt hätte, ich verzichte auf die Veröffentlichung meiner Memoiren, dann wäre meine Amtsenthebung wahrscheinlich nicht eingetreten. Aber ich habe der Veröffentlichung meiner Memoiren aus Gründen der persönlichen Ehre, meiner Stellung und meiner Zugehörigkeit zur ungarischen Nation eine so große Bedeutung beigemessen, daß ich eher bereit war, all dies zu erdulden. So kam es dazu, daß ich sagte: Es ist unmöglich hierherzukommen, hier mit verschlossenen Lippen zu leben und nicht Kenntnis zu nehmen vom Atheismus, vom Schicksal Ungarns, nichts zu rügen, nichts zu beanstanden. Ich habe mir gesagt: Ich werde zu einer Marionette! Das kann man nicht machen, dies kann weder im Interesse des Landes noch der Kirche sein."

– „Wann hat Eure Eminenz die Memoiren abgeschlossen?"

Mindszenty: „Mit dem Sommer 1974. Sie beinhalten noch meine Enthebung vom Amt des Erzbischofs von Esztergom und von meinen Rechten als Primas. Nachdem einige Zeitungen, insbesondere in Amerika, über einen längeren Briefwechsel zwischen dem Heiligen Vater und mir berichtet hatten, was der Wahrheit entsprach, aber auch geschrieben hatten, ich hätte mich mit den Vorgängen abgefunden, gab ich eine Erklärung ab, die fünf Punkte umfaßte: Ich bin nicht zurückgetreten. Die Entscheidung ist vom Vatikan allein getroffen worden. Dies war zu meiner Ehrenrettung nötig. In den fünf Punkten habe ich das erklärt, was ich im übrigen auch dem Heiligen Vater in meinen Briefen mitgeteilt hatte. Mit meinem Rücktritt würde ich János Kádár unterstützen. Ich sagte: Eure Heiligkeit ernennt die Bischöfe, kann dies aber allein nicht vollziehen, sondern nur zusammen mit János Kádár, denn ohne seine Zustimmung kann Eure Heiligkeit niemanden ernennen. Ich schrieb dem Heiligen Vater, daß ich mich versündigen würde, wenn ich zurückträte, wohl wissend, daß ich damit János Kádár stärke. Das kann ich nicht tun! So geschah es schließlich, daß der Heilige Vater keinen meiner Briefe bemängelte und ich ihm den ersten Band meiner Memoiren zuleitete. Dies sage ich ganz vertraulich. Der Heilige Vater schrieb eigenhändig eine schöne Würdigung in das Manuskript. Er bedankte sich für die Zusendung und für den Einblick in meine Vergangenheit und meine Leiden. Er fügte hinzu, er habe nur Vorbehalte, aber keinerlei Einwendungen gegen das Werk. Die Täter seien noch am Leben, sie würden mich angreifen. Sie würden sich an der ungarischen Kirche rächen. Darauf habe ich geantwortet: Es gäbe unter jenen nicht mehr viele, die noch im Amt seien. Wie steht es aber damit, daß man mich angreifen werde? Dazu bedarf es doch nicht der Memoiren. Man greift mich ja schon seit einem Vierteljahrhundert ständig an: während meines Prozesses, während ich noch auf freiem Fuße war, während meiner Einkerkerung und nach dem Freiheitskampf bei meinem Aufenthalt in der amerikanischen Gesandtschaft. Also können meine Memoiren die Angriffe nicht auslösen, denn sie sind noch gar nicht veröffentlicht. Zum anderen ist nicht József Mindszenty der Grund für die Angriffe gegen die Kirche. Es bedarf hierzu nicht der Memoiren oder meiner Person. Seine Heiligkeit muß wissen, daß die Angriffe in den Grundthesen der Gottlosigkeit zu suchen sind. Auch wenn ich nicht geboren wäre, würde es so gekommen sein. Deshalb habe ich erklärt, ich könne schon deshalb nicht von meinen Ämtern zurücktreten. Der Heilige Vater meinte, ich hätte es leichter, meine Memoiren herauszugeben, wenn ich nicht mehr im Amt sei. Ich antwortete: Ich möchte auch nicht, daß Eure Heiligkeit Angriffen ausgesetzt wird. Dies habe ich vorher gesagt.

So war es. Während der Amtszeit zweier Päpste habe ich jede Möglichkeit einer Ausreise zurückgewiesen. Papst Johannes XXIII. bat mich zu kommen: er werde mich an der Kurie im Vatikan in eine bedeutende Position berufen. Meine Anwort lautete: Ich könne das nicht annehmen – jetzt, da man meinem Volk alles genommen habe, brauche ich keine Position, sondern Gerechtigkeit. Er hat sich damit zufrieden gegeben."

– „Was gab Eurer Eminenz die Kraft zu dieser unglaublichen Ausdauer, zu diesem Widerstand?“

Mindszenty: „Die Überzeugung und die mit der Überzeugung einhergehende göttliche Gnade. Das gab mir die Kraft. Ich habe gesehen, daß meine Vorgänger ein ähnliches Schicksal erleiden mußten: Mohi, Mohacs, dann Frater György, den man ermordet hatte. Dann Vitéz János, Pázmány Péter, den man aus Ungarn verbannt hatte. Wie haben die Primasse Bay und Lozsy gekämpft, wie der arme Ham János, der das Leben eines Heiligen führte und seines Amtes enthoben wurde – durch Wien. Ich bin der erste, den der Vatikan seines Amtes enthoben hat. Hierfür gab es noch kein Beispiel.“

Unter Papst Johannes Paul II., dem Polen Karol Wojtyla, hat sich die Ostpolitik des Vatikans diametral geändert. Bei den Ereignissen in Polen von 1980 an spielte die katholische Kirche eine bedeutende Rolle.

4. Die Macht der Machtlosen

4.1 Polens „Solidarność“ erzwingt die Wende – Moskau unter Zugzwang

Was das Sowjetsystem in Osteuropa von Grund auf erschüttert hat, war die Polenkrise 1980: Die Entstehung freier Gewerkschaften in Danzig brachte den Kreml in arge Verlegenheit, zumal hier nicht die Partei, sondern das Volk gegen die herrschenden wirtschaftlichen Verhältnisse und gegen die Ausbeutung revoltierte. Die Russen waren aus mehreren Gründen ratlos geworden: Hier handelte es sich nicht um einen politischen Aufstand, sondern um die Aktivitäten einer gewerkschaftlichen Bewegung mit Lohnforderungen usw. Das kommunistische System als solches wurde nicht in Frage gestellt.

Deshalb war es gar nicht möglich, gegenüber den polnischen Arbeitern mit Sowjettruppen aufzutreten, wie in Budapest und Prag.

Das Dilemma in Moskau dauerte lange Monate an: Was konnte man in einem solchen Fall tun, was würde geschehen, wenn die Bewegung auf andere Ostblockländer übergreifen würde? Mit dieser Eventualität mußte man rechnen, falls sich die „Solidarność“ mit ihren Forderungen durchsetzen könnte. Das Beispiel war ja verlockend. Auf wirtschaftlichem Gebiet war jedes Ostblockland im Grunde ein einziges Mammutunternehmen, und deshalb traten die Machthaber, die Parteibonzen, als Arbeitgeber auf. Es gab kein Forum, wo die Arbeiter gegen die ausbeutende Lohnpolitik hätten protestieren können.

In Moskau war man sich darüber im klaren, daß das politische und wirtschaftliche System des Kommunismus sich nicht liberalisieren ließ. Eine legale Opposition von „Andersdenkenden“ hätte unverzüglich freie Wahlen gefordert und damit wäre die Legitimität der herrschenden kommunistischen Parteien sofort fraglich geworden. Es war daher schlicht unvorstellbar, daß die KP-Führer sich bereit zeigen würden, das diktatorische System zu demokratisieren, d. h. ihren eigenen Sturz vorzubereiten.

Wenn Moskau beispielsweise den Ungarn aus politisch-pragmatischen Gründen nach dem Volksaufstand 1956 im Wirtschaftsbereich etwas mehr Freiraum zum Experimentieren ließ als anderen Ländern, bedeutete dies noch keineswegs, daß hier eine Änderung des politischen

Systems zugelassen gewesen wäre. Die Förderung der Privatinitiative in bescheidenem Rahmen hatte hauptsächlich zum Ziel, die auffälligsten Wunden der staatlichen Planwirtschaft zu übertünchen (Dienstleistungen, Kleinwarenproduktion, Lebensmittelversorgung). Das Wachstum erfolgreicher Kleinbetriebe wurde jedoch nicht nur durch gesetzliche Schranken, sondern auch durch die Steuerschraube gebremst. Die Partei ließ sich den Taktstock für die Wirtschaftslenkung nicht aus der Hand nehmen. Außerdem hatte der ungarische Weg ohne politische Demokratisierung kaum eine ausbaufähige Zukunft. Die Reform war deshalb an ihre politischen Grenzen gestoßen.

Die einzige Ausnahme in Osteuropa war Rumänien. Es war jedoch kein Geheimnis, daß Ceausescus außenpolitische Narrenfreiheit und sein Pseudonationalismus von Moskau nur deshalb geduldet wurden, weil der rumänische Diktator das Sowjetmodell nie aufgegeben hatte und sein Land für andere Ostblockländer daher nie zu einer nachahmenswerten nationalistischen Alternative des Kommunismus hätte werden können. Systemkritiker erfuhren ja auch in Rumänien das gleiche Schicksal wie die Regimegegner in der Sowjetunion.

Was das Sowjetsystem in Osteuropa von Grund auf erschüttert hatte, war die 1980 entstandene Polenkrise. Die Entstehung freier Gewerkschaften in Polen stellte die sowjetische Führung zum ersten Mal vor die Frage: Was geschieht, wenn auch andere Blockländer dem polnischen Beispiel folgen?

Im Hinblick auf den Lebensstandard und die soziale Absicherung der Arbeiterschaft in den westlichen Industrieländern – auch in Jahren der Rezession und größerer Arbeitslosigkeit – konnten sich auch die Kremlherren des Eindrucks nur schwer erwehren, daß sie politisch eigentlich gegen jene Verhältnisse im Westen kämpften, die sie – zumindest in ihren Programmen – zu Hause erreichen wollten. Man hätte die aufgeklärten Menschen in Ost und West nicht so unterschätzen dürfen, daß man annahm, dieser schockierende Widerspruch würde ihnen nach so langer Zeit kommunistischer Herrschaft verborgen bleiben.

Hoffnungen in Osteuropa, daß der Kreml die Fesseln irgendwann von sich aus lockern würde, waren längst zerstoben.

Die Sowjetunion war die stärkste militärische Macht in Europa; gegen sie hätte sich kein osteuropäisches Volk mit Gewalt durchsetzen können. Die Osteuropäer mußten spätestens in den 70er Jahren diese politischen Realitäten begreifen: Die Westeuropäer würden auch in der Zukunft nichts riskieren, um sie von der sowjetischen Kolonisation zu befreien. Die NATO war nur ein Verteidigungsbündnis, das sich damals schon in einer Identitätskrise befand, weil sich die politischen Kräfteverhältnisse und Strukturen in Westeuropa seit der Gründung der Allianz grundsätzlich geändert hatten. Selbst der damalige Generalsekretär der NATO, Joseph Luns, der gegen die ideologische Aufweichung der westlichen Allianz unermüdlich kämpfte, hatte auf dem Höhepunkt der polnischen Krise apathisch erklärt: „Die NATO ist nicht dazu da, um Freunde Moskaus zu schützen."

Unter diesen Umständen versprach nur die polnische Methode, der gewaltlose gewerkschaftliche Kampf der Arbeiter gegen den einzigen „Arbeitgeber", den kommunistischen Staat, dauerhafte Erfolge. Der große Kampf zwischen den polnischen Arbeitern und der kommunistischen Machtelite erschien für Moskau als neues Phänomen. Während der Kulmination der Krise sagte Lech Walesa: „Die Sowjets können uns besetzen, aber nicht zur Arbeit zwingen." Hätten sich die Arbeiter 1981 nur noch in einem einzigen Ostblockland dem Beispiel der „Solidarność" angeschlossen, wären die Russen nicht einmal wirtschaftlich imstande gewesen, zwei Länder zugleich unter Kriegsrecht zu stellen – ohne das Risiko einer Kettenreaktion in ganz Osteuropa. Und gegen eine allgemeine freie Gewerkschaftsbewegung in Osteuropa wäre Moskau sicher völlig machtlos gewesen, zumal es eine derart tiefe Krise weder wirtschaftlich noch politisch hätte bewältigen können.

Das einmalige Ereignis in der Geschichte des Kommunismus, der Erfolg einer gewaltlosen Streikbewegung, die die regierende Staatspartei schließlich zum Nachgeben zwang, hat die Machthaber in Warschau und Moskau vor Fragen gestellt, die man nicht beantworten konnte – zumindest nicht mit den Mitteln, die in Budapest und Prag seinerzeit angewendet wurden. Gegen die Macht der Machtlosen, der Arbeiter, hatte der Kreml keine Waffe. Die polnische Regierung, die trotz der westlichen Milliardenkredite schon 1980 am Rande des Bankrotts stand, hatte vorerst keine andere Wahl, als die neu entstandene Arbeitermacht zu akzeptieren.

So war das Danziger Abkommen zwischen der „Solidarność" und der Regierung Ende August 1980 nichts anderes als ein öffentliches Bekenntnis der Schwäche des kommunistischen Regimes. Daß es sich hier um eine tatsächliche Machtteilung handelte, zeigten die drei wichtigsten Forderungen des überbetrieblichen Streikkomitees, die von der Regierung in dem Abkommen akzeptiert wurden:

1. Zulassung freier, von der KP und den Betriebsleitungen unabhängiger Gewerkschaften, wie es sich aus der auch von der Volksrepublik Polen ratifizierten Konvention Nr. 87 der Internationalen Arbeitsorganisation, betreffend die Gewerkschaftsfreiheit, ergibt.
2. Garantie des Rechts auf Streik sowie des Schutzes der Streikenden und der sie unterstützenden Personen vor Bestrafung, Einhaltung der von der Verfassung der Volksrepublik Polen garantierten Freiheit der Meinungsäußerung und der Presse.
3. Unabhängige Zeitungen und Zeitschriften dürfen nicht unterdrückt werden. Zugang zu den Massenmedien für Vertreter aller Glaubensbekenntnisse.

Ihrerseits erklärten die Gründer der „Solidarność“: Sie erkennen die führende Rolle der Vereinigten Polnischen Arbeiterpartei an und stellen das sozialistische System und die internationalen Bündnisse nicht in Frage.

Die Partei- und Staatsführung mußte nicht zuletzt auch deshalb nachgeben, weil General Jaruzelski – damals als Verteidigungsminister – den von der Parteiführung geforderten Schießbefehl gegen die Arbeiter strikt ablehnte. Der lange Zeit als „kreditwürdigst“ geltende Parteichef im Ostblock, Edward Gierek, wurde sieben Tage nach dem Danziger Abkommen gestürzt. Aber den Siegesmarsch der „Solidarność“ vermochte auch sein Nachfolger Stanislaw Kania, Moskaus neuer Vertrauensmann, nicht aufzuhalten.

Dabei spielte es auch eine sehr große Rolle, daß die katholische Kirche fest hinter der neuen Arbeiterbewegung stand. Polens Kirchenführer, Kardinal Wyszinski, sagte im November 1980 ganz offen: „Die Polen kämpfen um die Souveränität“. Und sein Nachfolger als Primas, Erzbischof Glemp, erklärte ein Jahr später: „Wir sind Zeugen einer großen unblutigen Revolution, deren Wurzeln im Christentum liegen.“ In die Defensive gedrängt, registrierte die Staatsführung erbittert, daß die „Solidarność“ 1981 nach dem Besuch des polnischen Papstes, Johannes Paul II., in seiner Heimat gewaltigen Zustrom erhielt. So verfügte die „Solidarność“ zusammen mit der später gegründeten gleichnamigen Bauerngewerkschaft im Sommer 1981 bereits über 13 Millionen Mitglieder – praktisch fast 90 Prozent der erwerbsfähigen Bevölkerung.

Das polnische Volk hatte fünfzehn Monate lang unter Beweis gestellt, daß die Demontage einer kommunistischen Diktatur ohne jede Gewalt, ohne einen einzigen Schuß möglich ist. Der erfolgreiche Kleinkrieg der „Solidarność“ zermürbte auch die kommunistische Partei, und die Regierung rutschte immer mehr in die Rolle eines unfähigen Arbeitgebers, der vor der Pleite steht. Von der „Solidarność" in die Ecke gedrängt und vom Kreml unter Druck gesetzt, das Machtmonopol der Partei schnellstens wiederherzustellen, versuchte nun die verzweifelte polnische Parteispitze, mit Gewalt die Umkehr herbeizuführen. Die sogenannte „Arbeitermacht", die kommunistische Partei, griff doch zu Waffen gegen unbewaffnete Arbeiter.

Das polnische Volk wurde am 13. Dezember 1981 von einem sogenannten Militärrat unter der Führung des neuen Parteichefs Jaruzelski unter Kriegsrecht gestellt. Mindestens 5.000 Funktionäre der Solidarnośćt" samt Lech Walesa wurden vorübergehend interniert.

Die polnischen Arbeiterführer unter Leitung von Walesa[82] hatten zu dieser Zeit noch gar nicht geahnt, wie groß ihr Sieg eigentlich war.

Moskau, unter Zugzwang gesetzt, wollte nämlich mit dem Kriegsrecht vor allem Zeit gewinnen. Die Kremlführer hatten offenbar gesehen, daß sie die Kolonisation Osteuropas bald würden aufgeben müssen. Die polnische Krise brachte für sie eine grundsätzlich neue Situation in diesem Raum:

1. Moskau mußte einsehen, daß der polnische Weg mit den gewöhnlichen militärischen Mitteln nicht mehr zu sperren sei. Die Ängste der Russen wurden nur noch verstärkt durch die Erkenntnis, daß sie im Konflikt der Arbeiter mit ihrem „Arbeitgeber", der kommunistischen Partei, praktisch keine Chancen hätten, die alten Zustände wiederherzustellen.
2. Zugleich wurde festgestellt, daß solche langandauernden Konflikte nicht finanzierbar wären. Polen kostete Moskau bereits etliche Milliarden. Außerdem stellte der Produktionsausfall in Polen den COMECON vor schwere Probleme. Infolge der strengen Arbeitsteilung in der kommunistischen Wirtschaftsgemeinschaft waren die ausgebliebenen polnischen Lieferungen in den Mitgliedsländern kaum zu ersetzen. Hätte man noch in einem weiteren „Bruderland" gestreikt, so hätte man mit dem Zusammenbruch des ganzen COMECON-Systems rechnen müssen.

[82] Nach meiner von einem führenden Funktionär der „Solidarność" erhaltenen Information wurde Walesa, der Danziger Elektriker, ein außerordentliches politisches Talent, von etwa 50 älteren Intellektuellen politisch, juristisch und wirtschaftlich beraten.

3. In der DDR waren fast eine halbe Million sowjetischer Soldaten stationiert. Die Verbindungswege zwischen der Sowjetunion und Ostdeutschland wurden durch die polnischen Unruhen unsicher. Die Lösung dieses Problems schien nur in einer dauerhaften – und außerordentlich kostspieligen – militärischen Besetzung Polens zu liegen –, aber nicht mit hundertprozentiger Sicherheit. Die entstandene Zwangslage ließ Moskau nicht viel Handlungsspielraum.

Die Entscheidung im Kreml fiel bestimmt sehr schwer: Die sowjetische Führung machte daher der US-Regierung ein Angebot über den militärischen Rückzug aus beiden Teilen Deutschlands und die Vorbereitung einer politischen und wirtschaftlichen Annäherung der Bundesrepublik und der DDR. Alles unter strenger Geheimhaltung. Die politische Tragweite des sowjetischen Schritts war weitgehend unüberschaubar, zumal die Risiken eines vorzeitigen Bekanntwerdens für die Sowjetunion außerordentlich groß erschienen. Es war leicht vorstellbar, welch eine verheerende Wirkung diese Nachricht unter den Satellitenländern Moskaus in Osteuropa hätte auslösen können. Die Polen politisch durch das Kriegsrecht lahmzulegen, geriet in diesem Rahmen unter eine andere Beurteilung: Es erschien als eine unausweichliche Vorsichtsmaßnahme, um den Plan mit maximaler Sicherheit durchführen zu können.[83]

Das „Geschäft" zwischen Moskau und Washington wurde bald perfekt, denn es erschien für die Amerikaner außerordentlich günstig und für die Russen unbedingt notwendig. Die Vorbereitung der beiderseitigen militärischen Entflechtung mit Teilnahme von Bonn und Ostberlin hatte bald begonnen. Worum es bei dieser forcierten deutsch-deutschen Annäherung eigentlich ging, wußten die Führer der DDR zu diesem Zeitpunkt vermutlich noch gar nicht genau. Tatsache ist aber, daß die beiden deutschen Vertrauenspersonen, Franz Josef Strauß (Bonn) und Alexander Schalck-Golodkowski (Ostberlin) schon 1983 miteinander verhandelten.

Daß die sowjetische Entscheidung, einen militärischen Rückzug aus der DDR vorzubereiten, im Rahmen einer umfassenden Kursänderung der

[83] Das sowjetische Angebot teilte mir mein amerikanischer Informant mit – mit der Bemerkung, die Zeichen einer deutsch-deutschen Annäherung würden sich bald zeigen. Es war im Jahre 1982, noch zu Breschnjews Lebzeiten. Daraufhin begann ich eine längere Studie mit dem Titel „Osteuropa ohne Russen – Was kommt danach?" zu schreiben, in deren Mittelpunkt die deutsche Frage stand.

sowjetischen Außen- und Innenpolitik gefallen war, das ließ sich aus den turbulenten politischen Entwicklungen in Moskau in den darauffolgenden Jahren ablesen. Die Einsicht in die Tatsache, daß das 1917 begonnene Experiment der Verwirklichung des Kommunismus in Sowjetrußland total gescheitert war, bekam mit dem Machtantritt Gorbatschows 1985 ihre Bestätigung. Für die Rückführung Rußlands und seiner Satelliten in die freie Staatenwelt hatte man in Moskau damals noch kein „Drehbuch". Der Weg zur Lösung dieser schwierigen Aufgabe war mit zahlreichen Risiken gepflastert.

4.2 Die deutsche Frage und die Zukunft Osteuropas

Nicht allein die polnische Krise brachte Moskau unter Zugzwang, einen möglichen militärischen Rückzug aus Ostdeutschland vorzubereiten. Der unaufhaltsam scheinende Prozeß der Entfremdung im Verhältnis zwischen der Sowjetunion und ihren übrigen osteuropäischen Satelliten wurde im Kreml schon in den 70er Jahren nicht ohne Unbehagen registriert. In die politischen Planspiele der sowjetischen Führung war spätestens zu dieser Zeit die Notwendigkeit einbezogen worden, ihr osteuropäisches Kolonialreich eines Tages räumen zu müssen.

Die Führer im Kreml waren sich auch darüber im klaren, daß sie die militärische Konfrontation in Europa mit den Amerikanern nicht endlos verlängern könnten. Und die Beilegung der Spannungen zwischen den beiden Supermächten würde voraussetzen, daß die Amerikaner und Russen ihre Truppen aus dem besetzten Deutschland zurückziehen würden. Wenn aber dieser Fall einträte, wie es dann geschah, würde kaum jemand die Wiedervereinigung Deutschlands verhindern können.

In der Spätphase der Breschnjew-Ära wären die Russen wahrscheinlich schon recht zufrieden gewesen, wenn Gesamtdeutschland einen neutralen Status unter Beibehaltung der beiden Systeme in konföderativem Rahmen hätte erhalten können. In diesen Sinne soll Breschnjew unter dem Druck der polnischen Frage vorstellig geworden sein. Infolge dieses unter strikter Geheimhaltung gemachten sowjetischen Angebots begann 1983, inmitten der Eiszeit zwischen den beiden Supermächten, völlig überraschend eine deutsch-deutsche Annäherung, die durch die DDR-Reise von Franz Josef Strauß und die Vergabe des ersten Milliardenkredits an Ostberlin eingeleitet wurde.

Die Wiedervereinigung Deutschlands warf allerdings die Frage auf, was mit den kleinen Völkern Osteuropas zwischen Rußland und Deutschland geschehen würde, wenn die Sowjets ihre Truppen aus der DDR zurückzögen. Politisch war es kaum vorstellbar, daß Moskau – anstelle der DDR – diese Staaten in eine „militärische Festung" umwandeln könnte. Die politische Zukunft Osteuropas war daher, daran war nicht zu zweifeln, mit der Lösung der deutschen Frage eng verbunden.

Der Kreml war sich bewußt, daß im Falle eines festen Militärbündnisses zwischen den USA und der Bundesrepublik Deutschland die Sowjetunion auf lange Sicht gar keine Chance hätte, sich in dem von ihr provozierten weltweiten Rivalitätskampf mit Washington zu behaupten. Bonns Beitritt zur NATO 1954 vereitelte dann für längere Zeit die sowjetischen Pläne für ein neutrales, prosowjetisches Deutschland. Doch die Russen gaben nicht auf. 1970 gelang es ihnen auch, die soziallliberale Koalition in Bonn vorerst für einen Nichtangriffspakt (Moskauer Vertrag) zu gewinnen.

Von 1984 an versuchte die DDR unter sowjetischem Druck, die deutsch-deutsche Annäherung in beschleunigtem Tempo voranzutreiben. Die Neigung dazu war in Ostberlin bestimmt nicht groß, aber Honecker wagte es nicht, seine Gefühle in Moskau zu artikulieren bzw. Moskau „Ratschläge" zu geben. Unabhängig davon, was man in Bonn über diese diametrale Wende in der Haltung Ostberlins und die zu erwartenden Konsequenzen dachte, hätte sich keine bundesdeutsche Regierung der unverhofften „Versöhnungsgeste" der DDR infolge des Wiedervereinigungsangebots in der Verfassung entziehen können. Bonn half sogar mit kräftigen Finanzspritzen, den ostdeutschen Staat bei der Versorgung der Bevölkerung über die Runden zu bringen. Und alles sah wie ein Tauschgeschäft aus. Bonn erkauft von Ostberlin für Geld politische Zugeständnisse, um die Annäherung zu ermöglichen –, obwohl die Bundesregierung den Westruck ihres östlichen Gegenspielers Honecker vermutlich auch ohne Kredite hätte bekommen können. Das Ziel Moskaus war es ja, Bonn eine noch nicht näher erläuterte deutsche Wiedervereinigung, vielleicht nur eine Föderation beider Staaten, schmackhaft zu machen, um die Bundesrepublik aus dem westlichen Bündnis zu gegebener Zeit herauszulocken.

Wie dem auch sei, der deutsch-deutsche Frühling war doch mit dem Segen der beiden Supermächte angebrochen, obwohl dabei noch immer unklar war, ob und unter welchen Umständen Washington die sowjetischen Vorstellungen als Geschäftsbasis akzeptieren würde. Im Moskauer

Politbüro gab es ebenfalls starke Kräfte, die gegen jede Änderung des europäischen Status quo auftraten.

Der Preis, den die westliche Allianz für die Entlassung der Bundesrepublik aus der NATO zu zahlen hätte, wäre außerordentlich hoch. Amerika hätte seine Truppen nicht nur aus Westdeutschland, sondern aus ganz Europa abziehen müssen, während die Russen ihre Divisionen lediglich um einige hundert Kilometer hätten zurückverlegen müssen. Eine Wiedervereinigung Deutschlands unter neutraler Flagge hätte außerdem die gerade von Bonn so stark forcierte politische Union der Europäischen Gemeinschaft torpediert.

Die Motive, welche die Amerikaner veranlaßt haben, Bonn grünes Licht für die Annäherungspolitik mit Ostberlin zu geben, hingen möglicherweise auch mit der damals unsicheren politischen Entwicklung in der Bundesrepublik zusammen. Was westliche Beobachter der politischen Szene in Deutschland nicht wenig störte, war die Tatsache, daß die damalige deutsche Bundesregierung in dieser international spannungsgeladenen Zeit, ungeachtet der aufgeweichten und zunehmend amerikafeindlichen innenpolitischen Landschaft, versuchte, sich von dem immer schärfer gewordenen Konflikt der Supermächte – unter Bezugnahme auf deutsche Sonderinteressen – abzunabeln. Sie trieb mit dem Ostblock und vor allem mit der DDR ein Entspannungsspiel, das in einigen Bereichen noch darüber hinausging, was sich die sozialliberale Koalition in den vorhergehenden Jahren erlaubt hatte. Trotz amerikanischer Bedenken hatte Bonn als Vorreiter eines westeuropäischen Staatenkonsortiums das Erdgasgeschäft mit Moskau durchgesetzt. Daß gerade von Franz Josef Strauß 1983 durch den ersten Milliardenkredit das innerdeutsche Tauwetter eingeleitet wurde, war nicht nur in Amerika (bei Nichteingeweihten), sondern auch in Westeuropa mit Verwunderung registriert worden.[84]

Im Gefolge der deutschen Wiedervereinigung wäre Washington der Rückzug der US-Truppen aus der Bundesrepublik allerdings nur dann akzeptabel erschienen, wenn die Russen außer der DDR zumindest noch drei weitere osteuropäische Staaten – nämlich die Tschechoslowakei, Po-

84 Zu dieser Zeit wollte ich bei dem Verlag des Schweizerischen Ost-Instituts ein Buch über die sowjetisch gesteuerte internationale Friedenspolitik mit mehreren Autoren herausbringen. Das erste Kapitel wäre ein Beitrag von Franz Josef Strauß gewesen. Im Hinblick auf die DDR-Diplomatie von Strauß weigerte sich der Verlag, das Kapitel von Strauß zu drucken.

len und Ungarn – räumen würden. Nur so hätte eine breitere entmilitarisierte Zone zwischen den großen Blöcken Ost und West geschaffen werden können, gewissermaßen auch ein politisches Hindernis, damit Moskau nicht eines Tages auf den Gedanken hätte kommen können, den ganzen europäischen Kontinent „beherrschen" zu wollen.

Die Rumänen hatten ihre außenpolitische Unabhängigkeit von Moskau bereits in den 60er Jahren erkämpft. Bulgarien spielte strategisch nur eine unbedeutende Rolle. Die Einrichtung einer Pufferzone zwischen Deutschland und Rußland hätte die Ambitionen der Russen in Richtung Westeuropa auf jeden Fall stark bremsen können. Daß die Russen bereit wären, eines Tages Prag, Warschau und Budapest aufzugeben, glaubte zu dieser Zeit noch kaum jemand, denn der Kreml hatte bekanntlich seit der Oktoberrevolution 1917 auf keinen Hektar Land freiwillig verzichtet.

Wenn man aber bedenkt, daß damals die Unlust der Polen, weiter für die Sowjetunion zu arbeiten, von Moskau jährlich mit Milliardenbeträgen finanziert werden mußte, daß sich die Tschechoslowakei seit dem Prager Frühling wirtschaftlich noch nicht erholt hatte und Ungarns wirtschaftlicher Drang nach dem Westen kaum zu bremsen war, erschien die Möglichkeit doch nicht ganz unrealistisch, daß Moskau trotz aller gegenteiliger ideologisch-politischer Beteuerungen in absehbarer Zeit bereit wäre, sich aus diesen Ländern politisch und militärisch zurückzuziehen. Im Gegenzug hätten dann die Amerikaner ihre Truppen aus Europa zurückziehen müssen und Deutschland hätte zu einem neutralen Staat erklärt werden müssen.

Der östliche Wirtschaftsgipfel im Juni 1984 in Moskau förderte schon auf verblüffende Weise zutage, daß sich das Verhältnis zwischen der Sowjetunion und ihren Satelliten stark verändert hatte. Wenn diese Staaten noch bereit waren, die sowjetische Außenpolitik zumindest verbal mitzutragen und damit die ideologisch-politische Einheit des Ostblocks nach außen hin zu wahren, hatten sie auf der anderen Seite schon damals den Mut, dem Kreml in wesentlichen Fragen „Nein" zu sagen. Die Gründe dieser Wende waren vielseitig.

Die Zeit absolutistischer Herrschaftsmethoden gegenüber den Satelliten war vorbei. Die Partei- und Staatsführer des Ostblocks waren gegenüber Moskau im letzten Jahrzehnt mündig geworden, nicht zuletzt deshalb, weil das Sowjetmodell in allen Ländern Osteuropas versagt hatte. Die

Russen waren nicht imstande, ihr System – entsprechend den Anforderungen moderner Industriestaaten – zu erneuern. Der Fall Polen zeigte exemplarisch, wie ideenlos die Sowjets bei der Lösung des systemimmanenten Konflikts zwischen dem Volk und der kommunistischen Partei waren. Die Ergebnisse der ungarischen Wirtschaftsreformen demonstrierten wiederum, daß die „Schüler" in Budapest besser geworden waren als die „Lehrer" in Moskau. Diese peinliche Entwicklung sowie die Tatsache, daß Moskau sich in Bukarest seit Chruschtschow nicht mehr durchsetzen konnte, stellte die Demontage der Angst vor den Sowjets in Osteuropa klar genug zur Schau.

Der Rüstungswettlauf mit den USA verschlang in der Sowjetunion immer größere Summen, und die Führung der Streitkräfte forderte schonungslos von der Staats- und Parteiführung die notwendigen Finanzmittel und Produktionskapazitäten, was aber die verkrustete Planwirtschaft nur unter zunehmenden Schwierigkeiten zu erfüllen vermochte.

Während in dem von Moskau totgesagten kapitalistischen System der Rüstungswettlauf den Wohlstand der Gesamtgesellschaft förderte – eine unbestreitbare ökonomische Tatsache –, löste die steigende Rüstungslast im kommunistischen Wirtschaftssystem eine gegenteilige Wirkung aus: Versorgungskrise, Knappheit an Konsumgütern, stagnierenden bzw. sinkenden Lebensstandard. Hinter der Schallmauer der verbalen Härte waren die Zeichen der Erosion des Sowjetsystems sichtbar geworden. Auf diese Entwicklung reagierte Osteuropa sofort, wenn auch in unterschiedlicher Weise.

Allein die Tatsache, daß die Schlußdokumente des COMECON-Gipfeltreffens im Juni 1984 wegen Meinungsverschiedenheiten bis Konferenzende nicht fertiggestellt werden konnten, sprach Bände über die veränderte politische Situation in Osteuropa. Hinter der Fassade der „Einheit und Übereinstimmung" gab es bei dieser Gelegenheit, wie aus osteuropäischen Konferenzkreisen zu erfahren war, heftige Proteste mündig gewordener Satelliten gegen sowjetische Kritik und Bevormundung. Die Russen – wie später unter Gorbatschow – wollten die Blockdisziplin wiederhergestellt sehen und die Mitgliedsstaaten zu einer tiefergehenden Arbeitsteilung verpflichten, konnten aber ihr Vorhaben nicht durchsetzen.

Schon im Frühjahr 1984, im Vorfeld des östlichen Wirtschaftsgipfels, wurden drei Länder – die DDR, Ungarn und Rumänien – wegen ihres ausgedehnten Westhandels an den Pranger gestellt. Eine Spaltung der Satellitenstaaten zeichnete sich ab. Der kritisierte Block der Nichtslawen stand dem „moskautreuen" Slawenblock aus der Tschechoslowakei, Bulgarien und Polen gegenüber. Offenbar auf sowjetische Veranlassung hin kam die Kritik aus Prag: Es schade den Prinzipien des Sozialismus, so hieß es in der „Rude Pravo", wenn einzelne Länder versuchten, sich auf Kosten des Blocks eigene Vorteile zu verschaffen. Die drei Länder hätten die frühere Übereinkunft gebrochen, wonach die COMECON-Mitgliedsstaaten zwei Drittel ihres Außenhandels auf dem östlichen Binnenmarkt abwickeln sollten.

In der Tat hatten alle Ostblockländer in diesen Jahren versucht, die zwangsweise engen Bindungen ihrer Industrie an das rückständige und veraltete sowjetische Wirtschaftssystem durch vermehrte Technologie-Importe aus dem Westen zu überwinden. So kam es zu der starken Verschuldung der Satellitenländer im Westen. Nutznießer dieser Entwicklung war freilich auch die Sowjetunion, die ihren Anspruch auf die besten Produkte der Satelliten anmeldete.

Unbeeindruckt von der Kritik aus Prag, beschloß damals das Zentralkomitee der ungarischen KP noch vor der Moskauer Konferenz, die 1968 eingeleiteten, aber von Breschnjew gebremsten Wirtschaftsreformen mit einem großen Schritt weiter auszubauen. Kernpunkt der neuen Reformpläne war ab 1985 die Einführung der Mitbestimmung bei der Ernennung der Direktoren in den Groß- und Mittelbetrieben. Nicht, wie früher, allein die Parteizentrale, sondern neugewählte Betriebsräte (eine neue Einrichtung) sollten die Firmendirektoren (Manager) ernennen und abwählen. Das war bereits ein totales Abweichen vom Sowjetmodell und identisch mit der Regelung, welche die Chinesen kurz davor eingeführt hatten. Das neue Reformvorhaben ließ keinen Zweifel daran, daß man die berufliche Kompetenz des Managers künftig stärker berücksichtigen würde als seine politische Zuverlässigkeit.

In dem Bemühen, mit dem Westen regen Handel zu treiben, waren, wie schon erwähnt, besonders die DDR und Ungarn erfolgreich. Der Westanteil des ungarischen Außenhandels lag schon seit etlichen Jahren über 50 Prozent. Ähnlich war es in der DDR. Einigen Ostblockländern war es schon lange ein Dorn im Auge, daß Ostberlin durch die Bundesrepublik dazu noch einen zollfreien Zugang zum EG-Markt hatte. Doch überstand der Westhandel Ungarns und der DDR den COMECON-Gipfel auch im Jahre 1985 unbeschadet.

Moskaus Forderung nach einer Vertiefung der Arbeitsteilung im Ostblock war schon ein Jahr zuvor vom Tisch gefegt worden. Die Produktionspläne aller Ostblockländer wurden nämlich ab 1981 durch den Ausfall Polens als Wirtschaftspartner infolge der revolutionären Entwicklung im Lande durcheinandergebracht. Der Fall Polen sprach also ausdrücklich gegen eine ausgedehnte internationale Arbeitsteilung in einem geschlossenen Blocksystem, in dem es für ausgefallene Produkte eben wegen der Arbeitsteilung keinen Ersatz gab.

Diese überraschende Entwicklung signalisierte freilich eine qualitative Änderung der Beziehungen zwischen Moskau und seinen europäischen Satelliten. Das Meinungsmonopol des Kremls in allen politischen und wirtschaftlichen Fragen im Ostblock wurde in diesen Jahren sichtbar durchlöchert. Zum ersten Mal wurden auf dem COMECON-Gipfel 1985 erfolgreiche wirtschaftliche Methoden, die vom Sowjetmodell abwichen, sozusagen legitimiert. Der Autoritätsverlust der Sowjetunion in ihrem osteuropäischen Machtbereich war mit außenpolitischen Einheitsbekundungen nicht mehr zu überkleistern.

4.3 Bonn und die deutsche Frage

Was die inzwischen angelaufene deutsch-deutsche Annäherung betrifft, so wäre es für Moskau eine ideale Lösung gewesen, die Wiedervereinigung der beiden deutschen Staaten zu einem neutralen Gesamtstaat nicht mit Washington, sondern mit Bonn auszuhandeln. Trotz der amerikanischen Truppenpräsenz in der Bundesrepublik schien damals diese Möglichkeit nicht ganz illusorisch zu sein. Es gab nämlich einflußreiche politische Kreise in Washington, die geneigt waren, dem (stufenweisen) Abzug amerikanischer Truppen aus Deutschland, auch ohne Gegenleistung des Kremls, zuzustimmen, wenn sich die Irritationen zwischen Bonn und Washington in sicherheitspolitischen Fragen verschärften.

Noch vor Gorbatschows Machtantritt im Oktober 1984 habe ich den zuständigen Staatsminister im Bundeskanzleramt in Bonn, Philipp Jenninger, über den Stand der deutschen Frage bzw. über die Verhandlungen mit Ostberlin befragt, nachdem Moskau die deutsch-deutsche Annäherung abgebremst hatte, obwohl die Aktion 1983 auf die Initiative des Kremls gestartet wurde.

Auf die Frage, was die Motive der Sowjets gewesen sein könnten – Unentschlossenheit oder Taktik –, antwortete Jenninger:

> „Ich gehe fest davon aus, daß die DDR ihre Schritte in Richtung Westen, in Richtung Bundesrepublik, mit der sowjetischen Regierung abgestimmt hat. Im Warschauer Pakt macht die Sowjetunion offensichtlich jetzt Politik nach dem Motto: Seid alle ruhig! Jetzt reden wir mit den Vereinigten Staaten, stört diese Gespräche nicht, die auf der Ebene der Großmächte stattfinden."[85]

Schwierigkeiten, die systembedingt waren, ergaben sich im Wege einer weitergehenden Annäherung zwischen Bonn und Ostberlin. Jenninger fragte:

> „Was wollen wir mit unserer Deutschlandpolitik? – Wir können die Teilung jetzt sicherlich nicht überwinden, schon gar nicht im Alleingang und ohne Zustimmung unserer Nachbarn und Verbündeten. Solange dieser Zustand andauert, wollen wir versuchen, für die Menschen diese Teilung erträglicher zu gestalten, und viele Kontakte zwischen den Deutschen ermöglichen."

Zur Erweiterung der Reisemöglichkeiten für die Ostdeutschen setzte der Staatsminister hinzu, die Risiken für die DDR-Führung seien ziemlich gering:

> „Von den 70.000 Besuchern aus der DDR in sogenannten dringenden Familienangelegenheiten sind im vorigen Jahr nur ganze 600 hiergeblieben, also nicht einmal ein Prozent. Das ist eine eindrucksvolle Zahl."

Nach zwei Milliardenkrediten an Ostberlin entstand der Eindruck, daß Bonn die Sanierung der stark verschuldeten DDR schon übernommen hatte, und zwar in der Hoffnung, dafür politische und humanitäre Gegenleistungen zu erhalten. Was aber die DDR in dieser Richtung getan

[85] Ein Jahr vor seiner Wahl zum Parteichef der KPdSU hielt sich Gorbatschow als Privatmann in den USA auf und führte Gespräche mit der amerikanischen Führung.

hatte, sah nicht sehr vielversprechend aus. Jenninger meinte, die Kredite seien weithin noch immer nicht richtig verstanden worden:

> „Es handelt sich nicht um Regierungskredite, sondern um reine Bankkredite, die von deutschen Banken der Außenhandelsbank der DDR eingeräumt worden sind. Für diese Kredite muß die DDR Zinsen und Tilgung bezahlen. Hier kann man kein Abkommen in dem Sinne schließen, daß auf der einen Seite der Kredit steht, auf der anderen Seite menschliche Erleichterungen. Beides ist unabhängig voneinander. Es handelt sich um Signale, daß die Zusammenarbeit verbessert werden muß, es sind Signale in einem Prozeß, den wir in Gang gesetzt haben. Und jeder spielt seinen Part in diesem Prozeß, der noch gar nicht abgeschlossen ist."

Diese Worte kamen einer Bestätigung gleich, daß der innerdeutsche Frühling nicht von ungefähr kam, wobei sich allerdings beide Seiten ihre Zukunft – mit- oder nebeneinander – anders vorgestellt hatten. Die deutsche Frage sollte also offengehalten werden. Der Staatsminister:

> „Jeder, der die Mauer in Berlin anschaut, der kann nicht sagen, das ist für alle Zeiten hinzunehmen. Das wäre einfach widernatürlich. Die deutsche Frage ist primär nicht eine Frage der Grenze, nicht einmal eine Frage der Zuordnung zu diesem oder jenem Bündnis. Die deutsche Frage ist in allererster Linie eine Frage der Menschenrechte, der Freiheit, der Selbstbestimmung und des Friedens. Wir wollen ja gar nichts anderes als das, was man allen Völkern der Welt einräumt, nämlich die Selbstbestimmung für die Deutschen. Und ein solches Recht kann man niemals preisgeben. Solange das nicht möglich ist, solange ist alles offen."[86]

Daß es hier von Bonner Seite um das Recht der Deutschen zur Wiedervereinigung ging, daran ließ Jenninger keinen Zweifel. Wieviel Freiraum Honecker in diesem Prozeß hatte, darüber befragte ich damals Alois Mertes, den Staatsminister im Auswärtigen Amt. Mertes war fest davon überzeugt, daß der Kurs der DDR zwischen Moskau und Ostberlin abge-

---

[86] Erschienen im Mannheimer Morgen, 21.10.1984.

sprochen wurde. Er meinte, daß die Sowjetunion und mit ihr auch die DDR nach wie vor eine „expansive Gesamtstrategie“ gegenüber dem Westen verfolgten:

> „Dabei will Moskau keinen Krieg, aber es will in der Bundesrepublik ein Klima des Wohlverhaltens erreichen, etwa im Bereich der Sicherheitspolitik, daß Bonn dann künftig auf sowjetische Wünsche stärker eingeht. An dieser langfristigen Strategie des Ostens hat sich nichts geändert.“

Den Grund dafür, daß Ostberlin mit Bonn fast auf jedem Gebiet der Beziehungen „konzilianter“ geworden war und täglich etwa hundert DDR-Bürger in die Bundesrepublik übersiedeln ließ, sah Mertes auch im Devisenmangel der DDR und in wirtschaftlichen Problemen anderer Art.

Daß Honecker den Weg nach Westen für „Aussteiger“ in der DDR freimachte – ein völlig neues Phänomen in diesem Ausmaß im Ostblock –, war zweifellos ein riskantes Unterfangen. Es fiel den Regierungen anderer Ostblockstaaten bestimmt schwer, die Möglichkeit von Massenausreisen als „deutsches Privileg“ darzustellen. Ich fragte, Mertes, wo die Grenze für diese Entwicklung in der DDR liege, wieviel Freiraum Moskau Honecker lasse.

Der Staatsminister meinte, in den großen Fragen der Außen- und Sicherheitspolitik hätte die DDR eine „äußerst geringe“ Bewegungsfreiheit. Wohl aber habe Honecker im Bereich der menschlichen Erleichterungen einen gewissen Spielraum.

Für die neue Ausreisepraxis der DDR nannte Mertes drei Gründe: das ökonomische Interesse der DDR, bestimmte Kräfte des Widerspruches loszuwerden, und vielleicht auch der Versuch, ein sehr günstiges Klima in der Bundesrepublik gegenüber der DDR zu schaffen.

Die Sowjets ihrerseits seien vorrangig daran interessiert, „ihren osteuropäischen Machtbereich stabil zu halten.“ Mertes sagte, der osteuropäische Sicherheitsgürtel, den Stalin um die Sowjetunion gelegt habe, erweise sich nach vier Jahrzehnten als Instabilitätsgürtel und Moskau sei dadurch zu gewissen Zugeständnissen gegenüber diesen Nationen gezwungen, um zu vermeiden, daß der sowjetische Hegemonialanspruch in Frage gestellt werde oder in Gefahr gerate.

Auf die provokante Frage, warum die Bundesregierung auf das Spiel des Ostens eingehe, dabei vor allem an die Wiedervereinigung denke und sich damit möglicherweise politische Risiken auflade, antwortete Mertes:

> „Die Bundesregierung hält selbstverständlich an dem Ziel der Wiedervereinigung fest. Aber mit Gewalt wollen wir ja nichts verändern. Solange die Sowjetunion bei ihrer stalinistischen Osteuropapolitik bleibt, sehe ich noch keine Chance für die Wiedervereinigung Deutschlands oder für das Selbstbestimmungsrecht. Es bleibt ein langfristiges Ziel. Daher müssen wir in dieser Übergangszeit die Folgen der Teilung soweit wie möglich erleichtern."

Daß Bonn die Annäherung zu Ostberlin mit dem gleichen Eifer betrieb wie die andere Seite, war im befreundeten Ausland auch mit Mißtrauen beobachtet worden. (Die Tatsache, daß hinter der deutsch-deutschen Annäherung Moskau und Washington standen, war auch in den Ländern der westlichen Allianz zu dieser Zeit noch nicht bekannt.) Deshalb wurde in dieser Politik Bonns hier und da wieder der Geist von Rapallo „entdeckt", als Deutschland 1922 hinter dem Rücken der Westmächte mit Rußland Vereinbarungen getroffen hatte. Mertes wendete sich gegen derartige Unterstellungen: „Wir gehen gegenüber der DDR keine Verpflichtungen ein, die zum Kurs der NATO im Widerspruch stehen."[87]

Drei Jahre später war es schon so weit, daß Honecker von der Bonner Regierung eingeladen wurde. Der „abgestufte" Staatsbesuch in der Bundesrepublik im September 1987, auf den der DDR-Staats- und Parteichef eigentlich 15 Jahre lang – seit Abschluß des Grundlagenvertrages zwischen Bonn und Ostberlin 1972 – hatte warten müssen, war erstaunlich reibungslos und in einer herzlichen Atmosphäre über die Bühne gegangen. Offenbar war Honecker selbst überrascht, wie freundlich er, der arme Verwandte aus dem Osten, in der Hauptstadt der reichen Westdeutschen empfangen wurde. Es gab zwar Gegendemonstrationen, aber von seinen Gesprächspartnern bekam er eigentlich nichts Unangenehmes zu hören. Auch die Bitte um Aufhebung des Schießbefehls an der deutsch-deutschen Grenze wurde an ihn in konziliantem Ton herangetragen, um keinesfalls den Weg für das „Machbare" zur weiteren Verbesserung der innerdeutschen Beziehungen zu verbauen.

---

[87] Mannheimer Morgen, 23.3.1984.

Unabhängig davon, was er zu Hause sagte und tat, konnte Honecker den Eindruck nicht verdrängen, daß der Sozialismus nicht zuerst in dem deutschen „Arbeiter- und Bauernstaat“, sondern in der kapitalistischen westdeutschen Bundesrepublik erreicht wurde – ohne deren Hilfe ein höherer Lebensstandard in der DDR kaum vorstellbar gewesen wäre.

Daß der DDR-Parteichef nicht nur den Kanzler, sondern auch Bundespräsident Weizsäcker eingeladen hatte, sprach dafür, daß auch er die Kontakte auf höchster Ebene nunmehr intensivieren wollte.

Doch dieser „Arbeitsbesuch“ Honeckers in Bonn, dieses deutsch-deutsche Gipfeltreffen unter dem amerikanischen und sowjetischen Atomschirm, war alles andere als politischer Alltag. Die erste Reise des DDR-Staats- und Parteichefs in die Bundesrepublik galt als eines der wichtigsten historischen Ereignisse in der Nachkriegsgeschichte Europas. Es war freilich kaum anzunehmen, daß Bonn und Ostberlin nach 40jähriger Konfrontation, deren Requisiten an der gemeinsamen Grenze nicht einmal weggeräumt wurden, ohne den Segen ihrer Schutzmächte – der USA und der UdSSR – ihrer Annäherung und Freundschaft so hohe Priorität hätten geben können. Honecker wiederholte noch einmal in Bayern: „Von deutschem Boden darf nie wieder ein Krieg ausgehen.“ Und dabei ließ er den amerikanisch-sowjetischen Dauerkonflikt unerwähnt. Auf deutschem Boden standen sich ja eine Viertelmillion amerikanische und fast eine halbe Million sowjetische Soldaten gegenüber.

Niemand mit nüchternem Menschenverstand konnte sich vorstellen, daß Moskau Honecker plötzlich freie Hand ließ, die Deutschlandpolitik auf eigene Faust zu betreiben und dabei die sowjetischen Interessen unberücksichtigt zu lassen. Eine stärkere Liberalisierung des Reiseverkehrs für DDR-Bürger via Westen, wie sie in Bonn nach dem Honecker-Besuch erwartet wurde, hätte das Ostberliner Regime leicht destabilisieren können, falls qualifizierte Kräfte in größerer Zahl nicht mehr in die DDR zurückkehrten. Zum Berliner Mauerbau, den Honecker 1961 als Ulbrichts Sicherheitschef organisierte, war es aufgrund des für die DDR unerträglichen Zustands gekommen, daß in der letzten Phase wöchentlich 5.000 Menschen aus der DDR in den Westen flüchteten und dadurch in der Wirtschaft und Verwaltung erhebliche Funktionsstörungen auftraten. Das Risiko einer durchlässigen Grenze bestand also für die DDR unverändert.

Sollte Honecker dennoch bereit sein, die Grenzen zu normalisieren, wie er schon angedeutet hatte, dann nur aus handfesten politischen und wirtschaftlichen Interessen, die mit denen der Sowjetunion zumindest parallel verliefen. Seine bedeutendste Äußerung während des ganzen Besuchs gab ziemlich deutlich Aufschluß darüber, welchen Preis Bonn für eine normale innerdeutsche Grenze hätte zahlen müssen. Honecker erinnerte daran, daß die beiden deutschen Staaten „jeweils in ihren Bündnissen fest verankert sind."

Unter diesen Bedingungen sei „allzu verständlich", sagte er, daß die Grenzen nicht so seien, „wie sie sein sollten." Wenn die Bundesrepublik und die DDR jedoch dem gemeinsamen Kommuniqué entsprechend eine „weitere friedliche Zusammenarbeit" erreichten, „dann wird auch der Tag kommen, an dem Grenzen uns nicht mehr trennen, sondern Grenzen uns vereinen, so wie uns die Grenze zwischen der Deutschen Demokratischen Republik und der Volksrepublik Polen vereint."

Honecker hatte hier eindeutig erklärt, daß die innerdeutsche Grenze in ihrer jetzigen Form solange bleiben werde, wie die Bundesrepublik Mitglied der NATO sei. Dies bedeutete im Klartext nicht weniger, als daß Westdeutschland politisch-militärisch neutral sein sollte. So war nicht verwunderlich, daß Bonns Reaktion auf die Äußerung Honeckers („Schritt in die richtige Richtung") im westlichen Ausland mit Erstaunen aufgenommen wurde.

Der Taktiker Honecker wußte, daß die Berliner Mauer und der Metallgitterzaun mit den Minenfeldern an der innerdeutschen Grenze noch lange nicht verschwinden würde, selbst wenn der Schießbefehl bald abgeschafft werden müßte, um damit für das Weitere in Bonn gut Wetter zu machen. Deshalb erklärte er sich auch bereit, Kohls Aufforderung anzunehmen und das „Machbare in Angriff zu nehmen". Was allerdings für Ostberlin „machbar" war, daran bestand kein Zweifel. Die Bundesrepublik sollte der DDR wirtschaftlich und finanziell noch stärker unter die Arme greifen, um damit für die DDR-Bürger die Teilung zu lindern und den technologischen Rückstand Ostdeutschlands zu verkleinern.

Wie man sah, hatte Honecker – und damit auch Moskau – ziemlich genaue Vorstellungen von der Deutschlandpolitik: zwei deutsche Staaten mit unterschiedlichen Systemen, wobei die Bundesrepublik bündnisfrei werden sollte. Ob dies die Bundesregierung in Bonn von sich hätte sagen können, war zu dieser Zeit zu bezweifeln. Von der Hallsteindoktrin (Alleinvertretungsanspruch Bonns für Deutschland) bis zum ersten Besuch eines DDR-Staatschefs am Rhein wies die lange Strecke einen bemerkenswerten Wandel in der Deutschlandpolitik Bonns auf. Trotz aller protokollarischen Spitzfindigkeiten (statt 15 nur sieben „weiße Mäuse") erfüllte die ehrenvolle Zeremonie, mit der Honecker in Bonn begrüßt wurde, die Kriterien des Empfangs für ausländische Staatsoberhäupter. Es nahm sich schon wie eine stille Anerkennung der DDR als selbständiger Staat aus. Wer noch Ungewißheit hatte, dem gab das Gemeinsame Kommuniqué Kohls und Honeckers Auskunft, in dem es hieß:

> „Es bestand Übereinstimmung, das Erreichte unter Beachtung des Grundsatzes zu bewahren und auszubauen, daß beide Staaten die Unabhängigkeit und Selbständigkeit jedes der beiden Staaten in seinen inneren und äußeren Angelegenheiten respektieren. Verständigungswille und Realismus sollen Richtschnur für eine konstruktive, auf praktische Ergebnisse gerichtete Zusammenarbeit zwischen beiden Staaten sein."

Damit war die Anerkennung der DDR durch Bonn zweifelsfrei gewährleistet, wenn auch über die Staatsbürgerschaftsfrage für DDR-Bürger noch weiter diskutiert wurde. Honecker hatte noch Geduld, weil er zu dieser Zeit noch gar nicht ahnte, was nach zwei Jahren auf ihn zukommen würde.

Er hatte von der Bundesrepublik in den vergangenen Jahren viel mehr bekommen, als er sich jemals erhofft hatte. In der Frage der Menschenrechte in der DDR wurde der Gast geschont, obwohl Bonn jedes Jahr etwa 100 Millionen Mark beispielsweise dafür ausgab, sogenannte politische Häftlinge aus der DDR herauszukaufen. Ein regelrechter Menschenhandel unter der Rubrik „menschliche Erleichterungen".

Die Existenz zweier deutscher Staaten war eine Realität – das störte am wenigsten die europäischen Partner Bonns. Die Anerkennung der Teilung wirkte sogar positiv bei den Partnern, weil dies darauf hindeutete, daß die Bundesrepublik fest im westlichen Bündnis bleiben wollte.[88] Was die Verbündeten irritierte, war eher die Schnelligkeit, mit der Bonn politische Prinzipien aufgab, um die Annäherung an Ostberlin zu fördern. Diese Irritationen bei den westlichen Bündnispartnern waren verständlich angesichts der Tatsache, daß sie nicht in die Hintergründe eingeweiht waren, also von der Unterstützung dieses Prozesses durch Washington und Moskau nichts wußten.

---

[88] Der damalige italienische Ministerpräsident Andreotti sagte dazu spöttisch, Deutschland sei so gut, daß man sich freuen könnte, davon zwei zu haben.

Das Festhalten der Bundesregierung an der Wiedervereinigung – trotz der faktischen Anerkennung der DDR – sorgte für zusätzliche Verwirrung bei den westlichen Freunden, weil es schien, als gäbe Bonn in der Außenpolitik der Deutschlandfrage absolute Priorität. Kanzler Kohl sagte wörtlich in seiner Tischrede:

> „ … Wir achten die bestehenden Grenzen, doch die Teilung wollen wir überwinden: auf dem Wege friedlicher Verständigung und Freiheit. Die deutsche Frage bleibt offen, doch die Lösung steht zur Zeit nicht auf der Tagesordnung … und wir werden dazu immer auch das Einverständnis unserer Nachbarn brauchen."

Der Widerspruch zwischen dem erklärten Willen Bonns zur Wiedervereinigung und der Anerkennung der Teilung standen im Kommuniqué.

Aus der Äußerung Kohls ging aber auch deutlich hervor, daß Bonn bei der Anerkennung der Teilung Nebengedanken hatte – so wie auch Honecker mit Nebengedanken (Neutralität Bonns) die Annäherung förderte.

Und wie oft in der Geschichte, waren auch hier die Nebengedanken wichtiger als die feierlich unterschriebenen Papiere. Der Kampf um diese Nebengedanken prägte von da an die Deutschlandpolitik zwischen Bonn und Ostberlin stärker, als es bis dahin der Fall gewesen war.

Zu dieser Zeit war Michail Gorbatschow schon seit zwei Jahren an der Macht, und der Systemwechsel in der Sowjetunion war bereits angelaufen. Das brachte auch in der deutsch-deutschen Annäherung eine überraschende Wende.

5. Der Zwang zum Systemwechsel in der UDSSR

5.1 Von Chruschtschow bis Gorbatschow

Über den Fehler der Planwirtschaft und damit des Sowjetmodells durfte man erst in der Chruschtschow-Ära sprechen. Da nicht die tatsächlichen Bedürfnisse, die Marktmechanismen also, die Produktion bestimmten, sondern die zentral festgelegten Pläne der Staatsführung, entstanden unverkäufliche Vorräte, deren Herstellung Milliarden gekostet hatte. Die Arbeitsproduktivität lag tief, weil der Grundsatz „gleicher Lohn für alle" die Arbeiter nicht zu höheren Leistungen reizte.

Parteichef Chruschtschow wollte die Schwierigkeiten des Systems lösen und beauftragte einige Wirtschaftswissenschaftler, Wege aus der stalinistischen Sackgasse zu suchen. Man wagte zwei Experimente – unter Einsatz von Leistungslöhnen. In einer Gruppe von Textilfabriken und Transportbetrieben wurde das neue System eingeführt. Das Ergebnis verblüffte: Auf Anhieb stiegen die Leistungen derart, daß die Arbeiter drei- oder gar fünfmal so viel verdienten wie zuvor. Trotz des unerwarteten Erfolgs wurde der Versuch beendet, weil die unterschiedliche Belohnung der Arbeit als politisch nicht vertretbar angesehen wurde. Doch nachdem das Tabu in Moskau gebrochen war, begannen einige kommunistisch regierte Satellitenländer in Europa über Wirtschaftsreformen nachzudenken.

Zum System gehörten auch die Korruption und die Diebstähle in den Betrieben. Kaum wurden die Kontrollen unter Chruschtschow etwas großzügiger, begann die Führungsschicht, sich unter Mißbrauch ihrer Möglichkeiten zu bereichern. Daß jedes politische Amt äußerst einträglich werden kann, wurde schnell erkannt. Mit Bestechungen begann die Korruption,

> „langsam aber sicher ihr Netz zu spinnen. Zu Beginn der sechziger Jahre hat sie bereits das ganze Land erfaßt. Wenn sie überleben wollen, bleibt den Sowjetbürgern gar nichts anderes übrig, als den Schwarzmarkt zu nutzen, um einigermaßen über die Runden zu kommen; jeder muß Schwarzarbeit verrichten. Es gab kaum einen

> Sowjetbürger, der nie Schmiergelder gezahlt oder entgegengenommen hätte.“[89]

In Moskaus osteuropäischem Machtbereich sah es ähnlich aus.

Normalbürgern bot sich die Möglichkeit, in den Betrieben und an anderen Arbeitsstellen vom Rohmaterial bis zu Fertigwaren alles zu klauen, was sich mitnehmen ließ. Die Kontrollen wurden umgangen oder die Kontrolleure bestochen. Eine Hand wusch die andere. Baumaterial wurde lastwagenweise gestohlen, um Einfamilienhäuser oder Wochenendrefugien („Datschen“) zu bauen.

Als Leonid Breschnjew im Oktober 1964 Chruschtschow stürzte, wurde es mit den illegalen „Geschäften“ noch schlimmer:

> „Unter Breschnjew wurde die herrschende Klasse faul und noch korrupter ... Gleichzeitig schossen fast überall heimliche Werkstätten aus dem Boden. Manche Facharbeiter, die ihre Familien anständig ernähren wollten und sich für geschäftstüchtig hielten, wollten nicht mehr hinnehmen, daß Berge von Rückständen aus der Textil-, Leder- und Metallverarbeitung auf den Müllkippen landeten. Sie hatten die Idee, diese ‚Reichtümer‘ innerhalb der Fabrik wiederzuverwenden, und zwar mit Wissen des Direktors, der seinerseits von der städtischen und regionalen Parteizentrale gedeckt wurde. Für ihr Schweigen wurden alle großzügig ‚entlohnt‘. Erst recht ... die Beamten der Kontrollorgane, die mit ‚nicht identifizierbaren‘ Objekten gefüllte Regale, die vollkommen illegal hergestellt worden waren, einfach übersahen. Daß diese ‚Innovation‘ viele Betriebsleiter auf ähnliche Gedanken kommen ließ, versteht sich von selbst. Bald schossen heimliche, aber geduldete Produktionsstätten wie Pilze aus dem Boden. Alle machten sich zu Komplizen. Die Verantwortlichen – vom Direktor bis zum Parteisekretär, vom leitenden Ingenieur über den Buchhalter bis hin zu Gewerkschaftsdelegierten – bescheinigten mit ihrer Unterschrift, daß diese und jene Rohstoffmenge auf dem Transport beschädigt worden oder verloren gegangen ist. Hinter der Kulisse von ‚Volkseigentum‘ und staatlich entlohnter Arbeiterschaft etablierte sich still und heimlich eine neue ‚Schattenwirt-

[89] Lesnik, Renate / Blanc, Hélène: Die neue Mafia. Gefahr aus dem Osten, München 1997, S. 42.

schaft'. Den Gewinn teilten sich die Angehörigen der Parteiorgane und der Ordnungsbehörden. Nach Aussagen russischer Fachleute betrug die Produktionsquote der Schwarzarbeit zu Beginn der neunziger Jahre ungefähr 30 Prozent des sowjetischen Bruttosozialprodukts. Jeder fünfte Arbeiter war in diesem Sektor beschäftigt. Der Humus des Schwarzmarkts erwies sich als äußerst fruchtbar für die Massenproduktion roter Millionäre … Die Nomenklatura des Parteistaats bereicherte sich in unverschämter Weise auf Kosten der Sowjetbürger …"[90]

Die ‚nachahmenswerte' Praxis von Schwarzmarkt und Schwarzarbeit war in den Ostblockländern überall zu finden, wenn auch nicht in dem Umfang wie in der Sowjetunion, wo auf diesem Boden später die organisierte Kriminalität, die Mafia, wuchs.

„Erst Ende der sechziger Jahre begann die eigentlich kriminelle Welt zu rebellieren. Wer außerhalb des Gesetzes stand, fragte sich, weshalb er ins Gefängnis gehen sollte, während jene Politiker, die selbst den Staat bestahlen, ein Luxusleben führten. Mit welchem Recht genossen diese Emporkömmlinge vollkommene Straffreiheit, während sie selbst im Gefängnis schmachten sollten? Die Kriminellen erklärten tatsächlich der unantastbaren Nomenklatura den Krieg, einen schonungslosen Krieg. Alle Mittel waren ihnen recht: Erpressung, Folter, Kindesentführung, Brandstiftung. Die heimlichen Millionäre sahen sich gezwungen, bar zu bezahlen: Die an der Spitze der Hierarchie zahlten für ihren persönlichen Schutz, die an der Basis zahlten, um ihre Haut und die ihrer Freunde zu retten. Als die Nomenklatura einsehen mußte, daß sie den Kampf nicht gewinnen würde, machte sie mit der Welt des Verbrechens gemeinsame Sache. Sie bot Schwerverbrechern Schutz, die im Gegenzug großzügig Bestechungsgelder für sie ausschütteten. Die sehr schnell zur Gewohnheit gewordenen Schmiergelder verschonten auch Ministerien nicht, ja nicht einmal den engeren Bereich des Kreml."[91]

---

[90] Ebenda, S. 42.

[91] Ebenda, S. 43 f.

Die Bilder der neuen sowjetischen Wirklichkeit erreichten auch die politisch interessierten Bürger in Westeuropa und Amerika damals nicht, da die westlichen Medien in Moskau nur wenig davon erfuhren. Die Medien waren hauptsächlich mit den Ost-West-Spannungen beschäftigt. Die negative innere Entwicklung blieb hinter den tatsächlichen außenpolitischen Erfolgen der Russen, insbesondere unter Breschnjew, verdeckt: hinter Amerikas Niederlage in Vietnam, dem sowjetischen Eindringen in Schwarzafrika – Angola und Mosambik –, der Ausdehnung der sowjetischen Einflußsphäre im Nahen Osten, der belastenden Höhe der Ölpreise und so weiter. All diese Konflikte lenkten die westliche Aufmerksamkeit vom Innenleben des Ostblocks ab.

Erst nach Breschnjews Tod, als im Kreml der KGB-Chef Andropow an die Macht kam, begann man in Moskau, über die Notwendigkeit von Wirtschaftsreformen zu sprechen, da die enormen Kosten der Außenpolitik mit der sowjetischen Produktionsweise nicht mehr zu erwirtschaften waren. Nicht nur die Sowjetunion, sondern alle Ostblockstaaten, die am sowjetischen Modell festhielten, schlitterten in diesen Jahren in eine tiefe Versorgungs- und Wachstumskrise. Andropow war überzeugt, daß die schwerwiegenden Probleme aus eigener Kraft nicht ohne eine tiefgreifende Änderung des politischen und wirtschaftlichen Regelwerks zu bewältigen seien. Unter den hohen Anforderungen von Rüstung und expansiver Außenpolitik sowie der wachsenden Ansprüche der Bevölkerung war die staatliche Planwirtschaft nicht mehr imstande, das für Wachstum und Modernisierung notwendige Kapital selbst aufzubringen. Die Verschuldung bei westlichen Kreditgebern (damals rund 80 Milliarden Dollar für den gesamten Ostblock) wuchs weiter. Die zweifellos vorhandene Reformbereitschaft wurde aber nach wie vor von politischen Bedenken gebremst.

Die Lockerung des zentralen Planungssystems zugunsten der selbstregulierenden Kräfte des Marktes und der Entscheidungsfreiheit der Unternehmen hätte nämlich die kommunistische Machtelite ihre totale Kontrolle der Wirtschaft gekostet. Eine hochrangige sowjetische Delegation reiste in die Volksrepublik China, um die hinter dem Namen „Eigenverantwortungssystem“ versteckten erfolgversprechenden Reprivatisierungsversuche in der chinesischen Landwirtschaft zu studieren Die Neugier der Russen hatte einen guten Grund. Nach Ungarn hatte China es als zweiter kommunistischer Staat geschafft, mehr Fleisch, Gemüse und Obst anzubieten, als die Bevölkerung tagtäglich kaufen konnte. Davon konnte die sowjetische Führung seit sechs Jahrzehnten nur noch träumen.

Das ungarische Lebensmittelangebot hatte fast das westeuropäische Niveau erreicht. Zumindest ein Drittel der Nahrungsmittelproduktion wurde sogar nach Ost und West exportiert. Aber auch Peking hatte 1981 mehr Fleisch an die notleidenden Polen schicken können als die Sowjetunion.

Weder die Ungarn noch die Chinesen hatten etwas Einzigartiges erfunden. Sie hatten lediglich erkannt, daß sie ihre chronischen Versorgungskrisen mit dem strengen Sowjetmodell der Planwirtschaft nie würden lösen können. Jeder kleine Schritt zurück zur Privatwirtschaft, zum „Kleinkapitalismus", führte schon zu großen Erfolgen. Entscheidend war dabei in erster Linie nicht die Lockerung der Planvorschriften, sondern die Schaffung von Freiräumen für private Initiative und zusätzliche Verdienstmöglichkeiten.

Der Verzicht des Staates auf strenge Kontrolle insbesondere der Produktionsgenossenschaften führte zu einer gewaltigen Belebung der Landwirtschaft. Die Gewinnsucht spornte die Bauern an.

Breschnjew hatte den Ungarn den Erfolg der Wirtschaftsreform geneidet. 1974 versuchte er, das Experiment mit ideologischen Vorbehalten zu stoppen. Nach seinem Tod lobte Moskau die ungarische Landreform und Andropow bestätigte das steigende sowjetische Interesse: „Die Sorge um die Entwicklung privater Nebenwirtschaften macht sich bezahlt."

In Ungarn entstand zu dieser Zeit neben der staatlichen eine „zweite Wirtschaft", die private, die schon bald auf dem Industriesektor Erfolge erzielte. Neben der Verpachtung von Grund und Boden zu landwirtschaftlichen Zwecken genehmigte der Staat die Überantwortung staatlicher industrieller Kleinbetriebe mit bis zu 100 Angestellten an unternehmenslustige und „kapitalstarke" Privatpersonen. Schon früher hatten die landwirtschaftlichen Genossenschaften aus ihren Werkstätten eine durchaus konkurrenzfähige Kette „staatsfreier" industrieller Unternehmungen aufgebaut, die mit beträchtlichem Gewinn arbeiteten. Die Chinesen machten dasselbe.

Der Widerstand des Parteiapparats gegen Reformen war in der Sowjetunion und in ganz Osteuropa mit Händen zu greifen. Andropow stand unter doppeltem Druck: Die meisten Ökonomen des Ostens meinten, die Krise sei mit den alten Mitteln nicht zu lösen und die Entscheidung für Reformen dürfe nicht auf die lange Bank geschoben werden. Im Rückblick kann man die Meinung jener westlichen Beobachter teilen, die in Andropow den Vater des sowjetischen Systemwechsels, der mit Gorbatschows Programm „Glasnost“ und „Perestroika“ eingeleitet wurde, erkennen. Andropow aber hatte während seiner kurzen, von Krankheit belasteten Regierungszeit seinen Plan nicht in die Öffentlichkeit tragen können. Als langjähriger Chef des allmächtigen Staatssicherheitsdienstes KGB (seit 1967) besaß nur er die notwendige Macht, das an allen Ecken und Enden gescheiterte kommunistische System von Grund auf zu verändern und die staatliche Planwirtschaft in eine von Privatinteressen gesteuerte Marktwirtschaft zu überführen.

Noch bevor er Anfang 1983 die Parteiführung übernahm, war ihn vollkommen klar, daß das von den Bolschewiken geschaffene System auf lange Sicht keinerlei Zukunft haben würde. Wirtschaftlich und ideologisch lag das Land am Boden. Nur noch Heuchelei und Lüge, die heimlichen Gesetze des Regimes, hielten das monströse, dem Verfall nahe Gebäude zusammen. Da er in allen Schaltstellen der Gesellschaft seine Männer sitzen hatte, wußte Andropow, daß in der UdSSR mittlerweile eine neue Klasse entstanden war – die Nomenklatura-Bourgeoisie. Trotz ihrer zunehmenden Macht und ihres wachsenden Reichtums drohten diese Herren des Landes in der Zwangsjacke ideologischer und politischer Dogmen und in dem strengen, erstarrten Rahmen der Planwirtschaft zu ersticken. Eine wirkliche Revolution schien unvermeidlich zu sein. Aber Vorsicht! Nach 66 Jahren Kommunismus barg die geringste Ungeschicklichkeit die Gefahr einer Explosion auf allen Ebenen. Als ernstzunehmender Vertreter der lebenswichtigen Interessen dieser neuen Klasse der „bürgerlichen Genossen“ mußte Andropow auf zwei Kräfte Rücksicht nehmen. Auf der einen Seite auf die im roten Staub mumifizierten Zerberusse des Regimes, die den geringsten Zweifel am Marxismus-Leninismus als Sakrileg empfanden. Diese zum Großteil korrupten und bornierten Greise hatten die Zügel der Armee, der Innenpolitik, der Justiz und des militärisch-industriellen Bereichs fest in der Hand, vom ideologischen Monopol ganz zu schweigen. Auf der anderen Seite stand eine Bevölkerung von ungefähr 300 Millionen Menschen, die nahezu apathisch dahinlebten und die sowjetische Gesellschaft als eine unverrückbare und verknöcherte Welt betrachteten. Stocherte man in diesem riesigen Ameisenhaufen nun plötzlich kräftig herum, bestand die Gefahr, daß er sich in eine zerstörerische und unkontrollierbare Horde verwandelte.

Zur Umsetzung seiner Pläne hatte Andropow Michail Gorbatschow auserwählt. Doch nach dem Tod Andropows Anfang 1984 konnte die alte Garde aus Breschnjews Zeit wieder die Macht übernehmen. Sie bestimmte Breschnjews Sekretär Tschernenko zum Parteichef. Der damals 73 Jahre alte Tschernenko erlag 13 Monate später seiner Lungenkrankheit, die sich nach seiner Wahl unerwartet schnell verschlechtert hatte.

Im März 1985 kam Gorbatschow an die Reihe. Für die Wahl zum Parteichef hatte ihn überraschenderweise das alte Politbüromitglied und der langjährige sowjetische Außenminister Gromyko vorgeschlagen. Gorbatschows Frau war eine Nichte Gromykos, der für seinen „richtigen" Vorschlag den Posten des Staatspräsidenten erhielt.

5.2 Gorbatschows Westreisen: Kanada und Großbritannien

Bevor Gorbatschow zum Kremlchef gewählt wurde, unternahm er 1983 und 1984 zwei Reisen in den Westen – offenbar mit dem Ziel, sich für den Systemwechsel vorzubereiten.

Die Einladung nach Kanada erhielt er im Jahre 1981, als der kanadische Landwirtschaftsminister E. Whelan die Sowjetunion besuchte. Die Reise sollte zehn Tage dauern. Parteichef Andropow erhob Einwände gegen die Reise. Gorbatschow berichtet darüber in seinen „Erinnerungen":

> „Andropow: ‚Was nach Kanada? Bist wohl völlig verrückt geworden! Jetzt ist nicht die Zeit, im Ausland herumzureisen. Du kannst auch ohne Kanada auskommen.' – ‚Das kann ich nicht', erwiderte ich. ‚Erstens ist das eine Regierungseinladung. Zweitens muß ich mir die Landwirtschaft Kanadas anschauen. Nach Anbauflächen und klimatischen Verhältnissen sieht es uns viel ähnlicher als andere Staaten. Drittens muß ich, und sei es nur für zehn Tage, aus unserem Getümmel rauskommen.' ‚Zehn Tage sind zu viel', ließ Andropow nicht locker. ‚Nicht mehr als sieben.'
>
> Am 16. Mai war ich in Kanada. Unser Botschafter A. N. Jakowlew hatte die Reise gründlich vorbereitet. Angesichts der begrenzten Kontakte zwischen unseren Staaten maß die kanadische Seite diesem Besuch große Bedeutung bei. Unsere Delegation stieß überall auf großes Interesse – nicht nur bei den Kanadiern. Während der ganzen Reise wurden wir von zwei Rundfunkkorrespondenten aus den USA begleitet, die um ein Interview mit mir bemüht waren. In

den ersten Tagen konnte ich ihnen noch ausweichen, doch irgendwann kam der Moment, wo sie mich, wie man so sagt, an die Wand drückten. Ich legte meinen Arm um Whelans Schulter und sagte: ‚Stellen sie uns zwei Fragen, damit soll es genug sein.'

Da kam prompt die Quittung: ‚Mr. Gorbatschow, stimmt es, daß Andropow Sie als seinen Nachfolger aufbaut und Sie deshalb ins Ausland schickt?'

Fragen dieser Art konnten einem Politiker bei uns den Hals brechen. Ich begann zu erzählen, daß wir momentan nach neuen Lösungen für die Lebensmittelversorgung suchten, daß die Landwirtschaft Kanadas wegen ähnlicher klimatischer Bedingungen für uns von größtem Interesse sei. Glücklicherweise ging meine Antwort in genau dieser Formulierung durch Rundfunk und Presse. Nach Moskau zurückgekehrt, berichtete ich Andropow von diesem Versuch, mich aufs Glatteis zu führen. Er war natürlich schon unterrichtet worden."[92]

In Kanada beeindruckte es Gorbatschow besonders, mit wie wenig Leuten eine moderne Landwirtschaft große Erträge erreichen kann.

Ende 1984 besuchte Gorbatschow, nun unter der Herrschaft des kranken Tschernenko, mit dem er ein gespanntes Verhältnis hatte, Großbritannien. Am 15. Dezember 1984 traf er an der Spitze einer Delegation des Obersten Sowjets, der Wechilow, Samjatin und Jakowlew angehörten, in London ein. Dies war eine wichtige Station für Gorbatschow, sich vorzustellen und seine Sicht der Zukunft der Sowjetunion anzudeuten. Großbritannien als führendes Mitglied der westlichen Allianz sollte erkennen, was in den nächsten Jahren geschehen könne. Gorbatschow führte auch vertrauliche Gespräche mit der britischen Regierungschefin Thatcher. Sein Auftritt im Parlament gab auch der Öffentlichkeit eine Ahnung davon, daß aus Moskau ein neuer Wind wehte.

„In Großbritannien wurde all das", schreibt er in seinen Memoiren, „was mich im Blick auf die Weltpolitik und Weltordnung in den letzten Jahren bewegt hatte, erstmals öffentlich ausgesprochen. Meine Rede vor dem Unterhaus enthielt folgende Gesichtspunkte: Das Nuklearzeitalter gebiete ein ‚neues politisches Denken', die Kriegs-

[92] Gorbatschow, Michail: Erinnerungen, Berlin 1996, S. 230 f.

gefahr sei heute eine Realität, beim Kalten Krieg handle es sich um einen Zustand der Beziehungen, der nicht normal sei und eine Kriegsgefahr in sich berge; in einem Atomkrieg könne es keine Sieger geben; kein Staat könne seine eigene Sicherheit durch Beeinträchtigung der Sicherheit anderer ausbauen; die Sowjetunion sei bereit, bei der Rüstungsbegrenzung und beim Rüstungsabbau, in Sonderheit aber bei den Kernwaffen, so weit zu gehen, wie unsere westlichen Verhandlungspartner gehen würden. Diese Erklärung rief weltweit ein überaus lebhaftes Echo hervor. Besonders oft wurde der Satz zitiert: ‚Was uns auch trennen mag, wir leben auf einem Planeten. Europa ist unser gemeinsames Haus – ein Haus und kein Kriegsschauplatz.‘

Ausführlich berichtet wurde in der Presse auch über die Begegnung mit Margaret Thatcher, die am zweiten Tag unseres Aufenthaltes in Chequers stattfand, wo uns die Premierministerin mit ihrem Ehemann Dennis und einigen Ministern erwartete … Das Treffen begann mit einem Lunch. Die Premierministerin und ich nahmen an der einen Seite des Tisches Platz und Dennis und Raissa Maximowa auf der anderen. Alles sah durchaus vornehm und wohlgesittet aus. Doch in dem Gespräch selbst wurde zuweilen ein recht scharfer Ton angeschlagen.

Margaret Thatcher ist eine Frau, die sich ihrer Sache sicher ist, eine unnachgiebige und pragmatische Politikerin. Nicht von ungefähr nannten die Briten sie die ‚Eiserne Lady‘, und so war es vielleicht kein Wunder, daß die Unterredung auf beiden Seiten nicht ohne spitze Bemerkungen verlief. Um der Atmosphäre die Schärfe zu nehmen, sagte ich schließlich: ‚Ich kenne Sie als einen Menschen, der sich zu bestimmten Grundsätzen und Werten bekennt. Das gebietet Achtung. Doch sollten Sie bedenken, daß neben Ihnen auch ein Mensch mit Grundsätzen sitzt. Dabei möchte ich sagen, daß ich keinen Auftrag des Politbüros habe, Sie zum Eintritt in die Kommunistische Partei zu bewegen.‘ Sie lachte und unser Gespräch verlor seine Förmlichkeit und Schärfe, es verriet jetzt aufrichtige Interessiertheit … “[93]

[93] Ebenda, S. 248 f.

In einem engeren Kreis soll Gorbatschow der Premierministerin gesagt haben: „Geben Sie mir vier Jahre und ich werde die Sowjetunion politisch und wirtschaftlich umkrempeln."[94]

Gorbatschows wichtigste westliche „Partner" waren natürlich die Amerikaner. Die andere Supermacht sollte nicht nur informiert, sondern auch in Einzelheiten eingeweiht werden. Eine weltpolitische Wende, wie der bevorstehende Systemwechsel in der Sowjetunion, berührte nicht nur die Interessen der Vereinigten Staaten, sondern setzte deren aktive Mithilfe voraus.

Wie und wann ein diesbezüglicher Kontakt aufgenommen wurde und die Kooperation zwischen den beiden Supermächten begann, wurde bislang verständlicherweise von keiner der beiden Seiten bekannt gegeben. Aus verschiedenen Quellen gab es aber schon damals Informationen über eine punktuelle Zusammenarbeit zwischen KGB und CIA.

Daß Washington gut darüber informiert war, was in Moskau lief, zeigen zwei Beispiele.

Schon 1984 wußte der damalige amerikanische Vizepräsident und spätere Präsident George Bush (sen.), daß nach Tschernenko der neue Kremlchef Michail Gorbatschow heißen würde:

> „Im Juli 1991 vertraute Victor Israeljan der sowjetischen Wochenzeitung ‚Argumenty i Fakty' (die damals einen Auflagenrekord von mehr als 30 Millionen Exemplaren erlebte) eine ziemlich verwirrende Information an. Der ehemalige bevollmächtigte Botschafter Israeljan, der die UdSSR bei den atomaren Abrüstungsverhandlungen vertrat, bestätigte, daß der amerikanische Vizepräsident George Bush ihn im März 1984 [also ein Dreivierteljahr vor dem erwähnten Besuch in London – Anm. d. Verf.] gebeten hatte, ein Treffen zwischen ihm und dem damals noch völlig unbekannten Gorbatschow zu organisieren. Als Isrealjan Verwunderung äußerte, habe Bush nur gemeint: ‚Das ist euer nächster Staatschef.' Wieder in Moskau, informierte Israeljan den langjährigen sowjetischen Außenminister Andrej Gromyko über diese überraschende Äußerung von George Bush. Gromykos Reaktion: ein langes, langes Schweigen. Und schließlich war es doch kein anderer als Gromyko, einer der bor-

[94] Vertrauliche Information eines Teilnehmers an diesem Gespräch.

niertesten Konservativen, der Michail Gorbatschow im März 1985 für das Amt des Generalsekretärs der KPdSU vorschlug."[95]

Daß George Bush über die Entwicklung in der Sowjetunion bestens informiert war, darüber berichtete auch der ungarische Systemveränderer und Chefreformer in der kommunistischen Führung, Imre Pozsgay, der von Bush 1989, vor dem amerikanisch-sowjetischen Gipfeltreffen in Malta, in Washington empfangen wurde. Nachdem Pozsgay im Weißen Haus Bush über die ungarischen Entwicklungen informiert hatte, ergriff der Gastgeber das Wort und sagte:

> „... man bereitet sich fieberhaft auf das Treffen mit Gorbatschow auf Malta vor. Dann teilte er mir folgendes mit: ‚Die Washingtoner Presse kritisiert mich scharf, denn sie setzt voraus, daß wir auf Malta ein neues Jalta vorbereiten. Ich möchte Ihnen versichern, daß auf Malta kein neues Jalta kommt, sondern das Gegenteil: Wir werden mit Herrn Gorbatschow gemeinsam deklarieren, daß Mitteleuropa nun ein selbständiger politischer Bewegungsraum geworden ist."[96]

Der ungarische Staatsminister Pozsgay war so überrascht, daß er plötzlich nicht glauben wollte, was er von Bush gehört hatte.

Wenn ein führender Ostblock-Politiker vom amerikanischen Präsidenten erfuhr, daß Moskau sein osteuropäisches Satellitenreich freigeben wolle, dann ist das ein geradezu unwiderlegbarer Beweis dafür, daß die USA und die UdSSR insgeheim in Sachen Systemwechsel in der Sowjetunion kooperierten. Gorbatschow hatte damals sogar die maßgebenden westlichen Regierungen darum gebeten, mit der Kommunismus-Kritik aufzuhören, weil diese die Position seiner Gegner stärke.

Einen Hinweis darauf, daß Bush in Gorbatschows Pläne eingeweiht war, gibt der Russe in seinen „Erinnerungen": Unter der Überschrift „Ein Gespräch im Auto" erzählt er:

> „Zum Abschluß meines Besuchs (1987) begleitete mich der Vizepräsident der USA, George Bush, zum Flughafen. Zwar hatten wir

[95] Lesnik, R. / Blanc, H.: Die neue Mafia, S. 15.
[96] Pozsgay, Imre: 1989, Budapest 1993, S. 181.

bereits Gelegenheit zum Meinungsaustausch gehabt, doch dieses ‚Gespräch im Auto' sollte die eigentliche Basis für unsere weiteren Beziehungen schaffen. Es wurde zu einer Art Kennwort zwischen uns. Später, wenn irgendeine Frage in Anwesenheit anderer Personen mit gebotener Vorsicht besprochen wurde, pflegten Bush oder ich zu sagen: ‚Ich bestätige unsere damalige Vereinbarung im Auto' oder: ‚Die Einschätzung bleibt so wie damals im Auto.' …

Als wir uns ein Jahr später anläßlich meines Besuches der UNO in New York erneut trafen, war er bereits zum Präsidenten gewählt, während Präsident Reagan seine Amtszeit gerade beendete. Ich erinnerte an unser ‚Gespräch im Auto', das ich gut im Gedächtnis behalten hätte, und würdigte nochmals Inhalt und Tonfall des Gesagten. Bush reagierte entsprechend und bekräftigte seinerseits die Worte, die er damals gesagt hatte … "[97]

Es besteht kein Zweifel, daß George Bush in dem damals noch geheimen Drehbuch, dem „Masterplan" für den Systemwechsel in der Sowjetunion einige wichtige Seiten mitgeschrieben und dabei der Art und Weise, wie die Privatisierung des Staatsvermögens stattfinden sollte, zugestimmt hat.

5.3 Gorbatschow an der Macht

Trotz oder gerade wegen seiner großen Ziele hat der damals 53 Jahre alte Gorbatschow nach seinem Machtantritt im März 1985 sehr vorsichtig gehandelt. Er war fast schon ein Jahr im Amt und die Außenwelt rätselte noch immer, was er eigentlich vorhabe. Die Vermutung, daß er ganz andere Ansichten vertrat als sein Vorgänger Tschernenko, nährte er selbst durch sein Erscheinungsbild, sein offenes Gesicht, seine Maßanzüge und sein ungehemmtes Auftreten auf der westlichen Bühne. Das Bild wurde von seiner eleganten Frau abgerundet, die bei seinen Reisen immer mehr in den Vordergrund rückte als die Ehefrauen seiner westlichen Gesprächspartner – mit Ausnahme Nancy Reagans. Dies war ein Novum aus Moskau.

Gorbatschow war der erste Kremlführer, der seine Karriere erst nach dem Krieg begonnen hatte – unbelastet durch die Stalin-Ära. In seinen

[97] Gorbatschow, Michail: Erinnerungen, S. 628 ff.

Äußerungen schien er von ideologischen Vorurteilen so weit frei zu sein, daß von ihm auch etwas Neues erwartet werden durfte.

Informationen, die über seine Jugendzeit verbreitet wurden, erlaubten es kaum, seine Persönlichkeit schärfer zu beleuchten. Ein jüdischer Emigrant aus der Sowjetunion, „Igor C.", der in den Vereinigten Staaten lebte, behauptete, mit dem Kremlführer Anfang der 50er Jahre in Moskau Jura studiert zu haben. In einer französischen Illustrierten berichtete er:

> „Wir wohnten zu sechst in einem Zimmer im Studentenheim, wo uns Mischka gerne zu einem großen Essen einlud. Schon damals war er sehr auf seine Popularität bedacht. Er war jedermanns Freund. Schlank und gut aussehend hatte er viel Erfolg bei Frauen. Er liebte amerikanische Filme, vor allem Western und Tarzan. Wie alle Studenten trank auch er gerne Wodka, aber niemals in der Öffentlichkeit. Er scheute nicht davor zurück, Freunde zu verraten, um sich bei der Parteispitze beliebt zu machen. Er hielt Stalin für ein Genie."

Falls die Darstellung wirklich stimmte, wurde man davon kaum klüger. Meldedienste für die Partei, Loblieder auf Stalin, das war damals das typische Verhalten junger Menschen, die in der Partei Karriere machen wollten. Was sie wirklich dachten, stand auf einem anderen Blatt.

Gorbatschow machte tatsächlich eine steile Karriere. Mit 40 Jahren war er Vollmitglied des Zentralkomitees. Mit 47 Jahren wurde er ZK-Sekretär und verantwortlich für die gesamte Landwirtschaft. Auch unter seiner Regie wiederholten sich die Mißernten Jahr für Jahr, aber er selbst war schon zwei Jahre später (im Oktober 1980) Vollmitglied des Politbüros, des obersten Führungsgremiums der noch von Breschnjew geführten Partei. Er hatte wieder Glück. Nach Breschnjews Tod kam sein Förderer Juri Andropow an die Macht.[98]

Neben dem bald erkrankten Parteichef galt Gorbatschow sogar als „Kronprinz". In seinem Auftrag organisierte er eine Säuberungsaktion

---

98 „Einigen hartnäckigen Gerüchten zufolge, die damals in der UdSSR kursierten, soll Raissa Gorbatschow eine heftige Affäre mit Juri Andropow gehabt haben. Sollte diese Romanze, die von engen Freunden des Paares und von Kreml-Mitarbeitern bestätigt wird, an der Designierung ihres Mannes fürs höchste Amt im Staat schuld sein, obwohl er doch in der ‚Nachfolgeordnung' des Politbüros noch gar nicht an der Reihe war?" – siehe Lesnik, R. / Blanc, H.: Die neue Mafia , S. 16.

gegen korruptionsverdächtige Minister und Gebietssekretäre. Das war ein Machtkampf zwischen dem Breschnjew-Lager und den Andropow-Anhängern in der Partei. Daher wählte das aufgeschreckte Breschnjewsche Zentralkomitee nach dem Tode Andropows im Februar 1983 eben nicht Gorbatschow zum Parteichef, sondern den kranken, 72 Jahre alten Tschernenko, offenbar, um Zeit zu gewinnen – freilich ohne großen Erfolg. Der schwerkranke Mann war von Anfang an nicht in der Lage, sein Amt auszuüben. Gorbatschow führte die Staatsgeschäfte. Hinter ihm stand vorbehaltlos der KGB, unter Führung von Tschebrikow, den ebenfalls Andropow ausgewählt hatte. Mit einem letzten Kraftakt versuchte das Breschnjew-Lager, den damaligen Moskauer Parteichef Grischin zum Nachfolger Tschernenkos aufzubauen. Doch der Sieg Gorbatschows konnte nicht mehr verhindert werden.

Gorbatschow stand als neuer Kremlchef von Anfang an unter einem enormen Leistungsdruck. Er mußte das seit 1980 fällige Parteiprogramm, das seine Handschrift tragen sollte, innerhalb eines Jahres ausarbeiten. Um seine Politik durchsetzen zu können und seine Macht abzusichern, mußte er die obersten Führungsgremien mit seinen zuverlässigsten Anhängern auffüllen. Seine außenpolitische Bewährungsprobe, der Genfer Gipfel mit dem amerikanischen Präsidenten Reagan, war für ihn die dritte Hürde im ersten Jahr. Gespannt warteten westliche Regierungen auf das neue Parteiprogramm, das das Programm Chruschtschows von 1961 ersetzen sollte. Die Überraschung blieb jedoch aus.

Was der Kremlchef zur Diskussion stellte, war kein neues Programm, sondern die Neufassung des Dokuments von Chruschtschow. Obwohl es vollkommen umgeschrieben worden war, enthielt es keine wesentlich neuen Elemente. Dem ungarischen, mehr noch dem chinesischen Reformweg stand er noch kritisch gegenüber.

Der außenpolitische Teil gab hinreichend Auskunft darüber, daß sich Gorbatschow gar nicht aus dem Ost-West-Konflikt zurückziehen wollte. Es gab keine Antwort auf die Frage, wie er die wachsenden Kosten der expansiven sowjetischen Außen- und Rüstungspolitik decken wollte, ohne das unrentable Wirtschaftssystem zu verändern. Die größte Sorge des Kremlchefs schien zu sein, seine Macht zu festigen. Unter der Parole „notwendiger Generationswechsel“ hat Gorbatschow schneller als frühere Parteiführer seine Gegenspieler im Politbüro (Romanow, Tichonow und Grischin) ausgebootet Im wichtigsten Führungsgremium besaß er von da an eine solide Mehrheit.

Sein Besuch in Paris im Oktober und sein Treffen mit Präsident Reagan im November 1985 in Genf haben gezeigt, daß sich Gorbatschow als Werber in eigener Sache auf dem westlichen Parkett ausgezeichnet bewegen und für seine Ziele zäh kämpfen konnte.

Gorbatschow erläutert in seinen „Erinnerungen", warum die Vorsicht am Anfang notwendig war:

> „Hätten wir die Fragen, die uns beschäftigten, bereits im April 1985 der Öffentlichkeit unterbreitet, wie wir es später auf den Plenartagungen des ZK im Januar und Juni 1987 sowie im Februar 1988, mehr aber noch auf der Parteikonferenz taten, so hätten wir kaum Zustimmung gefunden. Man hätte uns mehr oder weniger scharf widersprochen, uns als Phantasten hingestellt und schleunigst der Führung enthoben. Doch nachdem wir mit Hilfe von Glasnost und der Demokratisierung das ganze Volk in unsere Überlegungen einbezogen hatten, gelang es uns aufgrund der geleisteten Arbeit, die Theorie der Perestroika ziemlich präzise zu formulieren.
>
> Was ist die Perestroika? Ihr Sinn besteht vor allem darin, die Bürger wieder am politischen Prozeß, an der Wirtschaft, der gesellschaftlichen Öffentlichkeit teilhaben zu lassen. Was die Revolution als ihre Aufgabe ansah – die Überwindung der Entfremdung –, eben das gedachten wir fortzusetzen und zum Abschluß zu bringen."[99]

Die kleinen Schritte zum Systemwechsel hatten 1986 begonnen. Die wirtschaftsrechtlichen Änderungen für den Übergang zur Marktwirtschaft wurden von 1986/87 an in die Wege geleitet: Die Rechtsstellung staatlicher Unternehmen wurde gelockert, ausländische Kapitalinvestitionen wurden zugelassen und der Rechtsrahmen für Privatunternehmen verabschiedet. Gorbatschow ermutigte die Unternehmensleitungen zu privater Initiative und privater Kapitalbeschaffung.

Trotz härtesten Widerstandes in den Führungsgremien entmachtete der Kremlchef seine politischen Gegner bis zum Herbst 1988 – ohne gleich alle hinauszudrängen. Nun hatte er freie Hand, seine Reformen durchzusetzen. Der Parteichef ließ sich auch zum Staatsoberhaupt wäh-

[99] Gorbatschow, Michail: Erinnerungen, S. 390.

len und hatte damit uneingeschränkte Macht und zugleich keinen Konkurrenten mehr.

Der Coup Gorbatschows wurde im Westen mit großer Erleichterung aufgenommen, da er doch das Sowjetreich in Richtung Demokratie führen wollte. Die Schnelligkeit der Wende erinnerte allerdings an die alten Zeiten in Moskau, als führende Leute von ihren Positionen über Nacht verschwanden. Die Art und Weise, auf welche Gorbatschow seine Gegner aus dem Weg schaffte, paßte nicht zu seinem „neuen Denken", in der von der Wiederherstellung der Rechtsstaatlichkeit die Rede war.

Doch einen anderen Weg gab es für ihn nicht. Die Zeit lief ihm davon, er mußte handeln. Die Verschlechterung der Versorgungslage seit seinem Amtsantritt und die zunehmend unzufriedene Bevölkerung brachten ihn in Zugzwang, falls er nicht hinnehmen wollte, daß er und seine Ideen eines Tages von den Klippen der Macht gespült würden.

Allein der Nationalitätenkonflikt zwischen Armenien und Aserbaidschan sowie die Unabhängigkeitsbestrebungen der baltischen Staaten waren geeignet, seinen Gegnern genügend Argumente zu liefern, den Parteichef für den Zerfall der Zentralmacht schuldig zu sprechen und ihn so zu stürzen.

Das Verhältnis des Kremlchefs zum Militär war keineswegs entspannt und der gerade abgelöste KGB-Chef Tschebrikow stand gemeinsam mit dem bis dahin zweitmächtigsten Mann im Politbüro, Ligatschow, der Perestroika kritisch gegenüber. Wenn also der Parteichef weder in der Partei noch bei den bewaffneten Machtorganen des Staates (Armee und KGB) eine spürbare Hausmacht hatte, so grenzte es an ein Wunder, daß er sich vor der großen Parteireform so glatt durchsetzen konnte.

Der Grund war wahrscheinlich, daß erstens seine Rivalen auch keinen größeren Einfluß in den obersten Parteigremien hatten, und zweitens jeder in den obersten Etagen wußte, daß grundlegende wirtschaftliche und politische Reformen unvermeidlich waren. Des weiteren ist anzunehmen, daß Gorbatschow den KGB-Apparat wieder auf seine Seite zu ziehen vermochte. Entscheidend war aber vermutlich ein Hinweis des Kremlchefs, daß bei der Privatisierung der Staatswirtschaft die Nomenklatura, also die Parteielite, Zugriffsmöglichkeiten erhalten solle. Das hat den Widerstand auch „frommer" Kommunisten gegen Gorbatschow gebrochen. Niemand wurde – wie einst – zur „Unperson" abgestempelt und aus dem Kreis der Existenzberechtigten ausgeschlossen. Seine stärksten Gegner, Ligatschow und Tschebrikow, blieben sogar Vollmitglieder des Politbüros.

Gorbatschow und sein verstorbener Förderer Andropow hatten erkannt, daß die Sowjetunion nur durch die Übernahme des Wirtschaftssystems der westlichen Industrieländer vor dem politischen Untergang gerettet werden konnte. Freilich hatte Gorbatschow dabei enorme Artikulationsschwierigkeiten, weil ein offenes Bekenntnis sogleich der kommunistischen Herrschaft die Existenzgrundlage entzogen hätte.

Die erste Rede des neuen Chefideologen Medwedew war ein klarer Beweis dafür, daß die neue Kremlführung große Probleme hatte, der Bevölkerung die umfassende ideologische Wende nahezubringen. Medwedew fand die Quellen zur Perestroika in Lenins „Neuer Ökonomischer Politik“ (NEP). Die NEP war – bald nach der Oktoberrevolution – Anfang der 20er Jahre die erste dramatische Kurskorrektur, nachdem das neue kommunistische Wirtschaftssystem nicht funktionierte und die Versorgungslage sich katastrophal verschlechtert hatte. Lenins NEP bedeutete nichts anderes als eine Rückkehr zum Kleinkapitalismus – mit großem Erfolg –, dem dann Stalin nach Lenins frühem Tod allerdings schnell ein Ende machte.

Medwedew befürwortete nun die Anwendung der Gesetze des Marktes innerhalb einer sozialistischen Wirtschaft. Seiner Ansicht nach sollte die Zentralwirtschaft künftig nur noch Struktur- und Investitionspolitik betreiben und Rahmenbedingungen herstellen. Medwedew forderte, die „Entfremdung der Arbeiter vom sozialistischen Eigentum“ zu beseitigen. Der Chefideologe sah dazu eine Möglichkeit in der Ausdehnung des Pachtsystems in der Landwirtschaft, im Dienstleistungssektor sowie im Genossenschaftswesen in der Industrie.

Unter Berufung auf das historische Vorbild versuchten er und sein Parteichef eine vorsichtige Privatisierung der Landwirtschaft und der Industrie nach chinesischem und ungarischem Beispiel.

Bemerkenswert war Medwedews Empfehlung, die Sowjetunion solle die kapitalistische Welt in die Verwirklichung der Reform mit einbeziehen. Er lehnte zugleich den „Internationalen Klassenkampf“ als erstrangiges Motiv der künftigen sowjetischen Außenpolitik ab. Er betonte dabei, daß Sozialismus und Kapitalismus seit langem nicht mehr als zwei nebeneinander laufende Systeme verstanden werden könnten und daß in Wahrheit ihre Entwicklungen innerhalb einer „menschlichen Zivilisation“ sich überschnitten und gegenseitig beeinflußten.

In einigen Ländern Osteuropas bereitete die neue Politik Moskaus erhebliche Schwierigkeiten. Insbesondere in der DDR und in der Tschechoslowakei stellte jede Lockerung des Systems den Machtanspruch der dortigen Führungen in Frage.

Für die Westeuropäer und die Amerikaner bedeutete Gorbatschows Coup hingegen den Anfang der Öffnung der Sowjetunion nach Westen. Moskau wollte nicht nur deren Hochtechnologie, sondern auch weiteres westliches Kapital zur Heilung des sowjetischen Systems nutzen.

Wie ernst der Kreml die Öffnung meinte und welchen politischen Preis er für die westliche Hilfe zu zahlen bereit war, wurde offiziell nie offengelegt, aber in der Praxis ging seine Bereitschaft ziemlich weit. An Gorbatschows geheimem Drehbuch konnten immer mehr Randnotizen westlicher Herkunft ausgemacht werden. Daß aus dem ganzen Stück später eine improvisierte „Commedia dell' arte" wurde, ist dem Umstand zuzuschreiben, daß die Umwälzungen später unkontrollierbar geworden waren.

5.4 Gorbatschows Entmachtung und die Auflösung der Sowjetunion

Schwierigkeiten brachte nicht nur die Perestroika, der Übergang von der Planwirtschaft zur Marktwirtschaft, sondern mehr noch die Glasnost, die Zulassung der Meinungsfreiheit für einzelne Bürger und auch Nationalitäten. In der Sowjetunion war jeder zweite Bürger ein Nichtrusse.

Der Marxismus-Leninismus als Ersatzreligion und Ordnungsfaktor erwies sich als untauglich, in der Sowjetunion ein supranationales Staatsbewußtsein zu erzeugen, wie es dieses in den Vereinigten Staaten gibt. In Amerika sind alle nationalen Minderheiten stolz darauf, Amerikaner zu sein. Mit Gewalt andere Völker in das eigene Großreich zu zwingen, hat jedoch, wie die Geschichte zeigt, nur eine befristete Wirkungsdauer. Die Wurzeln des Nationalbewußtseins und der Religion liegen tief und bleiben bestimmende Faktoren der politischen Denkprozesse. Trotzdem ist es eine spannende Frage, warum gerade nach Gorbatschows Machtantritt so viele Konflikte mit den Nationalitäten so plötzlich aufbrachen. Es begann mit Unruhen in der Kasachischen Hauptstadt Alma Ata im Dezember 1986; sie waren eine spontane Reaktion auf die Ablösung des kasachischen Parteichefs Kunajew durch die Russen. Bei den Ausschreitungen gab es auch viele Tote. Dann erschienen die Krimtataren im Juli 1987 auf dem Roten Platz in Moskau und demonstrierten tagelang für ihr Recht auf Rückkehr auf die Krim, von wo die rücksichtslosen stalinistischen Umsiedlungen sie vertrieben hatten. Im Baltikum kam es im August 1987 zu genehmigten, aber auch zu verbotenen politischen Kundgebungen zum Jahrestag des Hitler-Stalin-Paktes von 1939, der es Moskau ermöglicht hatte, die selbständigen Staaten Estland, Lettland und Litauen zu okkupieren und in die Sowjetunion einzugliedern. Obwohl die Sowjetbehörden jede Demonstration verboten, gingen Letten und Litauer im Februar 1988 wieder auf die Straße; am 70. Jahrestag ihrer staatlichen Selbständigkeit forderten sie Selbstbestimmung.

Einen Monat später, als der Konflikt zwischen Armenien und Aserbaidschan loderte, wiederholten sich die Demonstrationen in den baltischen Staaten – ohne Angst vor den zu erwartenden Repressalien. Zugleich forderten die Rußlanddeutschen Autonomie und eine eigene Verwaltung.

Der zeitliche Zusammenhang der Unruhen kulturell und geographisch weit voneinander entfernter nationaler Minderheiten wies darauf hin, daß es sich keineswegs um eine zufällige Erscheinung handelte. Daß so viele Nationalitäten gleichzeitig auf die Straße gingen, läßt sich nur mit zentralen Ursachen erklären. Die Hauptursache war Glasnost, die plötzlich erhaltene, noch unvollendete Meinungsfreiheit. Sie ermöglichte es, die Wünsche der jeweiligen Nationalität zu artikulieren. Wo sich wegen der jahrzehntelangen Unterdrückung ohnehin viel Wut und Bitterkeit gegenüber den Russen in Moskau angesammelt hatte, wurde jede Lockerung der Zentralgewalt in der Hauptstadt mit Freude zur Kenntnis genommen.

Gorbatschow gab zu, daß er nicht mit dieser Wirkung von Glasnost gerechnet und angenommen hatte, daß die Freude über die demokratischen Freiheiten die Fliehkräfte der Minderheiten nicht berühren werde.

Schon Andropow hatte 1982 auf das Erstarken des nationalen Bewußtseins aufmerksam gemacht. Er wußte zugleich, daß jede wirtschaftliche und staatspolitische Erneuerung ohne die Unterstützung der Bevölkerung und auch der Nationalitäten zum Scheitern verurteilt sein würde.

Gorbatschow wollte die Nationalitätenfrage verdrängen und glaubte Wege zu finden, die an der Problematik vorbeiführen würden. Er hatte aber keine Zeit, lange nach solchen Möglichkeiten zu suchen und die

Vorgeschichte war zu kompliziert, um mit einem Strich bereinigt zu werden. Die Sowjetunion bestand aus mehr als 100 Nationalitäten – und daß sie bestand, war keine Selbstverständlichkeit Das russische Reich wurde mit Waffengewalt erweitert und ausgebaut. Die expansionistische Denkweise im Kreml war nicht nur vom marxistischen Sendungsbewußtsein und dem Ziel einer kommunistischen Weltrevolution inspiriert, sondern – vielleicht noch stärker – vom „großrussischen Nationalismus".

Gleichzeitig mit den Nationalitätenunruhen im Großstaat wurde die Entfremdung zwischen der Sowjetunion und ihren osteuropäischen Satelliten unübersehbar. Die Parteichefs der kleinen Mitgliedsstaaten des Warschauer Paktes nutzten die neu gewonnenen kleinen Freiheiten, die sich außenpolitisch aus der Reformpolitik Gorbatschows ergaben, um ihre Interessen gegenüber dem Kreml härter zu vertreten. Dabei traten die tiefen Interessengegensätze unter den Ostblockländern zutage, die bis dahin von der erzwungenen Blockdisziplin überdeckt worden waren. Auch die Konturen neuer Interessengruppen wurden zu dieser Zeit sichtbar.

Glasnost und Perestroika, entworfen als Abrechnung mit der stalinistischen Vergangenheit, als Übergang von der Parteidiktatur zum halb-demokratischen Rechtsstaat und als Umbau der untauglichen Planwirtschaft in eine „kapitalistische" Marktwirtschaft, sollten die Privatinitiative fördern. Je schneller dies jemand begriff, umso vorteilhafter konnte er sich in die beginnende Privatisierung des Staatsvermögens einklinken.

Gorbatschows Vorstellungen konnten nicht in jedes Land des Ostblocks exportiert werden. Die Mehrheit der Parteichefs und Politbüromitglieder in den einzelnen Ländern warteten auf den Ausgang des Kräftemessens in der Sowjetunion. Erich Honecker konnte die Diktatur in der DDR schwerlich lockern, ohne die Existenz des Systems zu gefährden. Da die meisten DDR-Bürger wohl bereit gewesen wären, unverzüglich in die Bundesrepublik „auszureisen", wenn dies möglich gewesen wäre, sah sich Honecker gezwungen, Gorbatschow in keiner Weise nachzueifern.

Nicht viel anders war es in Prag. Die Staatsführung Jakes/Husak wollte nicht einmal eng begrenzte Wirtschaftsreformen in die Wege leiten, weil die neuen Ideen aus Moskau dem Aktionsprogramm des Prager Frühlings von 1968, das sie 20 Jahre lang mit harter Hand bekämpft hatten, gespenstisch ähnlich sahen. Eher schlossen sie ihre Reihen im Führungsapparat. Der neue Parteichef Jakes stürzte 1988 den für Reformen aufgeschlossenen langjährigen Ministerpräsidenten Strougal. Die Prager und Preßburger Doktrinäre hatten Angst, kurioserweise diesmal aber deswegen, weil sie wußten, daß Moskau bei einem neuen Prager Frühling nun nicht mehr intervenieren würde.

Die bulgarische Führung wartete ab. Ein wenig Wirtschaftsreform nach ungarischer Art, ein wenig Glasnost in den Medien. Doch den Parteiapparat hielt der Parteichef Schiwkow von Reformen frei.

Ceausescus Rumänien lehnte nunmehr seit 30 Jahren alles ab, was aus Moskau kam. Neu war dabei lediglich, daß die Rumänen im Chor mit der DDR bei jeder Gelegenheit betonten, sie hätten keinen Grund, die Wirtschaftspolitik Gorbatschows zu kopieren.

Die Pläne des Kremlführers wurden nur in Polen und Ungarn vorbehaltlos begrüßt. Mit dem Segen Gorbatschows befanden sich beide Staaten nun auf dem Weg zum politischen Pluralismus – in Polen mit Wiederzulassung der freien Gewerkschaft „Solidarność“ und in Ungarn mit dem Beschluß des Zentralkomitees der KP über die Einführung des Mehrparteiensystems durch die 1990 in Kraft tretende, geänderte Verfassung.

In beiden Ländern waren die regierenden kommunistischen Parteien bereit, die Macht mit anderen Parteien zu teilen – allerdings in der Hoffnung, ihre führende Position auch gegenüber den bürgerlichen Parteien behalten zu können. Dies war auch deshalb für sie wichtig, weil sie schon große Teile des Staatsvermögens durch eine spontane Privatisierung im Besitz von vielen ihrer führenden Mitglieder hatten. Der Übergang von Marx zu Markt war aber auch hier eine schwierige Operation – dafür gab es nämlich keine Rezepte.

Unterdessen geriet Gorbatschows Sowjetunion in unerwartete politische Turbulenzen. Der beste deutsche Rußlandkenner, Gerd Ruge, beschreibt diese spannende Zeit, die zu Gorbatschows Machtverlust führte, mit der von ihm gewohnten Unbefangenheit:

> „Die Nationalbewegungen in den Republiken leiteten den Zerfallsprozeß der Sowjetunion ein, aber ausgelöst wurde er schließlich von Rußland. Im Frühjahr 1991 gab der Oberste Sowjet der Russischen Republik, in dem immer noch die Kommunisten die Mehrheit hatten, Rußland eine neue Verfassung. Sie stellte Parlament und Regierung Rußlands über die Organe der Sowjetunion; eine russische Re-

gierung sollte von jetzt an selbständig russische Politik machen und nicht mehr vollziehendes Organ der Unionspolitik sein. Boris Jelzin, nun Präsident von Rußland, sprach davon, daß Gorbatschow, der Präsident der Sowjetunion, in Zukunft nur eine repräsentative Rolle spielen werde. Rußland werde die Zentralinstitutionen soweit unterstützen und bezahlen, wie es im russischen Interesse liege.

Von den fünfzehn Sowjetrepubliken erklärten sich 1990, im ersten Halbjahr der Präsidentschaft Gorbatschows, fünf für unabhängig: Litauen, Lettland und Estland, Georgien und Armenien. Sieben Republiken erklärten sich unabhängig im Rahmen einer Union mit geschwächter Zentralgewalt: Aserbaidschan, Weißrußland, Moldawien, Turkmenistan, Usbekistan und selbst die Föderative Republik Rußland, das Kernland der Sowjetunion.

Schon lange bevor die Sowjetunion sich auflöste, hatte sich also Rußland für unabhängig erklärt, und es entsprach der Logik, daß es die baltischen Staaten in ihrer Forderung nach Selbstbestimmung unterstützte, als Gorbatschow sie noch mit Druck und militärischer Drohung im Verband der Union zu halten suchte. Der russische Nationalismus, der den anderen Völkern als Hauptfeind erschienen war, hatte im Prozeß seiner eigenen staatlichen Entwicklung das Imperium gesprengt.

Noch einmal versuchte Gorbatschow, den Staat zusammenzuhalten, indem er die Selbständigkeitsbestrebungen der Republiken in einem neuen Unionsvertrag berücksichtigte und aufzufangen trachtete. Aber die Führer der Republiken unterstützten ihn nur mißtrauisch und zögerlich, und in den zentralen Partei- und Staatsapparaten weckte Gorbatschows Plan erst recht erbitterten Widerstand. Unmittelbar vor der Unterzeichnung versuchten die Gegner des neuen Republikvertrags im August 1991, Gorbatschow durch einen Putsch zu entmachten und das alte System wieder zu stabilisieren. Ihr Scheitern bewies, wie sehr veränderte Kräfteverhältnisse die Einheit der Sowjetunion und die Macht der Zentralorgane bereits ausgehöhlt hatten. Boris Jelzin rief als Präsident Rußlands zum Widerstand auf, und er stützte sich nicht nur auf die Moskauer Demokraten, die zu Zehntausenden das Weiße Haus verteidigen wollten, sondern auf die Menschen, die immer wieder ‚Rußland, Rußland' riefen, als er neben den orthodoxen Geistlichen und Kosaken in zaristischen Uniformen vom Balkon des Weißen Hauses sprach.

Gorbatschow, der Präsident der Union, war vom Präsidenten Rußlands gerettet worden. Aber seine Macht gewann er nie wieder zurück. Je mehr er versuchte, den Verbund der Republiken in einer erneuten Union zu erhalten, um so mehr befürchteten die Führer der Republiken eine Restauration alter Machtverhältnisse, die sie wieder der Moskauer Zentrale unterordnen sollte. Im Oktober 1991 beschlossen die Präsidenten von Rußland, Ukraine und Belarus (Weißrußland) ohne Ankündigung und Vorbereitung die Auflösung der Sowjetunion. Ihre nächtliche Konferenz in einem kleinen Ort in Weißrußland glich fast einem Staatsstreich, der die Souveränität ihrer Staaten sichern sollte und an die Stelle der Union nur noch eine vage umrissene ‚Gemeinschaft Unabhängiger Staaten' – GUS – setzte. Was Gorbatschow erhalten wollte, eine gemeinsame Außen- und Militärpolitik sowie die unter den Sowjets gewachsene Verflechtung der Wirtschaft mit dem Knotenpunkt Moskau, war in einer Nacht vom Tisch gewischt worden.

Keiner der drei Männer war zuvor als glühender Nationalist in Erscheinung getreten. Jelzin war im Gegensatz zu Gorbatschow immer als ‚typischer Russe' erschienen. Das hatte ihn populär gemacht, aber er schien sein Russentum als eine Selbstverständlichkeit zu betrachten, und ihm lag nicht daran, den russischen Nationalismus herauszukehren. Leonid Krawtschuk, der Präsident der Ukraine, hatte als Ideologiesekretär der Partei in seiner Republik Kampagnen gegen den Nationalismus geführt und galt ukrainischen Nationalisten als Gegner und als Werkzeug der Moskauer Zentralmacht. In Belarus war die nationale Opposition weit schwächer entwickelt als in den meisten anderen Unionsrepubliken. Präsident Stanislaw Schuschkewitsch hatte erst spät Sympathie für die nationale Opposition gezeigt, in erster Linie, nachdem die Katastrophe von Tschernobyl weite Gebiete der belorussischen Republik betroffen hatte. Kasachstans Präsident Nasarbajew, der sich als vierter dem Bündnis gegen Gorbatschows Union anschloß, hatte in seiner Republik die islamischen und demokratischen Nationalisten bekämpft, während er mit Moskau um mehr politische Entscheidungsfreiheit rang. Nun setzten sie gemeinsam den Anspruch durch, ihre Republiken zu souveränen Nationalstaaten zu erheben.

Dem Präsidenten der Sowjetunion, Michail Gorbatschow, blieben nach der Gründung der Gemeinschaft Unabhängiger Staaten nur einige Wochen Zeit, sein Amtszimmer im Kreml zu räumen. Dann erlosch mit seiner Präsidentschaft die Union der Sozialistischen Sowjetrepubliken.

Sie zerbrach am ungelösten Widerspruch zwischen Zentralstaat und Republiken, zwischen der Nationalitätenpolitik und der Wirklichkeit der Nationen. Was die Armee der Zaren erobert und das Heer der Geheimpolizei Stalins zusammengehalten hatte, konnte der Krise von Staat und Gesellschaft nicht widerstehen."[100]

5.5 Gewinner der Privatisierung: Die Mafia – der neue Machtfaktor

Gorbatschows Verdienst, den unentbehrlichen Systemwechsel in der Sowjetunion, den Übergang von der kommunistischen Diktatur zur Demokratie, von der staatlichen Planwirtschaft zur privaten Markwirtschaft, gewagt und durchgeführt zu haben, ist nicht dadurch zu schmälern, daß er sein Werk nicht fortzusetzen vermochte. Die Wende in der UdSSR stellt ein welthistorisches Ereignis ersten Ranges dar.

Was Gorbatschow begonnen hatte, war unkontrollierbar geworden, weil man kommunistische Willkürherrschaft in eine demokratische Macht auf rechtsstaatlicher Basis über Nacht nicht umwandeln kann. Dafür gab es kein Rezept, und man kann einen solchen Schritt, bei dem der Wunsch nach Freiheit wie ein Vulkan ausbricht, nicht vorausplanen. Der allmächtige Staatssicherheitsdienst, der KGB, stand nur solange fest hinter Gorbatschow, bis die Ventile geöffnet wurden. Aber dann konnten auch die Geheimdienstler bei der Verteilung des Staatsvermögens in Privatbesitz ihren großen Möglichkeiten nicht widerstehen. Im Wettlauf um das Geld hatte ja der KGB die besten Startpositionen, da der wirtschaftliche Systemwechsel in der Sowjetunion und später in Rußland und den GUS-Staaten unter chaotischer Gesetzgebung und praktisch ohne regierende Hand stattfand. Nur das Geld regierte, und der freie Wettlauf um das Geld mündete in ein unwahrscheinlich großes Chaos.

Der einzige „Ordnungsfaktor" in diesem grenzenlosen Wirrwarr war, daß der Zugang zum Staatsvermögen nach Gorbatschows Verfügung nur für die alte Nomenklatura und den KGB geöffnet wurde. Das war nämlich der „Lohn" dafür, daß diese gegen seine Perestroika nicht revoltier-

[100] Ruge, Gerd: Weites Land, Berlin 1996, S. 253 ff.

ten. Die Freude nämlich, privat reich werden zu können, war offenbar viel größer als der Kummer um die verlorene kommunistische Macht. Die Kommunisten waren beinahe über Nacht gierige Kapitalisten geworden.

Wer wurden nach Gorbatschow die wirklichen Herrscher Rußlands? Professor Daschitschew, Mitglied der Russischen Akademie der Wissenschaften, behauptete 1994, daß Jelzin von einem „Rasputin-Kollektiv" umgeben sei, einschließlich krimineller Elemente, bestehend aus Mitgliedern des alten KGB, der kommunistischen Nomenklatura und aus dem „Sicherheitsrat", der in der russischen Verfassung gar nicht vorgesehen war. Die wirklichen Herrscher Rußlands seien die Nachfolgeorganisationen des KGB. Damit wurde der KGB zum wirklichen Herrscher Rußlands.

> „Im heutigen Rußland", schreibt Hans Graf Huyn in seiner Studie „Die russische Mafia", „verdient nur ein schmaler Sektor der wirtschaftlichen Privatisierung diese Bezeichnung. Was man allgemein als ‚Privatisierung' bezeichnet, ist in Wirklichkeit die organisierte Übernahme der staatlichen Industrie durch die Mitglieder der alten Nomenklatura und durch den KGB. Es war Gorbatschow, der den Grundstein für eine ‚Privatisierung' gelegt hatte, die die Kontrolle der russischen Wirtschaft in einem ‚Markt-Wirtschaftssystem' für die alten Kader und für den KGB sicherstellte. Eins der Resultate ist die Ausweitung der alten kommunistischen Elite und ihre Kontrolle über die angebliche ‚freie' Wirtschaft Rußlands. Ein weiteres Ergebnis ist das Fehlen einer wirtschaftlichen Erholung des Landes und für die russische Bevölkerung. Schon 1987 forderte Gorbatschow die Mitglieder der Nomenklatura und des KGB auf, mit der Operation zu beginnen, – die vom Westen bereitwillig finanziert wurde –, und Banken und Unternehmungen zu gründen. Der KGB und auch der größte Teil der regierenden Klasse nutzten alle Vorteile der wirtschaftlichen und politischen Reformprozesse während der Perestroika und auch nach dem sowjetischen Kollaps. Ihre Offiziere und Gefolgsleute waren daran gewöhnt, Bargeld, strategische Rohstoffe, Waffen und praktisch alles, was sich vermarkten oder verkaufen ließ, zu bewegen. In einer nichtamtlichen Partnerschaft mit Elementen des Komsomol wurde der KGB der größte Teilhaber des privaten Sektors."

Michael Waller, beschrieb in seinem Buch „Das geheime Reich – Der KGB im heutigen Rußland", wie lukrative Geschäftsmöglichkeiten die besten Kräfte des KGB anziehen:

> „Sogar jene, die in den privaten Sektor hinüberwechselten, haben nicht notwendigerweise ihre Organe verlassen, sondern blieben als Mitglied in der aktiven Reserve, ein Status, der verabschiedeten Beamten gestattete, ihre operativen Verbindungen beizubehalten ... Das Gesetz hat in angenehmer Weise allen westlichen Firmen, die nach Geschäften in Rußland suchten, einen russischen Partner vorgeschrieben ... Andere haben Joint ventures mit russischen Firmen gegründet, die mit ehemaligem Personal des KGB besetzt waren. Nach einem Bericht sind KGB-Leute zu 80 Prozent an allen Joint ventures beteiligt. In einigen grotesken Fällen haben ehemalige amerikanische Geheimdienstler die KGB-Leute als Fachkollegen betrachtet und sich mit ihnen zusammengetan, um Geschäfte in der ehemaligen Sowjetunion zu tätigen."[101]

Françoise Thom, Sowjetologin und Professorin an der Sorbonne in Paris, gab Anfang der 90er Jahre in ihrer Analyse „Rußland heute" aus eigener Erfahrung ein erschütterndes Bild der Vorgänge in der Sowjetunion bzw. in Rußland:

> „Man darf nicht glauben, daß Rußland sich nach dem Fall des Kommunismus der westlichen Welt angenähert habe, es stellt immer noch eine Welt für sich dar, für welche es keine Gutachten von Sachverständigen gibt, sondern nur Abstufungen in der Unwissenheit ...
>
> Rußland ist heute der Ort eines noch nie dagewesenen sozialen Selektionsprozesses vom Darwin'schen Typus, und in diesem Dschungel braucht man sehr spezielle Eigenschaften, um zu überleben und vorwärtszukommen. Auf der einen Seite konnte man beobachten, wie der Clan der Gewinner – eine richtige Herrenrasse – sich bildete, die sich im Eiltempo bereichert und von den ‚kapitalistischen' Annehmlichkeiten des russischen Lebens profitiert. Es sind

[101] Waller, Michael: Das geheime Reich, Boulder 1994.

die diversen Unternehmer/Mafiosi (man weiß nicht genau, wie man sie benennen soll: Es ist unzweifelhaft, daß große Vermögen in Rußland alle unehrenhaften Ursprungs sind; die Mehrzahl der Millionäre zögert nicht, zu töten, um ein Konkurrenz- oder ein anderes Problem zu lösen), die hervorgegangen sind aus der Nomenklatura, dem KGB und der Armee, manchmal aus der technischen Intelligentsia. Es sind auch erwiesene Gangster, die sich durch Drogenhandel und Prostitution bereichern. Das Milieu der Unterwelt umfaßt etwa 28–30 Millionen Personen, d. h. ein Fünftel der russischen Bevölkerung. Dieses Milieu produziert seine Eliten, die sich mit den oben erwähnten vermischen: Manchmal sind die regionalen Eliten völlig mit der Unterwelt verfilzt (dieses ist der Fall in Wladiwostok, der Krim und Transnistrien). Dies geschieht vor allem in Regionen, die Rohstoffe exportieren und Finanzzentren …

Schließlich und vor allem handelt es sich bei den Gewinnern um Funktionäre des Staatsapparates, die es schaffen, die Privilegien, die sie zu verwalten befugt sind, zu Geld zu machen. All diese Kategorien stehen in enger Verbindung zueinander, und sie stellen eine beträchtliche politische Kraft dar."[102]

Nach Françoise Thom gab es eine Schicht in der Mitte, die Intellektuellen, die meistens unter äußerst prekären Bedingungen lebten und versuchten, mehr Geld zu verdienen:

„Neben dieser dynamischen Kaste, die sich immer mehr ausbreitet, haben wir die Verlierer – mindestens 30 Millionen, alle diejenigen, die die Kurve zur Marktwirtschaft nicht kriegen, die Faulen, die Alkoholiker, die Kranken, die allermeisten Rentner (37 Millionen), die Irren, die Träumer – ein wichtiger Ausschnitt der russischen Bevölkerung. Diese werden im Eiltempo zu Obdachlosen und jede Erhöhung des Brotpreises ist für sie eine Tragödie.

Die neue Nomenklatura braucht das russische ‚Proletariat' nicht mehr. Seit 1988 hat sie ihre Guthaben in den Westen transferiert, sie hat in Banken, in westlichen Handel investiert …

---

[102] Nach einem Vortrag von Françoise Thom: Rußland heute, im Juni 1996 im Bildungszentrum Wildbad-Kreuth (Hanns-Seidel-Stiftung).

Der Clan der Gewinner ist nicht homogen: Tiefe Spaltungen gehen quer durch die Eliten und die Zukunft wird sich in den Konflikten zwischen den diversen Gruppierungen der neuen Elite abspielen. Man kann drei Arten von Eliten unterscheiden: regionale, sektorielle und kriminelle:

Die provinzielle Nomenklatura (die alten Apparatschiks) ist der wichtigste Gewinner der Privatisierung, und diese möchte heute in Ruhe die Früchte dieser Privatisierung auskosten. Ihre Interessen sind diametral entgegengesetzt denen der Finanznomenklatura, die in Moskau konzentriert ist (diese besitzt 80 Prozent der Finanzen). Diese setzt sich aus sogenannten ‚neuen Russen', vom KGB kommend, vom militärischen Geheimdienst GRU und vom Komsomol, dem kommunistischen Jugendverband, zusammen. Die Provinz gerät mächtig in Zorn, wenn sie sieht, daß die finanziellen Mittel des Landes durch die Moskauer Elite monopolisiert werden. Die zentralistische Bürokratie, die sich aus Apparatschiks zusammensetzt, blüht nur durch die Kontrolle, die sie über den Export der Bodenschätze der Provinz, durch den Handel von Exportlizenzen, von Quoten usw. ausübt. Die Konfrontation zwischen lokaler und zentraler Bürokratie ist besonders zugespitzt im Fall der Grenzregionen, die den Status von ‚Freihandelszonen' anstreben. Dies ist der Fall in der Region von Kaliningrad und derjenigen des Amur. Moskau reagiert mit Nervosität auf diese Autonomiebegehren …

Die Perestroika kann man heute rückblickend als eine Erneuerung der Führungsschicht mittels postkommunistischem sogenanntem ‚Liberalismus' verstehen, in Wirklichkeit ein Regime ohne Glauben und Moral, wo der Stärkere siegt. Nach Françoise Thom befand sich der Charakter des politischen Regimes ständig im Wandel. Man kann vier Perioden dieses Prozesses unterscheiden:

Die erste ertreckt sich von 1987 bis 1990: Dies ist die Periode, die man den ‚Kapitalismus des Komsomol' nennen kann. Der Staat bewilligt die Gründung von kapitalistischen Infrastrukturen im embryonalen Zustand, kommerzielle Banken, Börsen usw., die den wendigsten Elementen der Bürokratie, dem Komsomol und dem KGB und findigen Außenseitern übertragen werden.

Die zweite Periode dauert von 1991 bis 1993: Dies kann man die ‚Privatisierung des Staates durch den Staat' nennen. Die Ministerien ändern sich zu Trusts (der Staat bleibt Mehrheitsaktionär), die Finanzverwaltung der Ministerien zu Handelsbanken usw. Der Staat überträgt Sektoren der Wirtschaft ehemaligen kommunistischen Funktionären (z. B. wurde die Leitung des Gasprom-Konzerns Tschernomyrdin[103] übertragen). Der Staat überträgt seinen ehemaligen kommunistischen Funktionären Konzessionen in den rentabelsten Wirtschaftssektoren (z. B. Export von Energie und Metallen, Finanzgeschäfte): Dies wurde im Westen fälschlicherweise als Privatisierung angesehen. Das gleiche Phänomen gilt auch in Bezug auf ganze Städte: So wurde z. B. Moskau dem Bürgermeister Lutschkow übertragen.

Die dritte Phase: Die Auflösung des russischen Parlaments im Oktober 1993 hatte sich nicht als Vormarsch der ‚Demokraten' herausgestellt, sondern – paradoxerweise – als eine Säuberung von allen ‚Outsidern' des Systems, denen es durch die Unruhen der vorausgegangenen Jahre gelungen war, sich dort einzuschleusen … Diese externen Elemente sind die Demokraten und Ganoven …

Die vierte Phase ist gekennzeichnet durch die Konzentration des Kapitals und der Industrie in einer geringen Zahl von riesigen Konzernen – vor dem Hintergrund wirtschaftlicher Rezession. Nun wollen die Bürokraten, die im Besitz der Konzessionen sind, die Zeit der Anarchie und Willkür beenden, die ihnen die dubiosen Transaktionen ermöglicht hat, die zu ihrem Reichtum führten. Und vor allem wollen sie die systemfremden Elemente hindern, darin Fuß zu fassen, egal, ob es sich um russische oder ausländische Unternehmer handelt …

Irrationalität und Gewalt sind charakteristisch für die gesamte politische Klasse. Am Hof von Präsident Jelzin ist der Ex-General Rogozin, ein Spezialist der okkulten Wissenschaften, tonangebend. Faustkämpfe im Parlament sind gang und gäbe. Der sehr verbreitete Alkoholismus spielt eine große Rolle bei diesem jähzornigen und unvorhersehbaren Verhalten, was wir im Westen wenig bedenken. Demnach müssen wir im Verhalten der politischen Elite Rußlands nicht nach einer Rationalität suchen, die vergleichbar wäre mit der

---

[103] Später unter Jelzin langjähriger Ministerpräsident, dessen Privatvermögen auf fünf Milliarden Dollar geschätzt wird.

bolschewistischen Macht oder der eines normalen Staates. Obskure Intrigen, die wir niemals verstehen, können der Ursprung von politischen Entscheidungen mit enormen Konsequenzen sein ...

Die wirtschaftliche Lage ist weniger rosig als die Berichte des Internationalen Währungsfonds: eine wachsende Einwirkung des Staates in der Wirtschaft, eine galoppierende Inflation, die Bereicherung der Reichsten, die Verarmung der Armen. Die harte Besteuerung zwingt die Unternehmer, zwischen staatlicher und krimineller Erpressung zu wählen. Sie wählen den zweiten Weg, der weniger gefürchtet wird. Angesichts der Raffsucht der Staatsfunktionäre legen die ‚neuen Russen' ihr Geld im Ausland an, anstatt in Rußland zu investieren (mindestens 15 bis 20 Milliarden Dollar jährlich).

Die Mittel des Internationalen Währungsfonds, d. h. das Geld der westlichen Steuerzahler, fließen in den Unterhalt der immer größer werdenden postkommunistischen Nomenklatura, die inkompetent, schädlich und kriminell ist ... Die Kredite des Internationalen Währungsfonds finanzieren ein Drittel der Staatsschulden, die für das Jahr 1996 vorgesehen sind ... Der Währungsfonds hat im Frühling 1996 zwölf Milliarden Dollar als zusätzliche Kredite für die Wahlkampagne von Jelzin bewilligt ...

Auf widersprüchliche Weise hat das Ende des Kommunismus nicht die Gesundung der Völker der ehemaligen UdSSR mit sich gebracht; im Gegenteil, die Vorgänge, die während des Kommunismus im Gange waren, zeigen sich mit neuer Heftigkeit: moralischer und physischer Zerfall, Verwilderung, Alkoholismus, Gewalt – das Aufkommen einer neuen Art von Mensch, einer Rasse von Herrschern, die von einer nietzscheanischen Ideologie durchdrungen sind, absolut unerbittlich und gefürchtet, weil sie zugleich durch den Gulag und den KGB, die Unterwelt, geformt wurden. Man sprach von einer ‚kriminellen Revolution' in Rußland. Die Ex-UdSSR ist ein gigantisches Syndikat des Verbrechens geworden. Können Gangster einen Staat bilden? Kann man eine Marktwirtschaft dort aufbauen, wo die Logik vorherrscht, daß das Diebesgut geteilt wird? Kann das Gesetz der Unterwelt überhaupt Gesetz werden?"[104]

[104] Nach einem Vortrag von Françoise Thom: Rußland heute, im Juni 1996 im Bildungszentrum Wildbad-Kreuth (Hanns-Seidel-Stiftung).

– resümiert Françoise Thom am Ende ihres beeindruckenden Berichts aus Rußland. Sie übertreibt keineswegs die russische Wirklichkeit dieser Jahre. Nach einhelligen Meinungen von Rußlandkennern bestimmt das Zusammenwirken von Macht und Mafia den Gang der politischen und wirtschaftlichen Transformation.

Wie es hinter dem Ural in den Städten der Schwer- und Rüstungsindustrie aussah, schildert auch Gerd Ruge aus eigener Erfahrung:

„In der Stadt (Swerdlowsk) stritten fünf Gruppen der organisierten Kriminalität um Macht und Einfluß. Bis 1990 hatte es nur eine kriminelle Struktur gegeben, in der Verbrecher, Schattenwirtschaft und Leute aus dem Sicherheitsdienst und der Stadtverwaltung, die sogenannte Sowjetmafia, zusammenarbeiteten. Nun mischten sich neue Gruppen in den Kampf um die Vorherrschaft ein. Sie drängten sich in die Industrieverwaltungen und Banken, erschossen einander in den neugegründeten Spielkasinos oder auf der Treppe einer privaten Versicherung. In Todesnachrichten und Nachrufen kam dann heraus, daß der Direktor eines Finanzinstituts jahrelang wegen Rauschgift oder Raubmord im Lager gesessen hatte. Was für ein wichtiger Mann er wirklich gewesen war, zeigten erst der Berg von Blumen auf seinem Grab und die langen Kolonnen schwarzer Limousinen, mit denen Mafia-Paten aus der ganzen ehemaliger Sowjetunion zur Beerdigung kamen … Als ich 1993 nach Jekaterinburg (Swerdlowsk) kam, gab es Fabriken, in denen die Arbeiter fünf bis sechs Monate keinen Lohn mehr gesehen hatten. Trotzdem kamen sie immer wieder in ihre Betriebe, um die Maschinen zu warten und arbeitsfähig zu halten, in der Hoffnung, daß es früher oder später wieder Arbeit geben würde. Sie erzählten mir, wovon sie lebten: Im Sommer sammelten sie Beeren im Wald, im Winter suchten sie Gelegenheitsarbeiten wie das Entladen von Zügen und Lastwagen, und sie hielten das durch, solange ihre Frauen in den Verwaltungen noch Arbeit hatten. Manche schimpften auf die Kommunisten, manche auf die neue Regierung, aber daß es bald wieder besser werden würde, konnte keiner glauben …

Auch in größeren Industriestädten, in denen die Moskauer Politik gezielte Veränderungen bewirkte, blieb sie den meisten Betroffenen unverständlich. Kombinate und Großbetriebe wurden aus Besitz und Kontrolle des Staates entlassen und gingen in andere Hände über. Was sich Privatisierung nannte, war ein undurchschaubarer Prozeß. Manchmal gaben Direktoren großer Betriebe einander Aktienpakete weiter und sicherten so ihre Macht. In anderen Fällen kaufte das Management mit Krediten von Banken und Ministerien die Aktien auf. Häufig behielt der Staat eine Mehrheit oder eine starke Beteiligung. In den neuen Gesellschaften gab man, zum Beweis sozialen Bewußtseins, auch Aktien an die Arbeiter aus, aber selten waren das mehr als zehn Prozent, und immer die Gesellschaft so konstruiert, daß die kleinen Aktionäre ohne Einfluß blieben ...“[105]

Die neuen Wirtschaftsführer wollten keine ausländischen Beteiligungen haben, berichtet Ruge:

„Die neuen Wirtschaftsführer, auch wenn sie der alten Nomenklatura entstammten, waren nicht mehr die Untergebenen des zentralen Apparats der Partei, ihrer Wirtschaftsabteilungen und der Ministerien in Moskau. Sie wollten nicht wieder dem alten Kommandosystem und der Überwachung durch den KGB unterstellt werden. Aber eine weitergehende Liberalisierung und die Öffnung der Grenzen für ausländische Investoren und Konkurrenten lag auch nicht in ihrem Interesse. Sie wollten für ihre Betriebe Protektion und Subventionen von der Regierung, mit der sie durch viele Fäden verbunden waren. Aber sie stützten auch die Kommunisten und Nationalisten, wenn die auf die Regierung Druck ausübten, um ausländischen Einfluß zu verhindern und die Rüstungs- und Schwerindustrie stark zu erhalten. Die Privatisierungspolitik hatte tatsächlich eine neue Schicht von Besitzern geschaffen – was ja auch ihr politisches Ziel gewesen war. Die Rückkehr zum alten System war schwerer, fast unmöglich geworden. Aber die Verteilung, manchmal Verschleuderung der staatlichen Industrie war unter hohen Kosten für die Wirtschaftskraft des Landes abgelaufen, und sie war von extremer sozialer Ungerechtigkeit gekennzeichnet. Die Wirtschaftsführer betrieben Politik aus eigener Macht, nicht mehr als Funktionäre einer Zentrale. Rußlands Gesellschaft hatte sich wesentlich verändert. Doch eine kapitalistische Unternehmergesellschaft war sie noch nicht geworden,

---

[105] Ruge, Gerd: Weites Land, Berlin 1996, S. 253 ff.

und ob Rußland auf dem Weg zu Marktwirtschaft und Demokratie war, ließ sich in diesem undurchsichtigen Geflecht neuer Strukturen nicht ablesen.

Innerhalb von drei Jahren operierten in Rußland zweieinhalbtausend neugegründete private Banken und Hunderte von Versicherungsgesellschaften, die auf dem unübersichtlichen Feld ohne gesetzliche Regelungen und wirksame Kontrolle ihre Chancen suchten. ...

Es war nicht nur Mafiageld, das in Rußland verdient wurde, wenn einfallsreiche Leute die Chancen nutzten, die ihnen der Übergang von der Staats- zur Privatwirtschaft bot. Natürlich fielen diejenigen am meisten ins Auge, die in schweren Luxuswagen vor Nachtklubs und Restaurants vorfuhren oder mit Koffern voll Bargeld an die Riviera reisten.“[106]

Die führende Rolle des KGB, und zwar eine Doppelrolle – bei der Privatisierung und bei der Entstehung der neuen Mafia – ,wird in der Arbeit der beiden französischen Rußland-Experten, Renate Lesnik und Hélène Blanc, mit umfangreichem Beweismaterial dargestellt:

„Während ... Tausende von Bürgern gegen die Betonmauern der Bürokratie ankämpfen müssen, wenn sie auch nur ein Stückchen Land pachten oder einen kleinen Kredit erhalten wollen, den man ihnen nur zum Preis haufenweiser Demütigungen und Schmiergeldzahlungen gewährt, halten die Genossen von Politbüro und KGB (1987) einen veritablen Kriegsrat. Auf der Tagesordnung stehen zwei Punkte: die Aneignung (was auf sanfte Privatisierung hinausläuft) eines Maximums von Gütern (der Partei, des Staates, kurz, des Volkes, dem die Reichtümer gehören) und die rechte Aufteilung (jeder erhält das für seinen Platz innerhalb der Hierarchie Angemessene: Keiner aus der Nomenklatura darf also vergessen werden). Parallel dazu die Schaffung günstiger Bedingungen für heimliche Millionäre, ihr Vermögen zu waschen, ohne seine Herkunft offenzulegen. Ein Glücksfall für die Mafias! Kein Wunder also, wenn im Mai 1987, kurz nach dem Inkrafttreten des Gesetzes über

[106] Ebenda, S. 372 ff.

das freie Unternehmertum, der damalige Innenminister Wlassow die ‚Vorschrift Nr. 10' unterzeichnet, die es seinen Mitarbeitern untersagt, den neuen ‚Genossenschaftsmitgliedern' auch nur ein Haar zu krümmen. Undenkbar, daß einer sich daraufhin in die Geschäftsführung dieser Unternehmen (GmbHs, Banken, Börsen ...) einmischen wird oder ihre Chefs in ihrem meist für eine symbolische Kopeke erworbenen ‚Büros' belästigt.

Damals wurde innerhalb des KGB eine Abteilung für ‚wirtschaftliche Aktivitäten' eingerichtet, um diese neuen Unternehmen, vor allem wenn es sich um Finanzunternehmen handelt, voranzutreiben und wenn nötig, auch ihre Leitung zu übernehmen. Natürlich wußten alle, daß die meisten Chefs dieser Privatfirmen KGB-Leute waren.

Eine Ausnahme war ein gewisser Filip Bobkow, der ‚Vater' der Gruppe Most, die ehemalige Nummer zwei des KGB. Er gab vor, alle Verbindungen zu seinem früheren Stall ‚abgebrochen' zu haben. Auf diese Weise haben es diese ‚Wirtschaftsagenten' geschafft, einen Großteil des Parteivermögens auf Nummernkonten im Ausland in Sicherheit zu bringen, ebenso wie rund zweitausend Tonnen Gold, die Goldreserven des Sowjetstaates, deren Verschwinden im September 1991 bemerkt wurde. Gleichzeitig wurden allerorten Gesellschaften mit internationaler Beteiligung oder Joint ventures gegründet. Interessant daran: In den meisten handelt es sich bei ihren West-Partnern um emigrierte Sowjetbürger oder ausgesuchte Strohmänner, die bevorzugt unter ‚Klassenkameraden' rekrutiert werden. In Wirklichkeit hat dieses neue Netz die Aufgabe, die Kapitalflucht zu erleichtern. Dieses Kapital, das teilweise wieder in die Wirtschaft investiert wird, soll Ankauf von Immobilien, von Unternehmen, Minen, Rohstoffvorkommen usw. ermöglichen. Mit dem Rest will man sich Zugang zum westlichen Finanzsystem verschaffen ...

Eine ungleich effektivere, wenn auch zahlenmäßig weniger starke Gruppe von KGB-Profis unterwandert die Arbeiterkollektive, ja löst sich förmlich in ihnen auf. Warum warten, bis nach polnischem Vorbild unzählige ‚Solidarność' das Land überziehen, wenn es noch möglich ist, die Massen nach Herzenslust zu manipulieren? ...

Auf diese Weise wird ganz allmählich und mit Methode ein Netz über dieses riesige, noch immer UdSSR genannte Land gesponnen.

Die existierenden kriminellen Kasten werden vom KGB übernommen: ‚Schluß mit euren amateurhaften Tricks! Hört auf, die Kinder zu benutzen! Wir helfen euch auch dabei, aus dem Schlamassel rauszukommen und euch auch zu bereichern, aber wir erwarten unseren Anteil dafür! Vergeßt nicht, wer hier das Sagen hat!'
> Was die neuen wirtschaftlichen und finanziellen Netze betrifft, die von den zuständigen Diensten etabliert wurden, so lassen diese sich durchaus als offizielle, mit den sowjetischen Gewerkschaften verwandte und von der Zentralgewalt gelenkte Kartelle bezeichnen. Diese zwei Welten – die im Schatten operierende und die tonangebende – gehen ganz allmählich ineinander über ... "[107]

Unter Jelzin, nach der Auflösung der Sowjetunion, wurde dieser Trend noch viel stärker fortgesetzt. Auch die Familie Jelzin wurde aufgrund von Untersuchungen Schweizerischer Behörden später in einen Korruptionsfall involviert. Es handelte sich um die Renovierung des Kremls um 300 Millionen Dollar durch eine schweizerische Firma, wobei für die Familie Jelzin angeblich eine Summe abgezweigt wurde. Es wurde dann bekannt, daß Jelzins Tochter in der Schweiz ein Millionen-Konto zur Verfügung hatte.

Schließlich haben in der Jelzin-Ära auch viele Arbeiter sich mit den neuen Verhältnissen abgefunden: Manche äußerten sich unverblümt:

> „Wenn man sieht, was alles so passiert, kommt man zu dem Schluß: Alles wird von der Mafia gelenkt. Warum sollten wir uns nicht dieser Organisation anschließen, wir hatten ja früher die Mitgliedskarte der Partei! Ganz ehrlich, ich sehe keinen anderen Ausweg, wenn ich überleben will. Es wird sich zwar für uns nicht viel ändern, aber wenigstens wird man uns in Ruhe lassen!"

In einer umfassenden Untersuchungsarbeit der Hanns-Seidel-Stiftung, München, über die weltweite „Organisierte Kriminalität" gewinnt man einen ziemlich präzisen Einblick in die Geldwäsche und Kapitalflucht in Rußland:

---

[107] Lesnik, Renate / Blanc, Hélène: Die neue Mafia, S. 46 ff.

„Die russischen Polizeibehörden stoßen in beiden Bereichen auf große Schwierigkeiten, was an zahlreichen Gegebenheiten liegt, wie z. B.:

a) der Verflechtung zwischen der ungesetzlichen Seite finanzieller Transaktionen und der Umsetzung der Politik der freien Marktwirtschaft in Rußland, wobei das Kernelement der Entwicklung in der Umverteilung des russischen Staatseigentums zu sehen ist, die von der internationalen Elite in Politik und Finanzen unterstützt wird;
b) der fast vollständigen Verstrickung der russischen Handelsbanken in diese Operationen, wodurch im Kampf gegen die Geldwäsche praktisch keine Bündnismöglichkeit mit einer ‚ehrlichen' Bank besteht;
c) Fallstricke, in welche Richtung sich die Polizeibehörden bewegen mögen, denn während der letzten Präsidentschaftswahlen erlangten die führenden Banken fast vollständige Kontrolle über die Massenmedien (bis auf einige Publikationen der äußersten politischen Rechten und Linken mit niedriger Auflage). Wenn die Polizei nun also irgendwelche größeren Schritte unternimmt, wird eine massive polizeifeindliche Kampagne in Presse und Fernsehen organisiert, die die Aktionen der Behörden als gegen die Marktwirtschaft gerichtet, antisemitisch (gemessen an den Umsätzen gehören über 85 Prozent des russischen Bankkapitals ethnischen Juden) und demokratiefeindlich darstellt.
d) Viele Spuren im Bereich der Geldwäscheaktivitäten führen nach Mitteleuropa, Israel und in die Vereinigten Staaten, wo die russischen Beamten und Agenten nicht ermitteln können. Die Zusammenarbeit mit den Polizeibehörden dort ist auch nicht zufriedenstellend, denn aus unterschiedlichen Gründen gewähren diese ihren russischen Kollegen nur ungern Zugang zu irgendwelchen wichtigen Informationen, von der Erlaubnis Aktionen durchzuführen, gar nicht zu sprechen. Bislang gestaltete sich die Zusammenarbeit so, daß man Hinweise von den Russen annahm, sie aber von weiteren Aktionen ausschloß.
e) Die Geldwäscheverbindungen zwischen Rußland und Amerika können aufgrund ihrer informellen Natur und des Mangels an festen Strukturen nicht rechtzeitig nachvollzogen werden. Mehr

als die Hälfte aller russischen Finanziers besitzen eine doppelte Staatsbürgerschaft; viele haben nahe Verwandte, die die amerikanische Staatsbürgerschaft besitzen; sie können sich frei zwischen ihren beiden Heimatländern bewegen, unterzeichnen kaum formelle Übereinkünfte oder führen Buch über ihre Finanzaktionen. Sie sind so die Hauptverbindung in der Zirkulation finanzieller Mittel zwischen Rußland und den Vereinigten Staaten geworden, sowohl zwischen kleinen und mittleren Unternehmen als auch auf höherer Ebene, da sie die Mehrheit der mit dem Handel mit Rußland verbundenen Positionen in großen amerikanischen Unternehmen besitzen.

Die Auswirkungen aller oben genannten Faktoren führten zu einem Anstieg illegaler Finanztransaktionen zwischen Rußland und dem Rest der Welt ...

Während der vergangenen Jahre wurde also immer häufiger über einzelne Fälle von Kapitalbewegungen in Verbindung mit der Geldwäsche berichtet ... "[108]

Was die Verbindungen zwischen der russischen und amerikanischen Mafia betrifft, bringt das Buch der Hanns-Seidel-Stiftung interessante Erkenntnisse:

„Laut russischen Experten entsandten die Bosse des organisierten Verbrechens zu Beginn der 90er Jahre Wjatscheslaw Iwankow, eine aus Mafiakreisen nur allzu bekannte Figur, in die Vereinigten Staaten, um Kontakte der Organisation von Brighton Beach in New York und der russischen Unterwelt anzuknüpfen. Westliche Beobachter unterschätzen die Bedeutung dieser Aktion, da sie die Hauptbeweggründe nicht kennen. Die Organisationen der russischen Unterwelt und der Wirtschaftskriminalität brauchten dringend Geld, um ihre Käufe im Rahmen der Privatisierung zu finanzieren.

Die Umverteilung des russischen Staatsvermögens war in vollem Gange. Die Preisreform des Ministerpräsidenten Gaidar hatte die kleinen Leute um alle ihre Ersparnisse gebracht und sie so geschickt aus dem Privatisierungsprozeß ausgeschlossen. Die Organisierte

[108] Hanns-Seidel-Stiftung: Organisierte Kriminalität, München 1999, 268 ff.

Kriminalität und die Schattenwirtschaft verfügten über den Großteil der im Umlauf befindlichen finanziellen Mittel, doch selbst ihnen ging bei dem Unterfangen, die Volkswirtschaft zu übernehmen, das Geld aus. Die zur Privatisierung anstehenden Objekte wurden sehr billig verkauft. Eine Bäckerei in einem Moskauer Wohnviertel kostete beispielsweise ungefähr 1.000 US-Dollar, ein Restaurant etwa 5.000 US-Dollar. Diese Objekte wurden sehr schnell an den Mann gebracht. Zum Erwerb großer Industrieunternehmen benötigte man jedoch größere Summen und so wurden Verwandte und Freunde in den Vereinigten Staaten gebeten, finanzielle Mittel zu mobilisieren.

Zu Beginn (1992–1994) flossen die Mittel zwischen den Verbrecherorganisationen, vor allem von Brighton Beach nach Moskau, wo wichtige Unternehmen vor allem in die Hände der Solntzewo-Mafia fielen. Darunter befanden sich Restaurants, mehrere Fabriken im Süden und im Osten Moskaus und im Moskauer Umland, Spielhallen, Boutiquen und sogar einige Privatschulen. Danach flossen Einnahmen aus diesen Unternehmen zuzüglich durch Schutzgelderpressung und andere kriminelle Aktivitäten eingenommener Gelder in die entgegengesetzte Richtung. 1992–1993 in erster Linie nach Osteuropa (Ungarn) und nach Israel, danach mit Umwegen über Finanzzentren zur Wäsche des Geldes in die Vereinigten Staaten. 1994–1995 begannen Verbrecher vor Ort, stärker mit den russischen Geldern zu wirtschaften und es entstand die Notwendigkeit, die gemeinsamen Interessen genauer abzugrenzen. So wurde W. Iwankow in die Vereinigten Staaten geschickt, wo er unter Nutzung der Einwanderungsquote für Juden mit gefälschten Dokumenten einreiste.

Im Juni 1995 wurde Iwankow wegen Schutzgelderpressung in New York festgenommen. Gemäß den amerikanischen Bundesbehörden war sein Ziel jedoch, die Verbindungen der russischen organisierten Kriminalität in den Westen auszubauen … Darüber hinaus wurde berichtet, daß Iwankow an der Gründung von Banken in russischem Eigentum in der Karibik beteiligt war …

Die Organisierte Kriminalität (in Rußland und weltweit) konzentriert etwa die Hälfte des russischen Staatsvermögens in ihrer Hand und ist dabei, noch größere Reichtümer anzuhäufen. Laut einer prowestlichen russischen Wochenzeitung namens ‚Argumenty i Fakty‘

brachten 20 einflußreiche russische Staatsbürger[109] allein 40 Milliarden US-Dollar außer Landes und legten sie auf ihren Konten in Übersee an. Diese Summe entspricht zwei öffentlichen Jahreshaushalten Rußlands. Wirtschaftliche Aktivität und vor allem privates Unternehmertum lassen sich von Straftaten in der Wirtschaft nicht mehr trennen, darunter unlautere Absprachen, Schmuggel und Steuerhinterziehung und Verstöße gegen die Zollbestimmungen sowie tätliche Angriffe auf Konkurrenten und Personen, die als Hindernis für die Ziele des Unternehmens angesehen werden ...“[110]

Aus diesem Bild wird auch klar ersichtlich, daß bei der Verteilung des Staatsvermögens in der Sowjetunion und in Rußland die Bevölkerung von der Nomenklatura ausgeschlossen wurde.

Die kommunistische Führungsschicht konnte (oder wollte) aber die Entstehung einer Gruppe nicht verhindern, die man am treffendsten als die „Oligarchen“ bezeichnen kann, die Reichsten der Reichen, die größten Gewinner der Privatisierung.

Wie es dazu kam, schildert der langjährige Moskau-Experte der Frankfurter Allgemeinen Zeitung, Werner Adam, in seiner 2003 verfaßten Analyse mit der Überschrift: „Geld allein genügt ihnen nicht“:[111]

„Sie sind allesamt aus einer ‚Smuta‘ hervorgegangen, aus einer Zeit jener Wirren, wie sie Rußland in seiner turbulenten Geschichte wieder und wieder erlebt und erlitten hat. Von Berufs wegen hatten sie zunächst so gut wie nichts gemein. Der eine begann als Doktor der Mathematik und Physik, der andere als Regisseur eines Provinztheaters, ein weiterer als Fachmann für internationale Beziehungen, ein vierter als Öl- und Gasingenieur und der am Ende vermögendste unter ihnen als jungkommunistischer Kassenwart. Dennoch brachten sie es samt und sonders zu Milliardären. Und wahrscheinlich wären sie immer noch reicher geworden, hätten einige von ihnen nicht den Drang verspürt, aus ihrem Mammon politisches Kapital zu schlagen, sich vom Rang der Oligarchen in den der Plutokraten zu erheben.“

---

109 die Oligarchen.

110 Hanns-Seidel-Stiftung: Organisierte Kriminalität, München 1999, S. 268 ff.

111 Adam, Werner: „Geld allein genügt ihnen nicht“, Frankfurter Allgemeine Zeitung, 3.11.2003.

Seinen Anfang genommen habe alles unter Michail Gorbatschow. In seinen Bemühungen, unternehmerische Eigeninitiative zu fördern, erlaubte er es Ende der 80er Jahre Tausenden von Betrieben und Kombinaten, ihre Produkte selbst zu exportieren und den Außenhandel an Gosplan, der staatlichen Monopolbehörde, vorbei zu betreiben. Die „roten Direktoren“ kauften beispielsweise Ölprodukte und Metalle zu billigen, von der Regierung festgesetzten Preisen auf und besorgten von korrupten Bürokraten Exportlizenzen und Quotenzuteilungen und dann verkauften sie das Ganze im Ausland zu Weltmarktpreisen. Da der russische Inlandpreis für Erdöl Anfang der 90er Jahre gerade ein Prozent des Weltmarktpreises ausmachte, läßt sich leicht feststellen, wie enorm hoch die Gewinnspanne war. Im ersten Jahr nach der Auflösung der Sowjetunion belief sich der Gewinn einiger weniger Manager von Staatsbetrieben nach Schätzungen der damaligen russischen Regierung schon auf 25 Milliarden Dollar. Ein anderer Weg, in dieser Übergangszeit sehr schnell sehr viel Geld zu machen, bestand für die neue russische Geschäftselite in der Zuteilung billiger Kredite, die ihr die Zentralbank zur Verfügung stellte. Im alten System hatten die Zinsraten keinerlei wirtschaftliche Funktion gehabt; sie waren meistens auf drei Prozent im Jahr festgesetzt worden. Als die Reformer der ersten Stunde damit Schluß machen wollten, widersetzte sich jedoch der kommunistisch geprägte Oberste Sowjet, dem die Zentralbank noch unterstand. Und so kam es, schreibt Werner Adam, daß 1992 bei einer Inflationsrate von 2.500 Prozent die Zentralbank weiterhin Kredite zu einem Jahreszins von maximal 25 Prozent zu gewähren hatte. Ein Geschenk für die Begünstigten.

Eine dritte Möglichkeit, in kürzester Zeit reich zu werden, ergab sich Anfang der 90er Jahre durch die staatliche Subventionierung von Nahrungsmittel-Importen. Weil im Winter 1991/92 in vielen Teilen Rußlands die Gefahr einer Hungersnot bestand, konnten die Reformer um Jelzin es sich nicht leisten, diese Art der Subventionierung abzuschaffen. Die Importeure von Nahrungsmitteln – damals nur wenige mit guten Beziehungen zur Nomenklatura – hatten nicht mehr als ein Prozent für den Bezug lebensnotwendiger Produkte aus dem Ausland zu bezahlen. Dagegen konnten sie diese auf dem russischen Markt praktisch frei verkaufen und dadurch die Subventionen kassieren. Finanziert wurden diese Geschäfte hauptsächlich mit Hilfe westlicher „humanitärer“ Kredite, die indirekt zum Anstieg der russischen Staatsschulden beitrugen.

Bedrängt von den sogenannten Harvard-Boys, die damals gruppenweise als Regierungsberater in Moskau auftraten, entschloß sich Jelzin Ende 1992, die Privatisierung der maroden Staatsindustrie in Angriff zu nehmen. Der Präsident beauftragte damit den jungen, einflußreichen Reformer Tschubajs, der dem Komitee für Staatseigentum vorstand. Das Programm sah anfangs bestechend aus. Der staatliche Besitz sollte ganz einfach auf die jeweilige Belegschaft samt Management übergehen, die somit persönlichen Anteil am Erfolg ihrer Betriebe erhalten sollten. Um diesen Erfolg zu gewährleisten, sollten Aktien ausgegeben und russische Unternehmer auf diese Weise in die Lage versetzt werden, die Betriebe zu übernehmen und rentabel zu machen.

Der Staat sollte solche Unternehmen nicht weiter subventionieren, sondern sie hätten im Gegenteil von da an Steuern zu bezahlen.

„Und da alles höchst demokratisch zugehen sollte, gab die Regierung 144 Millionen Bezugsscheine aus, die nahezu jeden Bürger des Landes berechtigten, Anteile an privaten Unternehmen zu erstehen. Bei alledem wurde freilich übersehen, daß Rußland noch keineswegs ein Rechtsstaat war. Jedenfalls ließen sich die Betriebsdirektoren Anrechtsscheine ihrer Belegschaften kurzerhand abtreten, und bald schon befand sich ein Großteil des lukrativen Volksvermögens in den Händen weniger smarter Geschäftemacher. Was sich damals vollzog, war so etwas wie die Umwandlung des Kollektivbesitzes der Nomenklatura in den Privatbesitz ihrer einzelnen Mitglieder. In Rußland eröffneten sich den Nutznießern des alten Systems im Verein mit jungen Frühkapitalisten ungeahnte Entfaltungsmöglichkeiten, durch die Begriffe wie Demokratie und Marktwirtschaft sehr rasch in Mißkredit gerieten.

Die Banken schossen wie Pilze aus dem Boden. Kein Wunder. Sie wurden mit Milliarden von Rubeln aus dem Staatssäckel versorgt, um der Regierung mangels eines eigenen Zahlungssystems dabei zu helfen, ihre Rechnungen einschließlich der monatlichen Zahlungen an die Rentenempfänger zu begleichen. Die Banken liehen das bei ihnen deponierte Geld allerdings nicht an russische Unternehmer aus, sondern spekulierten damit auf oft abenteuerliche Weise an den Devisen- und Anleihemärkten. ‚Die zehn größten Banken gingen ins Kasino und legten Rußland auf den Spieltisch', sollte einige Jahre später ein russischer Ministerpräsident klagen. Da aber gab längst ei-

> ne Klasse den Ton an, deren führende Mitglieder als Finanzjongleure steinreich geworden waren und Unsummen sowohl an der Privatisierungspolitik als auch in der alles durchdringenden Schattenwirtschaft verdient hatten: unternehmerische Talente mit einem Hang zum Draufgängertum, zwar nicht einmal ein Dutzend in der Zahl, aber ungehemmt auf einer Basis operierend, die sich immer mehr zu einer Symbiose von Markt und Mafia entwickeln sollte."[112]

Werner Adam schreibt:

> „Hier hat sich vor allem ein Mann hervorgetan, den der auf diesem Gebiet kenntnisreiche amerikanisch-ungarische Hochfinanzier George Soros öffentlich einen ‚Raubkapitalisten' nannte: Boris Beresowskij. Beim Untergang der Sowjetunion 45 Jahre alt, brachte er es in wenigen Jahren von einem bescheiden begüterten Mathematiker zum damals mutmaßlich reichsten Mann Rußlands mit einem geschätzten Privatvermögen von acht Milliarden Dollar. Als Wissenschaftler hatte er in einem Moskauer Institut gearbeitet, das als Denkschmiede für die Autoindustrie in Sachen Consulting und Datenverarbeitung tätig war. Auf diese Weise kam Beresowskij mit dem Chef des größten russischen Autowerks AwtoWas in Kontakt, dem er sich erbot, die Modelle dieses Unternehmens ‚nach den Gesetzen der freien Marktwirtschaft' zu vertreiben. Und so gründete er eine eigene Autohandelsfirma und avancierte alsbald zum Vorsitzenden einer Vereinigung aller Autohersteller des Landes. Die Chancen der Pionierzeit nutzend, brachte es der Mann mit inzwischen russisch-israelischer Doppelbürgerschaft wenig später zum Präsidenten einer Ölfinanzierungsgesellschaft, die dann 1997 zu einem grotesk billigen Preis die Mehrheitsanteile an dem bis dahin staatlichen Ölkonzern Sibneft erwarb. Wirtschaftlicher Besitz war ihm allerdings nicht genug. Beresowskij kaufte sich beim Fernsehsender ORT ein, der aus dem staatlichen Sowjetfernsehen hervorgegangen war, sicherte sich finanziellen Einfluß auf mehrere Tageszeitungen und stieg überdies bei der Fluggesellschaft Aeroflot ein."[113]

---

[112] Ebenda.
[113] Ebenda.

Sein größter Rivale war damals, mit ebenfalls russisch-israelischer Staatsbürgerschaft, Wladimir Gussinskij, Jahrgang 1952, also vier Jahre jünger als Beresowskij. Von Haus aus ein Provinztheater-Regisseur, machte er als Gründer einer Bank Karriere, vor allem aber als Präsident einer Medien-Holding, in Konkurrenz gegenüber Beresowskij. Beide sahen sich wiederum von jüngeren Nachahmern in Sachen „Raubtierkapitalismus“ herausgefordert. Der eine war Wladimir Potanin, Jahrgang 1961, der es als Absolvent des Moskauer Instituts für Internationale Beziehungen inzwischen ebenfalls zum Großbankier gebracht hatte und 1995 bei einer dubiosen Pfandauktion die Kontrolle über einen der größten Produzenten von Nickel und Platin in Rußland gewann.

Etwa zur gleichen Zeit begann der von Potanin geförderte, zwei Jahre jüngere Michail Chodorkowskij, der zum ersten Mal als Kassierer bei den jungkommunistischen Komsomolzen in Moskau mit Geld in Berührung gekommen war, von sich reden zu machen. Auch sein Aufstieg ging von dem überaus einträglichen neuen Bankwesen aus. Der große Sprung gelang ihm, als er es Ende 1995 schaffte, bei einer umstrittenen Auktion für 170 Millionen Dollar 78 Prozent der Anteile an Yukos, dem zweitgrößten Ölkonzern des Landes, zu erwerben.

Kaum weniger erfolgreich war der mit 37 Jahren jüngste unter den Oligarchen, Roman Abramowitsch. Er verstand es, sein Wissen als Absolvent des Moskauer Instituts für Öl und Gas unter anderem in Beteiligungen am boomenden Erdölgeschäft umzusetzen. Zugleich erwarb sich dieser Milliardär weitab von der Zentrale russischer Macht politische Sympathien als spendabler Gouverneur von Tschukotka. Jüngst nun geriet Abramowitsch gar als neuer Besitzer des Londoner Fußballclubs Chelsea in die Schlagzeilen.

Mitte der 90er Jahre gaben in diesem Kreis noch Beresowskij und Gussinskij den Ton an. Nachdem sie jahrelang einander spinnefeind gewesen waren, kam es Anfang 1996 zu einem denkwürdigen Schulterschluß.

Jelzin war damals auf dem Tiefpunkt seiner Popularität und mußte um seine Wiederwahl fürchten. Die beiden Oligarchen sahen ihren Besitzstand in Gefahr, falls die Wahl Jelzins Rivale, der Kommunistenführer Sjuganow, gewinnen würde. Deshalb entschlossen sie sich, einen möglichen Erfolg Sjuganows mit allen Mitteln zu verhindern und Jelzin massiv zu unterstützen. Es klappte.

Nun wollten einige Oligarchen mit Beresowskij an der Spitze politische Mitsprache im Kreml haben. Der einzige, der davor warnte, war der

KGB-General Korschakow, Jelzins oberster Leibwächter. Doch er wurde von Jelzin gefeuert und die Oligarchen behielten die Oberhand.

> „Als sie nach dem Führungswechsel im Kreml von Jelzin zu Wladimir Putin auch dem neuen Präsidenten politisch dreinzureden trachteten", schreibt Werner Adam, „ließen sie allerdings außer acht, daß dieser als ehemaliger KGB-Offizier die Dinge anders sah. Putin setzte Steuerfahndung und Geheimdienst auf Beresowskij und Gussinskij an, die sich schließlich beide ins westliche Ausland absetzten.
>
> Als geradezu vorbildlich hingegen galt der mittlerweile zum reichsten Mann des Landes avancierte Ölmagnat Chodorkowskij. Er führte seinen Konzern nach westlichem Muster, war bei der Vorlage von Bilanzen um Transparenz bemüht und wurde in Amerika wie in Europa gleichsam als Personifizierung der modernen russischen Wirtschaft betrachtet. Indes konnte auch Chodorkowskij nicht der Versuchung widerstehen, politische Vorstellungen zu entwickeln Damit aber ging er zu weit. Die Parlamentswahlen in diesem Dezember (2003) und die im nächsten Jahr vor Augen, kannte man im Kreml kein Pardon – Verschlechterung des Investitionsklimas hin, Gefahr einer weiteren ‚Smuta' her."[114]

Auch auf Chodorkowskij wurde die Steuerfahndung losgelassen. Er wurde wegen Steuerhinterziehung und anderer Delikte angeklagt und zwei Jahre später zu neun Jahren verurteilt, weil er es wagte, eine Politik gegen Putin zu finanzieren. Die Sache spricht für sich und erübrigt jeden Kommentar. Andere Oligarchen, wie z. B. Abramowitsch, der Putin politisch unterstützt, dürfen sich (noch) weiter bereichern.

Nach einer im April 2004 erschienenen Studie der Weltbank kontrollieren in Rußland 23 namentlich erwähnte Oligarchen das lukrativste Drittel der Wirtschaft, während die übrigen Sektoren unter fehlender Konsolidierung und zu großem Einfluß des Staates leiden. Die Oligarchen investieren kräftig, müßten aber in ihrem Einfluß wegen Unterdrückung der mittelgroßen Unternehmen gezügelt werden.

Zu den Eigenheiten Rußlands gehört es, daß die meisten Unternehmen versuchen, sich vor dem Zugriff des Staates und dem Neid der Be-

---

[114] Ebenda.

völkerung zu schützen. Nach den Schätzungen der Weltbank haben die 23 Oligarchen und Oligarchengruppen 35 Prozent der Gesamtproduktion der russischen Wirtschaft unter ihrer Kontrolle und beschäftigen rund ein Fünftel aller Arbeitskräfte. Die zehn mächtigsten Gruppen herrschen über 60 Prozent aller an der Börse notierten Firmen.

Sehr präsent ist in Rußland nach wie vor der Staat: Die öffentliche Hand bzw. ihre oft nicht über alle Zweifel erhabenen Statthalter kontrollieren ein Viertel der Wirtschaft, Ausländer hingegen nur fünf Prozent. Der Staat beherrscht den Erdgassektor und die Stromerzeugung, aber neuerdings bemüht er sich, den Erdölsektor mit den größten Einnahmen wieder unter seine Kontrolle zu bringen. Insgesamt präsentiert sich in Rußland das Bild einer dualen Wirtschaft. [115]

Was in der Studie der Weltbank ausgeblieben ist, ist die Frage, wie viele Prozent der Wirtschaft die russische Mafia kontrolliert und welche Verbindungen sie zur Staatswirtschaft und zu den Oligarchen hat. Da die meisten westlichen Regierungen und Wirtschaftsorgane die Mafia als „nichtexistierend" behandeln, läßt sich ein reales Bild der Macht- und Eigentumsverhältnisse in der russischen Wirtschaft nur schwer gewinnen. Sicher ist nur, daß der Nutznießer der Privatisierung des Staatsvermögens nicht die Bevölkerung ist, – vielmehr sind es diese drei Gruppen: die alte Nomenklatura, die Oligarchen und die Mafia (KGB).

---

[115] Neue Zürcher Zeitung, 10./11.4.2004.

6. Die Wende in Osteuropa

6.1 Die Ungarn schalten zuerst

Was in Moskau nach dem Machtantritt Gorbatschows 1985 geschah, begriffen in Osteuropa als erste die Ungarn. Schwierigkeiten hatten die ungarischen Reformpolitiker allerdings dadurch, daß der Nachfolger des langjährigen Parteichefs János Kádár, der Dogmatiker Károly Grósz, Politbüromitglied und Budapester Parteichef geworden war. Er lehnte die Ausweitung der bereits eingeleiteten Wirtschaftsreformen anfangs strikt ab. Trotz der Erfolge der Reformpolitik befand sich die staatliche Industrie in einer systembedingten Stagnation und die hohe Auslandsverschuldung, die schließlich 18 Milliarden Dollar betragen sollte, erschwerte den notwendigen Technologie-Import zur Modernisierung. Das unerläßliche Stabilisierungsprogramm unter Grósz belastete durch Preiserhöhungen und das neue Steuergesetz fast alle Schichten der Bevölkerung stark. Dies führte zu Spannungen auch in der Staatsführung, wo über die Nach-Kádár-Zeit ohnehin hitzig debattiert wurde. Die jüngere Garde der Reformer, die sich durchzusetzen schien, meinte, daß die bevorstehende schwierige Strecke nicht am Volk vorbei zu meistern sei. Aber die Mitwirkung aller Schichten auf dem weiteren Reformweg, so dachten sie, sei ohne politischen Strukturwandel nicht möglich. Unabhängig davon, was die sozialistischen Nachbarstaaten Ungarns denken oder tun werden, wollten die Reformer in Budapest die Umgestaltung des Landes beschleunigen. Ihr Ziel war der Aufbau einer „sozialistischen Marktwirtschaft mit den dazu unentbehrlichen politischen Reformen“, erklärte mir der für Wirtschaftsfragen zuständige Sekretär des Zentralkomitees der KP Ungarns, Miklós Németh, im Februar 1988 in Bonn. Der höchste Wirtschaftspolitiker der Parteiführung hielt sich zu Gesprächen mit Bundeskanzler Kohl sowie den Ministerpräsidenten Späth und Strauß in der Bundeshauptstadt auf.

Die Offenheit, mit der Németh über die Ziele der ungarischen Reformer sprach, überraschte mich. Németh meinte, das Volk solle unverschnörkelt über die Probleme und Ziele der Staatsführung informiert werden, nur so könne man seine Unterstützung gewinnen. „Wir sind noch am Anfang des Weges zu einer sozialen Marktwirtschaft,“ sagte Németh und fügte hinzu, daß im geplanten Wirtschaftssystem die einzelnen Menschen ausschließlich nach ihrer Leistung gemessen werden sollten. Selbstbewußt erklärte der damals 40 Jahre alte Wirtschaftspolitiker: „Wir wissen, was wir tun sollen." So wurde ein Konkursgesetz geschaffen, mit dem erfolglose Betriebe geschlossen werden konnten. Die Bankreform – die Gründung von Handelsbanken – brachte den für sozialistische Verhältnisse neuen Faktor „Konkurrenz" in die Finanzierung der Unternehmen. Der nächste Schritt war die Einführung eines Gesetzes, das die vermehrte Beteiligung ausländischen Kapitals an der ungarischen Wirtschaft erlaubte, sowie eines Gesetzes zur Gründung von Aktiengesellschaften. Noch im Jahre 1988 wurde ein Gesetz zur Gründung von Aktiengesellschaften, von Gesellschaften mit beschränkter Haftung und von Gesellschaften bürgerlichen Rechts verabschiedet, mit dem zugleich die Privatisierung des Staatsvermögens begann. Die Kompetenzen des Parlaments wurden erheblich gestärkt. Der mutigste Schritt, den bis dahin kein kommunistisches Land gewagt hatte, war die Wiederherstellung des Vereinsrechts. Némeths Schlußworte: „Wir möchten in der Mitte Europas in europäischer Weise leben und wirtschaften." Ein ganz neuer Ton aus Osteuropa.

Die politischen Veränderungen wurden in Ungarn 1989 weiter beschleunigt.

Vor dem Hintergrund der schon im Vorjahr begonnenen Privatisierung des Staatsvermögens kam es zu Stürmen auf der politischen Bühne. Auf der Sitzung des Zentralkomitees der KP im Juni wurde Parteichef Grósz teilweise entmachtet. Die Partei bekam eine neue Führung, ein vierköpfiges Präsidium. An der Spitze stand nicht Grósz, sondern der Wirtschaftsreformer Rezsö Nyers, ausgestattet mit den Kompetenzen des Parteivorsitzenden. Der einstige Sozialdemokrat Nyers verkörperte den Wandel der kommunistischen Arbeiterpartei zur postkommunistischen sozialistischen Partei.

Dem Präsidium gehörten Imre Pozsgay, der stärkste Verfechter der politischen Reformen und der parlamentarischen Demokratie, und der inzwischen zum Ministerpräsidenten aufgestiegene Miklós Németh an. Der vierte war Generalsekretär Grósz, der von den anderen als Reformbremser kritisiert wurde. Seine Macht wurde erheblich beschränkt.

Diese provisorische Führungsmannschaft hatte einen einzigen gemeinsamen Nenner: die Ablehnung des früheren Führungsprinzips, der „Diktatur des Proletariats". Das war der Verzicht auf das Machtmonopol der Partei. Die Umgestaltung der Parteiführung spitzte den Machtkampf zwischen Grósz und dem Reformflügel im Politbüro unter Imre

Pozsgays Lenkung zu. An demselben Tag im Mai, an dem Pozsgay in Bonn mit Bundeskanzler Kohl verhandelte, trat Grósz im ungarischen Fernsehen auf und distanzierte sich von der Politik Pozsgays. Grósz wies dabei die Auffassung des Reformflügels, daß das ungarische Modell des Sozialismus gescheitert sei und das Land in eine Sackgasse geführt habe, vehement zurück. Heftige Kritik übte Grósz vor allem an der von Pozsgay vertretenen Meinung, daß eine erneuerte Partei nicht auf verblaßten und abstrakten kommunistischen Idealen basieren dürfe, sondern sich am Gedankengut des westeuropäischen Sozialismus und der Sozialdemokratie orientieren müsse.

Grósz sprach sich für eine Rückkehr zu den „marxistischen Quellen" aus und mahnte Pozsgay, er dürfe seine Rolle nicht überschätzen. Nicht nur eine Person allein werde über die künftige Ausrichtung der kommunistischen Partei entscheiden. Ähnlich schwere Zerwürfnisse gab es um die von Pozsgay vorangetriebene Rehabilitierung und feierliche Beisetzung des 1958 hingerichteten Ministerpräsidenten des ungarischen Volksaufstandes von 1956, Imre Nagy.

Als es unter diesen Umständen zum Zusammenprall zwischen Grósz und Pozsgay im Zentralkomitee kam, zog der Generalsekretär den kürzeren. Ein Etappensieg für Pozsgay und die Reformer.

Schon im ersten Halbjahr 1989 kündigten drei wichtige Ereignisse den Systemwechsel an. Im Frühjahr begannen die Verhandlungen zwischen der regierenden KP und den neuen Organisationen der Opposition über die Art und Weise des Machtwechsels und den Übergang zum Mehrparteiensystem. Die Grundlage der Vereinbarungen war die Aussage: „Der Übergang vom Einparteiensystem zur repräsentativen Demokratie ist nur durch freie Wahlen zu verwirklichen."

Am 2. Mai hatte der Abbau des Eisernen Vorhangs begonnen. Die Tragweite dieses Schrittes war unüberschaubar, zumal dadurch die geschlossene Grenze des Ostblock praktisch geöffnet wurde. Die erste Folge, die massenhafte Flucht der DDR-Bürger in den Westen, führte zum Ende des SED-Regimes in Ostberlin.

Den Bruch mit der Vergangenheit signalisierte die feierliche Wiederbestattung des Führers der ungarischen Revolution von 1956, Imre Nagy, und seiner hingerichteten Gefährten am 16. Juni. Die völlige Rehabilitierung Imre Nagys erfolgte, nachdem Imre Pozsgay am 26. Januar 1989 völlig überraschend erklärt hatte, im Oktober 1956 habe keine „Konterrevolution", sondern ein Volksaufstand stattgefunden.

Anfang Oktober 1989 beschloß die kommunistische Partei Ungarns (MSZMP), sich in eine sozialistisch-sozialdemokratische Partei westlicher Prägung umzuwandeln. Die Entscheidung fiel mit überraschend großer Mehrheit. Damit wurde der Weg für die Beteiligung mehrerer Parteien an den für die erste Hälfte 1990 geplanten freien Parlamentswahlen geöffnet. Der Reformflügel der neuen „Ungarischen Sozialistischen Partei" wollte sein Reformwerk, die Umgestaltung Ungarns in einen demokratischen Rechtsstaat mit einem pluralistischen politischen System und einer Marktwirtschaft bis zu den Wahlen vollenden und unumkehrbar machen.

Die neue Partei trennte sich nicht nur von ihrer kommunistischen Vergangenheit, sondern auch von jenen Mitgliedern, die diktatorisch weiterregieren wollten. Da spaltete sich die Partei.

Ministerpräsident Németh sagte, in der neuen Partei sei kein Platz für jene, „die Blut an ihren Händen haben". Der 23. Oktober, der Jahrestag der Revolution von 1956, wurde abermals zu einem historischen Tag. Die Proklamation der bisherigen „Volksrepublik" Ungarn zur „Republik" war die Krönung des politischen Reformwerks. Das Parlament hatte schon die Änderungen der Verfassung verabschiedet, die zur Umwandlung der Ein-Parteien-Diktatur in eine pluralistische Demokratie mit klassischer Gewaltenteilung nötig waren. Das neue Wahlgesetz schaffte das Machtmonopol einer einzigen Partei, wie es seit 1948 bestanden hatte, ein für allemal ab. Alle Parteien wurden gleichgestellt.

Da alle wesentlichen Reformvorschläge bis zum Machtwechsel vom „Chefreformer" Imre Pozsgay stammten, fragte ich ihn, ob er auf Ermutigung durch Gorbatschow oder auf eigene Faust gehandelt hat.

Imre Pozsgay wurde 1933 in Kóny geboren. Nach einem Geschichtsstudium am Lenin-Institut wurde er Chefredakteur der Theorie-Zeitschrift der KP, sechs Jahre lang war er Kultusminister, dann schob ihn Parteichef Kádár an die Spitze der Vaterländischen Volksfront ab. Diese baute er zu einer starken politischen Hausmacht aus, die ihm ermöglichte, seine Reformforderungen zu stellen. So stieg er zum Staatsminister und Stellvertreter des Regierungschefs auf. Mit dieser Amtsfülle hob er die kommunistische Partei-Diktatur aus den Angeln und versetzte damit in der Art eines Dominoeffekts den osteuropäischen Regimen einen Stoß.

Mein Gespräch mit Pozsgay im August 1992 in Budapest im Wortlaut:

– „Im Frühjahr 1985 wurde Gorbatschow in Moskau zum Parteichef gewählt. Wie hat Ungarns Parteichef Kádár darauf reagiert?“

Pozsgay: „Kádár hatte seine ganze Personalpolitik und sogar seine Denkweise darauf eingestellt, daß nicht Gorbatschow, sondern Romanow gewählt würde. Die Moskauer Führung hatte ja kurz davor Romanow als Vertreter der KPdSU zum ungarischen Parteikongreß geschickt. Für mich brachten der Machtantritt Gorbatschows und seine erste Rede zum ersten Mal die Hoffnung, daß es sich um ein neues Denken handelt, das auch neuartiges Handeln ermöglicht. In diesem Sinne bereitete ich seitens der Volksfront alles darauf vor, den Andersdenkenden Raum zu geben; dies machte es möglich, oppositionelle Kandidaten aufzustellen.“

– „Hat die Führung Ihre Aktivitäten toleriert?“

Pozsgay: „Das Politbüro und offenbar auch der Staatssicherheitsdienst erhielten genaue Informationen über meine Tätigkeit. Ihre Mißbilligung war da, aber Kádár und sein Politbüro hatten damals schon keinen allzu großen Bewegungsraum mir gegenüber. Unter der Bürde der westlichen Auslandsschulden und wegen des Anspruchs, die Wirtschaft auf den Weltmarkt hin zu orientieren, mußten sie nach außen hin das liberale Bild Ungarns bewahren. So konnte ich mit meinen Mitarbeitern den Kongreß der Volksfront im Dezember 1985 vorbereiten. Bald kam die Studie „Wende und Reform“ an die Öffentlichkeit – ein mutiges Werk hauptsächlich junger Volkswirte. Kádár nahm mich deswegen auf der nächsten Sitzung des Zentralkomitees unter Beschuß. Im Herbst 1986 kommandierte man mich zu einem sechswöchigen Fortbildungskurs nach Moskau ab. In der Parteiführung bedeutete diese Reise für mich eine Demütigung, zumal ich an einem solchen Kurs etwa 15 Jahre zuvor teilgenommen hatte. Trotzdem habe ich den Auftrag ohne Widerspruch, sogar mit Freude angenommen, weil ich hoffte, dadurch zu Informationen über die neue sowjetische Wirklichkeit unter Gorbatschow zu kommen.“

– „Mit dieser „Strafexpedition“ tat Kádár Ihnen sogar einen Gefallen … ?“

Pozsgay: „Ja. Auch damit griff die Führung daneben. Während meines Moskau-Aufenthaltes habe ich viel mehr Vorträge gehalten als gehört. Mein Name war damals schon bekannt. Von Moskau bis Krasnodar, überall erwartete man von mir Informationen über die Umgestaltung in Ungarn."

– „Haben Sie bei Ihren Begegnungen mit sowjetischen Politikern Ermutigung für Ihre Tätigkeit in der Heimat erhalten?"

Pozsgay: „Nein. Eher Erwartungen. Wenn Ihr etwas macht, dann prüfen wir, ob es für uns nützlich ist oder nicht. Vom ZK-Apparat bis zum Ökonomischen Institut erfuhr ich eine abwartende Haltung, aber keine Proteste oder Mahnungen. Ihre Verlegenheit ließ sich vielmehr mit der dortigen Situation erklären als mit der Lage in Ungarn. Mit wohlwollender Geduld reagierten sie auf meine radikalen Ansichten. Hier muß ich bemerken: Es gab für mich niemals eine Gelegenheit, mit sowjetischen Politikern offiziell oder nur konsultativ darüber zu sprechen, was ich zu Hause denke und plane und in welcher Form ich dazu Unterstützung bekommen könnte. So muß ich sagen: Alle meine politischen Initiativen und Vorstöße wurden aufgrund persönlicher Entschlüsse, ohne Konsultationen oder Intentionen im Hintergrund, auf dem Experimentierfeld vorgenommen. Immer einen Schritt weiter. Im politischen Morast Fuß zu fassen gelang mir jedoch nicht immer."

– „Wann begann die beschleunigte Reform, die Vorbereitung des Systemwechsels?"

Pozsgay: „Der wirkliche Wendepunkt war die Begegnung im September 1987 in Lakitelek. Vertreter der sogenannten volksnahen Opposition ersuchten mich, an der Vorbereitung einer geistigen Bewegung teilzunehmen und dort als Hauptredner aufzutreten. Lakitelek war der Geburtsort der offenen und legalen Opposition. Hier wurde das Ungarische Demokratische Forum, die spätere Regierungspartei aus der Taufe gehoben."

– „Wie nahm die Parteispitze das Ereignis auf?"

Pozsgay: „Sie war schockiert. Zugleich beherrschte eine außerordentlich große Lähmung die Szene. Vorerst wußte man nicht, wie man auf meine Teilnahme reagieren sollte. Als ich dann die Erklärung von Lakitelek in der Presse veröffentlichte, war die Duldsamkeit der Parteiführung zu Ende. Kádár beauftragte einen Untersuchungsausschuß. Die Untersuchung war nach einigen Monaten mit einem nichtssagenden, mich nur verurteilenden Beschluß beendet. Aber wegen Lakitelek schloß man vier meiner Parteifreunde aus der Partei aus: Zoltán Biro, Mihály Bihari, László Lengyel und Zoltán Király."

– „Das nächste spektakuläre Ereignis war der Nationalfeiertag am 15. März 1988 ... "

Pozsgay: „Dort forderte ich in meiner Rede die Mächtigen in der Partei auf: ‚Ihr sollt nun auf Moskau blicken.' Damit wollte ich den Eindruck erwecken, daß hinter meinen politischen Initiativen eine Macht stünde, als wäre ich Mitwisser dessen, was in Moskau geschieht. Das hat Wirkung gezeigt."

– „Danach kam der Mai 1988, als eine Minderheit im Politbüro eine Mehrheit besiegte. Kádár wurde entmachtet ..."

Pozsgay: „Die Ablösung Kádárs als Parteichef war nur mit einem taktischen Bündnis zwischen den Reformkräften in der Partei und dem Parteiapparat möglich. Führende Mitglieder des Reformflügels der Partei, die dann als Minister in den Regierungen Grósz und Németh am Abbau der Staatspartei teilnahmen, waren damals Rezsö Nyers, Gyula Horn, Miklos Németh und ich. Wir hatten mit den Führungsgestalten des Parteiapparats wie Károly Grósz und János Berecz stillschweigend vereinbart, daß Kádár entmachtet, auf einen Ehrenposten abgeschoben und eine neue Parteiführung gewählt werden sollte. Dank der intimen Beziehungen von Grósz zum Parteiapparat gelang die Aktion sehr gut, zumal auch der vorherige ‚Kuhhandel' mit Kádár die Erwartungen weit übertraf."

– „Wie betrachtete Kádár Gorbatschows Glasnost und Perestroika?"

Pozsgay: „Ängstlich und mißtrauisch. Offiziell jedoch mit der dem jeweiligen Sowjetführer gebührenden Achtung. Auch Gorbatschow behandelte Kádár respektvoll. Er glaubte lange Zeit, daß Kádár ein Garant dafür sei, daß er in Osteuropa ein ruhiges Hinterland habe. In Wirklichkeit begriff Kádár schon zu dieser Zeit weder Gorbatschow noch die veränderte Lage. Als er sah, daß er das Problem nicht mehr aufzuarbeiten vermochte, stimmte er dem Handel mit Grósz zu. Zu dieser Übereinkunft gehörte, daß Nyers und ich in das Politbüro eintreten sollten."

– „War Grósz ein Mann Gorbatschows?"

Pozsgay: „Grósz war ein guter Machiavellist. Er wollte die Macht. Und wir halfen ihm dabei, weil es damals keinen anderen gab, der den Parteiapparat besser im Griff hatte. Als dann Grósz als Parteichef und Ministerpräsident die volle Macht hatte, traf er eine Reihe falscher Entscheidungen. Daher verzichtete er im November 1988 unter unserem Druck im Politbüro auf das Amt des Regierungschefs. In der vorherigen Übereinkunft stand nämlich auch, wenn er Parteichef würde, gäbe er das Amt des Ministerpräsidenten auf. Aber er tat eine Zeitlang so, als ob er all dies vergessen hätte."

– „Unbestreitbar ist, daß Sie das Tempo des Systemwechsels 1988 und 1989 in Ungarn diktierten. Dabei spielten die Grenzöffnung nach Westen und der Abriß des Eisernen Vorhangs eine entscheidende Rolle. Dies führte schließlich zum Zusammenbruch der DDR und danach zur Befreiung Osteuropas von der sowjetischen Herrschaft. Stand die damalige Parteiführung dabei hinter Ihnen oder haben Sie auf eigene Faust gehandelt?"

Pozsgay: „Im Herbst 1988 besuchte ich mit dem damaligen Innenminister István Horváth und General Székely, dem Kommandeur des Grenzschutzes, die Westgrenze und den Grenzübergang Hegyeshalom. Auf der Rückfahrt kündigte ich auf einer Pressekonferenz in Györ an, der Eiserne Vorhang, die technische Grenzsperre, müsse entfernt werden. Ungarn wolle seine Bürger als freie Menschen betrachten. Dazu gehöre auch die Reisefreiheit. Wenn wir all dies tun wollten, so gehöre es nicht zu unserer Aufgabe, auf Bürger anderer

Länder aufzupassen. Damit hatte ich auf die DDR hingewiesen. Mein Vorstoß hatte ein großes internationales Echo. Aber im Politbüro wollte man gegen mich ein Disziplinarverfahren einleiten. Doch ich habe zu dieser Zeit schon die Politik der vollendeten Tatsachen betrieben.

Die Partei- und Staatsführung konnte es kaum wagen, sich von meiner Position zu distanzieren. Das gleiche geschah Ende Januar 1989. Beauftragt war ich mit der Vorbereitung des neuen Parteiprogramms und, in verschiedenen Ausschüssen, mit der Neubewertung der Vergangenheit.

Außerordentlich wichtig war, was wir über ‚1956' sagen würden. Als ‚Alleintäter' habe ich erklärt: Im Oktober 1956 gab es in Ungarn keine Konterrevolution, sondern einen Volksaufstand. Meine Erklärung hat die Sowjets ebenso überrascht wie meine Partei. Zu 1956 noch etwas: Meine Erklärung war für mich auch ein Test, wie die Sowjets reagieren würden, ob die Breschnjewdoktrin noch weiter bestünde. Deshalb war es unerläßlich, daß ich allein handelte, um auch den Anschein einer Verschwörung zu vermeiden und damit auch zu verhindern, daß eine eventuelle sowjetische Vergeltung gegen das ganze Land gerichtet würde. Aber von Seiten der Sowjetunion gab es, abgesehen von ein oder zwei Militärzeitungen, keinerlei Reaktion. Das hat mir Zuversicht gegeben. Scharf reagierte hingegen meine Partei. Eine Sitzung des Zentralkomitees wurde wahrscheinlich mit der Absicht einberufen, mich wegen meiner Erklärung aus der Partei auszuschließen. Es kam jedoch anders. Wir verließen den Sitzungssaal mit dem Entschluß, daß wir die Zulassung eines Mehrparteiensystems ankündigten. Das war im Februar 1989."

– „Auch dagegen gab es keinen Protest aus Moskau?"

Pozsgay: „Es gab auch diesmal keine russische Gegenreaktion. Das war schon eine große Ermutigung für mich. Diese Tatsache entkräftete wahrscheinlich dann auch Grósz und seine Anhänger."

– „Nun kam die ungarische Politik mit der Grenzöffnung zu einem wichtigen Wendepunkt … "

Pozsgay: „Schon Anfang Mai 1989 wurde der Eiserne Vorhang abgebaut. Aber die Grenzkontrolle wurde nicht eingestellt. Die Bewohner der DDR konnten nicht nach Westen ausreisen. Die Auslieferungspflicht gegenüber Ostberlin bestand weiter."

– „Was brachte dann den Durchbruch?"

Pozsgay: „Auf die Initiative des oppositionellen Ungarischen Demokratischen Forums wurde am 19. August 1989 ein österreichisch-ungarisches Treffen an der Grenze in Form eines Picknicks organisiert. Das Forum bat mich, die Rolle des Schutzherrn dieses Spektakels zu übernehmen. Wir hatten mit dem damaligen Innenminister vereinbart, daß die Grenze für diese Veranstaltung geöffnet würde, damit sich die dortigen Ungarn mit den österreichischen Nachbarn ungehindert treffen und unterhalten könnten. Zugleich aber ließen wir die DDR-Flüchtlinge vertraulich wissen, wenn sie während des Picknicks dort einträfen, so könnten sie unkontrolliert nach Österreich passieren. Damit schufen wir einen unwiderruflichen Präzedenzfall. Darüber begannen dann Verhandlungen zuerst mit der DDR-Führung, die in der Frage der Auslieferung unnachgiebig blieb. Danach führte Regierungschef Németh Gespräche mit Bundeskanzler Kohl, was ich weitgehend befürwortet hatte."

– „Auch dagegen kamen keine sowjetischen Proteste?"

Pozsgay: „Die Russen waren ambivalent. Über unseren Schritt erhielten sie Informationen. Aber es kam keine Reaktion, keine Einmischung. Was die ambivalente Haltung betrifft: Als die DDR im Oktober 1989 ganz am Ende war, flog Gorbatschow dennoch nach Ostberlin zum 40. Jahrestag des ostdeutschen Staates."

– „Hatten Sie eine persönliche Begegnung mit Gorbatschow?"

Pozsgay: „Nein. Eine persönliche Einladung hatte ich schon von ihm, aber das Treffen wurde immer wieder kurz vor der Reise verschoben. Ich denke, seine Umgebung wollte eine Konfrontation vermeiden, die bei unserer Begegnung möglich gewesen wäre. Aber ganz sicher haben auch die ungarischen Intrigen gegen mich dabei eine Rolle gespielt. Schade, daß es so geschehen ist.“[116]

1989 war das Jahr der beiden Reformer Imre Pozsgay und Miklós Németh – das Jahr des unwiderruflichen politischen Systemwechsels. Ihr Werk, das Ende des Machtmonopols der Kommunistischen Partei, die Einführung einer pluralistischen Demokratie mit Mehrparteiensystem, ferner der Übergang von der staatlichen Planwirtschaft zur Marktwirtschaft mit Privateigentum, war vollendet. Das Leben im neuen Ungarn nach 40 Jahren sowjetischer Kolonialherrschaft sollte im Frühjahr 1990 mit den ersten freien Parlamentswahlen beginnen.

Doch in diesem gesetzesfreien Übergang zwischen Alt und Neu passierten merkwürdige Dinge. Das alte Establishment hatte sich politisch neu gruppiert, doch die Akteure hinter der neuen Fassade blieben die Alten. Wie auch hätten regimetreue Kommunisten über Nacht zu Sozialisten oder Sozialdemokraten werden können, deren Sinneswandel echt war? Die Möglichkeit der plötzlichen Bereicherung durch die Privatisierung des Staatsvermögens beschäftigte die Köpfe der Elite. Karl Marx hätte sich in seinem Grab umgedreht, wenn er das wahre Gesicht seines Volkes hätte sehen können. Das Geld regierte schon seit zwei Jahren in Ungarn – wie in Rußland – und es ging nun um die politische Macht und darum, sich die Geldquellen zu sichern.

In dieser Zeit war ich oft in Ungarn und konnte die fieberhafte Eile im Wettlauf um Geld und Macht beobachten. Nach außen hin schien alles chaotisch und planlos zu verlaufen, doch im Durcheinander waren unsichtbare Kräfte heftig am Werk, um sich den besten Platz in der Zukunft zu sichern. Da in diesen Monaten die staatliche Macht nur formal existierte, formierten sich neue politische und wirtschaftliche Gruppierungen, die sich so schnell zusammengefunden hatten, als wäre alles seit Jahren abgesprochen gewesen.

In der Tat entstand in Ungarn eine sichtbare „oppositionelle Bewegung“ erst, als Gorbatschow in Moskau 1985 an die Macht kam und es immer gewisser wurde, daß er in der Sowjetunion den Systemwechsel vorbereitete. Um nicht „zu spät“ zu kommen, ließen sich etliche clevere Parteisoldaten an der Nabelschnur des Marxismus in die noch kaum

[116] Das Gespräch erschien in der Frankfurter Allgemeinen Sonntagszeitung am 6.9.1992.

sichtbare Opposition hinunter und wurden deren Fahnenträger. Es ist schwer, die „Fallschirmspringer" von den Überzeugungsdissidenten namentlich zu unterscheiden und den einen zu dieser, den anderen aber zu jener Gruppe zuzuordnen (Die deutsche Öffentlichkeit machte später diese Erfahrung in der Endzeit der DDR, wo sich die IMs unter die wahren Demokraten mischten.) So entwickelten sich neue Parteien und Gruppierungen aus der alten politischen Masse.

Eine Ausnahme war zu dieser Zeit das Ungarische Demokratische Forum, eine patriotische Bewegung aus fast allen Schichten der Bevölkerung, Leute, die im Kommunismus so oder so Opfer gewesen waren oder sich zumindest benachteiligt fühlten. Da diese Bewegung eine deutliche Mehrheit der Bevölkerung vertrat und unter Obhut Imre Pozsgays stand, paßte sie nicht in die neue politische Landschaft mit pseudodemokratischer Fassade und hätte das Privatisierungsrennen der alten Nomenklatura vermutlich erheblich gestört. Zum Vorteil des neuen Machtkonsortiums trat der Präsident des Demokratischen Forums, Zoltán Bíro, zurück – mit der Begründung, er könne als ehemaliges, wenn auch ausgeschlossenes Mitglied der Staatspartei die größte oppositionelle Kraft nicht führen. Vergeblich versuchte Pozsgay seinen Freund Bíro zum Bleiben zu überreden. Es sollte also für das Forum ein neuer Präsident gefunden werden, der bei dem erwarteten Wahlsieg Ungarns neuer Ministerpräsident werden könnte.

Die „Königsmacher" Pozsgay, Bíro und der Dichter Sándor Csoóri suchten einen geeigneten Mann. Csoóri schlug vor, József Antall solle die Führung des Forums übernehmen. Da alle drei den Historiker Antall wegen seiner starken politischen Ambitionen schon gut kannten, stimmten alle zu. Der Kandidat war ein hervorragend gebildeter Mann, mit dem Format eines führenden Politikers, jedoch ohne die notwendige Übung, eine Volkspartei zu führen.[117]

Als gewählter Präsident formte Antall die politischen Aktivitäten des Demokratischen Forums nach den eigenen Vorstellungen um, die mit dem „Original" oft nicht deckungsgleich waren. Er regierte mit einem Beraterstab, der von der neuartigen Aufgabe völlig überfordert war.

---

[117] Die Idee, Antall an die Spitze des Demokratischen Forums zu stellen, kam merkwürdigerweise von Kádárs Kulturpapst, György Aczel, der mit Csoóri einen gemeinsamen Hausarzt hatte – Dr. Levendel, der als Vermittler fungierte.

Obwohl Antall für Wirtschaftsfragen kaum Interesse zeigte, bestand er unerklärlicherweise darauf, daß Ungarn seine westlichen Auslandsschulden, (damals 22 Milliarden Dollar) restlos zurückzahlen solle, obwohl andere Ostblockstaaten, allen voran Polen, im Westen sofort vorstellig wurden und erreichten, daß bedeutende Teile ihrer Schulden erlassen oder zumindest gestundet wurden.

Antall gab nach, als ihn der amerikanisch-ungarische Finanzjongleur George Soros unter Druck setzte, mit dem kleinen, über beste Westkontakte verfügenden Bund der Freien Demokraten (SZDSZ) einen Pakt zu schließen.[118] Soros mischte sich nach dem Systemwechsel aktiv in die Innenpolitik ein; mit seiner Stiftung finanzierte er ihm passende Projekte.

Der Pakt schränkte die politische und wirtschaftliche Handlungsfreiheit Antalls und seiner Partei erheblich ein, auf vielen wichtigen Gebieten wurde für Gesetze eine Zweidrittelmehrheit notwendig. Kurz nach dem Amtsantritt als Ministerpräsident wurde bei Antall eine schnell voranschreitende Krebserkrankung diagnostiziert, an der er 1993 verstarb. Daher wird man nie erfahren, wie er bei voller Gesundheit weiterregiert hätte.

Er konnte in seiner nicht einmal dreijährigen Regierungszeit kaum beeinflussen, was im Lande im Rahmen der wilden Privatisierung wirtschaftlich geschah. Doch er ließ es zu, daß seine Parteigänger aus ideologischen Gründen die sehr erfolgreichen landwirtschaftlichen Genossenschaften (die besten im gesamten Ostblock) zerschlugen, um Farmerbetriebe einzurichten. Dazu aber fehlte sowohl das Geld als auch das Wissen.

Im Herbst 1989 gab es für die neuen politischen Gruppen nur noch zwei „Probleme“ zu meistern: Die beiden Hauptakteure des Systemwechsels, Imre Pozsgay und Miklós Németh, sollten daran gehindert werden, sich an der tatsächlichen Macht zu beteiligen. Beide waren gute Patrioten, unbestechlich und nicht geneigt, sich Gruppeninteressen zu unterwerfen. Als Einzelgänger hatten sie eigentlich keine große Hausmacht in der Staatspartei. Verbündet waren sie auch nicht miteinander. Aber ihr großes Ansehen in der Bevölkerung machte sie standfest.

---

[118] Persönliche Information von Sándor Csoóri.

Pozsgay sollte auf Vorschlag von Károly Grósz und Rezsö Nyers nach dem Systemwechsel Staatspräsident werden. Daß dies nicht einfach zu erreichen wäre, hatte schon das Gerangel um die Präsidentschaftswahl Mitte Oktober 1989 gezeigt. Der neue Staatspräsident sollte mit großen Vollmachten ausgestattet werden und Ende November, also vor den ersten freien Parlamentswahlen, gewählt werden. Dagegen opponierten die Freien Demokraten (SZDSZ) und die Jungdemokraten (FIDESZ). Sie forderten, daß der Präsident erst nach den Parlamentswahlen von den neuen Abgeordneten gewählt werde. Da Pozsgay eine Direktwahl durch die Bevölkerung vermutlich hoch gewonnen hätte, versuchten beide Parteien, auf diese Weise ihr Ziel zu erreichen. Mit einem Volksbegehren und 200.000 Unterschriften beantragten sie eine Volksabstimmung über vier Fragen. Die Wahlkommission stimmte zu. Die erste Frage lautete: „Soll der Staatspräsident erst nach den Parlamentswahlen gewählt werden?" Die Frage, ob der Präsident direkt vom Volk oder durch das Parlament gewählt werden sollte, wurde offengelassen. Somit wurden die Wähler irregeführt, da sie weiterhin glaubten, es bleibe bei der Direktwahl, nur der Zeitpunkt würde hinausgeschoben. Der Trick hatte vollen Erfolg.

Daß Pozsgay nicht Staatspräsident werden sollte, konnte man auch den Äußerungen des neuen Chefs des Demokratischen Forums, József Antall, entnehmen. Kurz vor den Parlamentswahlen Anfang März 1990 interviewte ich ihn. Meine Frage:

> – „Die friedliche ungarische Revolution kam ‚von oben'. Vorangetrieben wurde sie von Reformkommunisten wie Miklós Németh, Imre Pozsgay, Rezsö Nyers, Gyula Horn und Mátyás Szürös. Alles weist jedoch darauf hin, daß die Wähler diese historische Leistung nicht honorieren."
>
> Antall: „Der Dank ist eine unbekannte Kategorie in der Politik. Winston Churchill hat den Krieg für Großbritannien gewonnen, trotzdem wurde er nach Ende des Krieges von den Wählern entlassen. In Ungarn hat sich jetzt eine starke antikommunistische und antisowjetische Stimmung entfaltet, was völlig verständlich ist nach so vielen Jahrzehnten. Keine Frage, diese Politiker haben beim Abbau der Staatspartei und in der Auflösung der kommunistischen Partei eine große Rolle gespielt. Doch die allgemeine Volksstimmung toleriert

diejenigen keineswegs, die an den kommunistischen Regierungen der vergangenen Jahre teilgenommen haben."

Antalls Stellungnahme gegen die Reformkommunisten erschien merkwürdig, zumal er seine Position im Demokratischen Forum auch dem führenden Reformkommunisten Pozsgay zu verdanken hatte. Mit den Kommunisten, die an den Privatisierungen teilnahmen, und das waren nicht die zimperlichsten, hatte Antall hingegen kein Problem. Er stoppte den „Ausverkauf" des nationalen Vermögens keineswegs; im Gegenteil, auch seine Leute nahmen nach Möglichkeit daran teil – freilich unter Ausschluß der Öffentlichkeit. Antall war in die neuen Interessengruppen „integriert", die nun das Schicksal Ungarns lenkten.

Als Antall im Mai 1990, nach der gewonnenen Wahl die Regierungsmacht von Németh übernahm, interessierten ihn nicht einmal die „Bücher" über die tatsächliche Lage der ungarischen Wirtschaft. Er wollte von Németh nur eine einzige Sache haben: das berüchtigte „III/III-Dossier", die Namensliste jener Parteilosen, die dem Staatssicherheitsdienst Spitzeldienste geleistet hatten.[119] In der Zusammenstellung standen nicht wenige Namen, deren Träger in der postkommunistischen Zeit eine (manchmal prominente) Rolle spielen sollten.

Miklos Németh, der andere „unangenehme" Reformkommunist verließ die politische Bühne in Budapest im Sommer 1990 – anscheinend ohne Widerstand. Auf Vorschlag von Bundeskanzler Kohl und Außenminister Genscher wurde er zum Vizepräsidenten der Osteuropabank mit Sitz in London ernannt. Die Nachfolgepartei der ungarischen KP, die Ungarische Sozialistische Partei (MSZP) wurde von da an von Gyula Horn geführt.

Hier soll noch bemerkt werden: Den wichtigsten Preis für Verdienste um Europa, den Internationalen Karlspreis zu Aachen, haben nicht die beiden Verantwortlichen Pozsgay und Németh erhalten, sondern Gyula Horn und György Konrad. Diese Entscheidungen sind in Ungarn nicht verstanden, zum Teil sogar für falsch gehalten worden. Horn gehörte zwar dem Kreis der Reformer an und hat bei der Grenzöffnung für die DDR-Flüchtlinge hervorragende Arbeit geleistet. Doch entschieden ha-

[119] Meine persönliche Information von einer dritten Person, die bei diesem Staatsakt anwesend war.

ben Németh und Pozsgay, was Bundeskanzler Kohl und Außenminister Genscher sehr wohl wußten. Wenn jemand den Karlspreis wirklich verdient hätte, wäre dies der ungarische Botschafter in Bonn (1984–1991), Dr. István Horvath gewesen, der für den Systemwechsel und die Grenzöffnung über Jahre diplomatische Spitzenleistungen erbracht hatte.

6.2 Der ungarische Weg der Privatisierung mit einer Hochzinspolitik

Die Privatisierung des Staatsvermögens begann in Ungarn 1988, zwei Jahre später als in der Sowjetunion. Nach dem Muster entsprechender sowjetischer Gesetze aus dem zweiten Amtsjahr Gorbatschows erschien im Oktober 1988 in Budapest das Gesetz Nummer VI über die Formen privater wirtschaftlicher Gesellschaften, wie Aktiengesellschaft, Gesellschaft mit beschränkter Haftung und Gesellschaft bürgerlichen Rechts sowie anderer Rechtsformen. Das Gesetz sollte die Grundlage für die Privatisierung des staatlichen Vermögens schaffen, um den wirtschaftlichen Systemwechsel einzuleiten.[120]

Wie auf einen Glockenschlag begann daraufhin ein breiter spontaner, unorganisierter Privatisierungsprozeß bei den produzierenden staatlichen Unternehmen – ohne Rücksicht auf die Konsequenzen. Über die Art und Weise der Abwicklung dieses Prozesses wurden jedoch keine Gesetze verabschiedet. Auch der Kreis der Personen wurde nicht bestimmt, der nun staatlichen Besitz erwerben durfte.

Wie nach einem geheimen Drehbuch lief die landesweite Aktion an – unter der Leitung der Nomenklatura, der kommunistischen Führungsschicht und deren engeren Mitarbeitern. Man hatte unwillkürlich den Eindruck, daß die Elite von oben, von der Partei- und Staatsführung dazu aufgefordert wurde, noch vor dem unausweichlichen Systemwechsel vom Staatsvermögen so viel wie möglich zu privatisieren, in privaten Besitz zu nehmen, um damit die politischen Positionen dieser Schicht für die Zukunft finanziell abzusichern.

---

[120] Gesetz über die wirtschaftlichen Gesellschaften – „Magyar Közlöny", 10.10.1988, §1 „Wirtschaftliche Gesellschaften können unter ihrem Firmennamen Rechte erwerben und Verpflichtungen eingehen, so sich Eigentum verschaffen, Verträge abschließen … "

Zwischen 1988 und 1990, in den letzten zwei Jahren des Parteistaates also, gab es keine staatliche Kontrolle über die Wirtschaft. „So konnte man auch ganze Firmen privat enteignen" – stellte eine ungarische Bewertung dieser Periode fest:

> „Bis heute ist ungeklärt, im Wert wie vieler Milliarden Forint staatliches Vermögen geklaut wurde und wer die Täter waren. Es gibt nur Vermutungen. Ein Teil des Managements wollte nur seine eigene Position in die neue Zeit hinüberretten; manche Direktoren brachten das Vermögen eventuell tief unter Wert in ein gemischtes Unternehmen ein. Als Motiv genügte oft das Versprechen eines Arbeitsvertrages für fünf Jahre und eines westlichen Wagens. Die ausländischen Investoren waren freilich nur an billigem Erwerb jener Firmen interessiert, die mittelfristig ernsthafte Möglichkeiten auf den dortigen Märkten versprachen. So eine Aktion konnte die Rettung maroder staatlicher Firmen zur Folge haben."[121]

Über Nacht wurden viele Leute, hauptsächlich Angehörige der Nomenklatura, schwerreich. Und nicht wenige Ungarn hatten plötzlich das „Glück", aus geheimnisvollen Quellen im Westen große Dollarbeträge beschaffen zu können, um an dem heimatlichen „Ausverkauf" teilzunehmen.

Die Wirtschaft hatte im ganzen Land keinerlei Lenkung. Es herrschte auf dem Eigentumsmarkt ein gesetzloser Zustand und die gestrigen Kommunisten wurden zu wilden Kapitalisten. Infolge des chaotischen Rennens um die private Vermögensbeschaffung fiel die Produktion freilich landesweit dramatisch zurück. Die Mehrheit der Bevölkerung schaute erstaunt und erstarrt dem großen Schauspiel der spontanen Privatisierung des „Volkseigentums" zu.

Erst die erste frei gewählte Regierung im Frühjahr 1990, die Regierung Antall, versuchte, in diesen Prozeß etwas Ordnung und Steuerung hineinzubringen. Bald nach dem Machtwechsel wurde versucht, ein nunmehr staatlich gelenktes Verfahren für die Fortführung der Privatisierung auszuarbeiten. Doch das entstandene Chaos in der Wirtschaft war nicht mehr zu stoppen, zumal auch die neue Elite der bürgerlichen

---

[121] Jánusarcú rendszerásvaltozás (Systemwechsel mit Janusgesicht), Studien, Budapest 1998, S. 67 f.

Regierungskoalition der Versuchung der leichten Beschaffung von privatem Vermögen gleichfalls nicht zu widerstehen vermochte. Die Anarchie in der Wirtschaft breitete sich weiter aus. Die durch die Antall-Regierung per Gesetz ins Leben gerufene Staatliche Vermögensagentur erwies sich nicht als geeignetes Instrument, die wirtschaftliche Transformation im Sinne der neuen Regierung zu beeinflussen.

Der Übergang von der staatlichen Planwirtschaft zur Marktwirtschaft mit Privateigentum stellte alle Länder Osteuropas vor eine Aufgabe, die in der Geschichte der Weltwirtschaft ohne Beispiel war. Die wichtigsten Bedingungen, viel Kapital und kompetente Manager mit Überblick über den Weltmarkt, standen nicht zur Verfügung.

Vom Sturz des kommunistischen Systems hatte die ungarische Bevölkerung eine schnelle und stetige Verbesserung der Lebensverhältnisse erwartet. Man rechnete auch damit, daß die neue Regierung beim Start in die Marktwirtschaft jedem Bürger Chancengleichheit sicherte. Diese berechtigte Hoffnung vermochte die erste frei gewählte Regierung nicht zu verwirklichen, nachdem sie keine Mittel hatte, ihre Vorstellungen und ihren Willen durchzusetzen. Erst nach einigen Jahren, so versprach sie, käme die tatsächliche wirtschaftliche Wende, wenn bis dahin wichtige, von ihr kaum beinflußbare Entwicklungen, wie der Zufluß von bedeutendem privaten Investitionskapital aus dem Westen und der Aufschwung des Exports stattfänden. Zwar erwartete die neue Regierung eine allgemeine wirtschaftliche Belebung infolge des Übergangs zur Marktwirtschaft. Aber sie betrieb einen Wirtschaftskurs, der die Erreichung des Zieles erschwerte. Denn die Regierung hatte nach der Machtübernahme versäumt, eine wirtschaftliche Bestandsaufnahme zu machen, welche Lasten und Vermögen sie von dem gestürzten System übernommen hatte. Ohne diese Bilanz konnte sie gar nicht erfahren, was auf sie zukam und wie sie ihr Wirtschaftsprogramm gestalten sollte.

Eine rechtzeitige und sorgfältige Analyse[122] hätte einige beunruhigende Fakten zutage gefördert.

- Praktisch hatte die Regierung eine konkursreife Wirtschaft mit über 20 Milliarden Dollar Auslandsschulden übernommen, die nur eine eini-

[122] Pozsgai, Joseph: „Ungarn: Schwieriger Übergang zur Markttwirtschaft", in: Südosteuropa – Zeitschrift für Gegenwartsforschung, Heft 2, 1991, S. 117 ff.

germaßen prosperierende Marktwirtschaft hätte zurückzahlen können, ohne den Lebensstandard der Bevölkerung weiter zu senken.

- Die Produktion wie im kommunistischen System fortzuführen, war nicht mehr möglich, zumal der COMECON-Markt, wo Ungarn fast die Hälfte seines Exports absetzte, allmählich zusammenbrach. Die niedrigere Qualität der hier verkauften Waren machte es schier unmöglich, diese Produkte, abgesehen von einigen Ausnahmen, auf dem freien Weltmarkt möglichst gegen Barzahlung anzubieten. Der wirtschaftliche Konkurs der Sowjetunion wiederum erschütterte die Energie- und Rohstoffversorgung des Landes.
- Diesen Ausfall hätten nur westliche Industrieländer ersetzen können, wenn diese über entsprechende „Feuerwehrpläne" für diesen Fall verfügt hätten. Solche überaus notwendigen Pläne gab es im Westen nicht einmal in Vorbereitung, obwohl die führenden Länder der westlichen Allianz schon seit Jahren mit dem Zusammenbruch der kommunistischen Systeme hätten rechnen müssen.
- Primär mit dem Ziel der politischen Auflockerung der osteuropäischen Diktaturen hatte der Sowjetblock nach dem Helsinki-Gipfel 1975 westliche Kredite in Höhe von 150 Milliarden Dollar erhalten. Und die politische Wende in Osteuropa bestätigte, daß diese Kredite ihr Ziel restlos erfüllt haben.
- Trotz dieser erfreulichen Resultate forderten die westlichen Geberländer durch die Weltbank und den Internationalen Währungsfonds diese Kredite, die ihre politische Aufgabe erfüllt hatten, von den frei gewählten Regierungen sofort in voller Höhe zurück. Das überraschte um so mehr, da es im Westen eine allgemein vertretene Ansicht war, daß die früheren kommunistischen Staaten ohne eine großangelegte Finanzhilfe keineswegs in der Lage seien, den Übergang zur Marktwirtschaft in wenigen Jahren zu schaffen.
- Diese widersprüchliche Haltung des Westens äußerte sich auch in diametral entgegengesetzten Forderungen des Internationalen Währungsfonds gegenüber Ungarn: Einerseits zwang der IWF die ungarische Regierung zu einem gefährlich sparsamen Haushalt, was eine ausreichende Kreditversorgung der Wirtschaft unmöglich machte, andererseits verlangte der IWF den Übergang zur Marktwirtschaft in etwa drei Jahren, ohne jedoch den Weg zur Beschaffung des notwendigen und enorm hohen Finanzbedarfs (siehe die ehemalige DDR) zu zeigen.

Das geschah unter der Drohung einer Kreditsperre, was eine grobe Einmischung in die Souveränität eines Landes war, das sich in einer Notlage befand. Die Kredite, welche die internationalen Finanzinstitute Ungarn damals gewährten, waren größtenteils für den Schuldendienst bestimmt, wanderten also in den Westen zurück, um den Schein der „Zahlungsfähigkeit" des Landes aufrechtzuerhalten. Die Weltbank und der IWF wußten wohl, daß Ungarn den Schuldendienst (1990: mehr als 4,5 Milliarden Dollar) aus seinen Exporterlösen nicht tragen konnte. Nachdem diese internationalen Organisationen offenbar jedoch nur die Interessen der Kreditgeber vertraten, kümmerten sie sich wenig um die wirtschaftlichen (und politischen) Folgen ihrer Forderungen. So schob Ungarn den Kreditberg, der durch die Zinsenlast jedes Jahr wuchs, vor sich her.

Daher war es merkwürdig, daß Ministerpräsident Antall mehrmals verkündete, Ungarn werde seine Auslandsschulden restlos bezahlen und keine Erleichterungen beantragen, wie es andere Ostblockstaaten taten. Hätten er und seine Minister die tatsächliche wirtschaftliche Lage des Landes gekannt, so hätten sie bestimmt nicht erklärt, es sei eines der Hauptziele der Regierung, die „internationale Zahlungsfähigkeit" des Landes aufrechtzuerhalten.

Die restlose Übernahme der westlichen Auslandsschulden des wirtschaftlich und politisch nicht lebensfähig gewesenen Kádár-Regimes und seines „Gulaschkommunismus" erwies sich nun als folgenschwerer politischer Fehler.

Die Marktwirtschaft, in der einige hunderttausend neue Arbeitsplätze geschaffen werden mußten, konnte man ohne ausreichendes Startkapital nicht aufbauen – insbesondere dann nicht, wenn man zur Rückzahlung sämtlicher Schulden des früheren, in Konkurs gegangenen Systems verpflichtet war.

Der entscheidende Fehler war also, daß die neuen politischen Kräfte bei der Wende keinen totalen wirtschaftlichen und politischen Schlußstrich gegenüber dem gestürzten kommunistischen Regime gefordert hatten. Dies hätte die Verfassunggebende Versammlung tun können. Das bürgerliche Lager, das damals noch auf die Mehrheit hoffen konnte, hatte eigentlich freie Hand, einen weitgehend vollständigen Systemwechsel durchzuführen. Doch die alte kommunistische Verfassung blieb in Kraft und wurde später lediglich den Notwendigkeiten angepaßt.

Im ersten Amtsjahr wurden etwa 100 neue Gesetze im Parlament verabschiedet. Aber die Regierungskoalition hatte auch nach den „ersten

100 Tagen“ kein klares Bild von der Belastbarkeit der ungarischen Wirtschaft. Daher beantragte sie nicht einmal ein fünfjähriges Moratorium bei den westlichen Kreditgebern oder Regierungen, um die noch vorhandene Wirtschaftskraft des Landes in den nächsten Jahren auf den Übergang zur Marktwirtschaft konzentrieren zu können.

Von 1991 an wurde der Außenhandel in Weltmarktpreisen und Devisen abgewickelt. Viele Firmen (Maschinenbau, Textil- und Lebensmittelindustrie), die früher in die Sowjetunion exportiert hatten, wurden zahlungsunfähig und gingen in Konkurs.

Dazu trug auch das neue Notenbankgesetz bei. Die Ungarische Nationalbank (Notenbank) hatte im kommunistischen System nicht nur klassische Notenbank-Funktionen, sondern war auch die Geschäftsbank, die kontoführende Bank aller staatlichen Unternehmen. Als solche stand die Nationalbank unter der Kontrolle des Finanzministers. 1990 wurde die Nationalbank nach westlichem Muster selbständig, ohne jedoch ihre Beziehungen mit ihren Kunden (Unternehmen) zu beenden. Als „Kassenwart“ der Gesamtwirtschaft hatte die Nationalbank das Betriebskapital der meisten Unternehmen in den eigenen Händen gehalten, um den Geldverkehr zu drosseln; sie versorgte die Firmen immer nur mit den notwendigsten Mitteln. Nach Erlangung der Selbständigkeit hätte die Nationalbank den Kunden deren Betriebskapital zur Verfügung stellen müssen. Die einschlägigen Forderungen der Unternehmen wurden aber nicht erfüllt. Im Chaos der Privatisierung hatte die unerfahrene Regierung offenbar nicht begriffen, welche verheerenden Konsequenzen dieses willkürliche Verhalten der Nationalbank haben würde.

Der zweite „Streich“ der Nationalbank wurde noch folgenschwerer. Statt Betriebskapital zu verteilen, schaltete die Bank kurzfristig auf eine Hochzinspolitik um, mit dem Argument, die wachsende Inflation zu bekämpfen. Von da an mußten die Unternehmen für Kredite mehr als 40 Prozent Zinsen bezahlen. Auch für ihr von der Nationalbank zurückgehaltenes Betriebskapital galt dieser hohe Zinssatz. Kein Unternehmen hätte mit einer so hohen Zinsenlast existieren können. Viele Firmen gaben auf oder gingen in Konkurs, und das neue Konkursgesetz erleichterte ihr „Begräbnis“. So kamen auch technisch gut ausgerüstete und lukrative Betriebe zu Schleuderpreisen auf den Markt. Die Inflation ging zwar durch die Hochzinspolitik kaum zurück, aber viele bereicherten sich durch den Ausverkauf des Nationalvermögens. Niemand in Ungarn glaubt, daß die Nationalbank diese Folgen nicht gesehen hätte.

Als Marketingberater eines bis dahin mit Gewinn arbeitenden Großunternehmens der Lebensmittelindustrie in Budapest wurde ich Zeuge des Todeskampfes dieser gut geführten Exportfirma. Trotz weiterhin guter Exportmöglichkeiten nach Westeuropa vermochte das Unternehmen seine Kunden nicht mehr zu beliefern.

Gegen den strengen monetären Kurs konnte die Regierung Antall nichts unternehmen, zumal der Internationale Währungsfonds die rigorose Geldpolitik der Nationalbank voll unterstützte. Selbst der „Papst" des Monetarismus, Milton Friedman, warnt davor, die Wirtschaftspolitik eines Landes durch monetäre Politik zu ersetzen. Den Primat müsse immer die Wirtschaftspolitik haben, die vom jeweiligen monetären Kurs unterstützt werden solle.

In Ungarn geschah das Gegenteil. Doch es wurde merkwürdigerweise nicht dagegen opponiert. Die Geldmenge war nicht so groß, daß eine große Inflationsgefahr bestanden hätte. Durch die Privatisierungen fiel die Produktion im ganzen Land zurück, der Konsum der Bevölkerung ging um etwa 30 Prozent zurück. Die Verteuerung des Geldes (Bankkredite) trieb die Erzeuger- und Herstellerpreise in die Höhe, das heißt, das Mittel der Inflationsbekämpfung (hohe Zinsen) verursachte die Inflation, der jedoch die sinkende Kaufkraft der Verbraucher Schranken setzte.

Im Zuge dieser monetären Politik saugte die Notenbank mit gleichfalls hohen Sparzinsen große Mengen von Geld aus Wirtschaft und Gesellschaft. Der verfehlte Kurs hatte vor allem zur Folge, daß Firmen und Privatleute, die liquides Geld hatten, es in die Banken brachten, weil sie damit mehr verdienten als mit Investitionen oder anderen geschäftlichen Tätigkeiten.

Wegen des falschen Kurses der Notenbank und des eigenen Schuldendienstes hatte die Regierung keine Möglichkeit, ihre Hauptaufgabe zu erfüllen und die Privatisierungen zu kontrollieren.

Das Chaos in der Wirtschaft beim Übergang von einem Ufer (Planwirtschaft) zum anderen (Marktwirtschaft) wurde so weiter gesteigert. Die restriktive Geldpolitik begünstigte die Tätigkeit derer, die im Trüben fischen wollten. Lag es in der Absicht der Lenker dieser Geldpolitik, solche Zustände zu schaffen?

Die Hochzinspolitik schloß die große Mehrheit der Bevölkerung von der Verteilung des Staatsvermögens und von eigenen Investitionen aus. Selbst Handwerker konnten kein billigeres Geld bekommen, etwa Existenzaufbau-Darlehen, um ihre notwendigsten Werkzeuge zu kaufen und ihre Betriebe zu modernisieren. Die Gesellschaft wurde politisch gespalten. Die Günstlinge des Systemwechsels standen der überwältigenden Mehrheit der Bevölkerung gegenüber, jenen Leuten, die 40 Jahre lang auf das Ende des Kommunismus gewartet hatten. Diesmal standen sie wieder auf der falschen Seite und wieder gingen sie leer aus.

Ein gewisser Kreis der Unternehmer (gleich ob staatlich, halbstaatlich oder privat) versorgte sich dennoch bedenkenlos mit teuren Krediten, so als hätten sie gewußt, daß sie ihre Schulden nicht zurückzahlen müßten. Die Schulden dieser Auserwählten wurden in den folgenden Jahren im Rahmen der sogenannten Bankenkonsolidierung zweimal im Wert von 300 bzw. 400 Milliarden Forint einfach abgeschrieben – ohne ein Konkursverfahren zu eröffnen. Auch diese Kreditgeschenke deuteten darauf hin, daß der Gang der wirtschaftlichen Transformation hinter der politischen Fassade über die Parteigrenzen hinweg von einer „ehrenwerten Gesellschaft" gelenkt wurde, die die Geldpolitik unabhängig von den jeweiligen Regierungen gestaltete.

In meinen Gesprächen mit wichtigen Entscheidungsträgern des harten monetären Kurses kamen noch einige überraschende Fakten zum Vorschein. Der damalige Vizepräsident der Notenbank, Frigyes Hárshegyi, erklärte mir gegenüber:

> „Im Sinne des neuen Gesetzes soll die Notenbank mit ihrer monetären Politik, wie auch die deutsche Bundesbank, die Wirtschaftspolitik der Regierung unterstützen. Aber die Notenbank gestaltet ihre monetäre Politik unabhängig von der Regierung, die keine Anweisungen für die Regulierung der Geldmenge sowie für die Bestimmung des Zinsniveaus geben kann. Zum Verhältnis Notenbank – Regierung muß noch betont werden, daß die Bank nach einer kurzen Übergangszeit die neuen Staatsschulden nicht mehr finanzieren darf. Wenn also der Staat neue Schulden macht, so soll er das durch Verkauf von Staatspapieren auf dem inneren Markt decken. Was die personelle Abhängigkeit betrifft, ernennt der Staatspräsident auf Vorschlag des Ministerpräsidenten den Präsidenten und die Vizepräsidenten der Notenbank."

So weit, so gut. Da aber die Regierung – wie auch die nächste – keine umfassende Wirtschaftspolitik machen konnte, weil sich die Wirtschaft wegen der Transformation „im flüssigen Zustand“ befand, hatte die Notenbank freie Hand, unter dem Vorwand der Bekämpfung der Inflation – zu dieser Zeit 30 Prozent – eine Hochzinspolitik (mehr als 40 Prozent) zu betreiben. Das kam einer „Kreditsperre“ mit lähmender Wirkung für weite Teile der Wirtschaft gleich.

Auf die Frage, wie sich die Notenbank die wirtschaftspolitische Unterstützung des Systemwechsels vorstelle, antwortete Hárshegyi:

> „Das ist keine Aufgabe der Notenbank. Im Vergleich zum alten System konzentriert sich die Notenbank nur auf die klassischen Aufgaben, das heißt auf die Geldmenge und die Wertbeständigkeit der heimischen Währung.“
>
> – „Aber die Zinspolitik ist das Instrument, das alles lenkt, alles beeinflußt.“
>
> Hárshegyi: „Die Notenbank trägt vorläufig noch immer große Verantwortung für die Verwirklichung der wirtschaftlichen Transformation des Landes. Beispielsweise nimmt sie größtenteils die ausländischen Kredite auf und gibt sie an die Geschäftsbanken weiter. Das Problem ist, daß sie dadurch die Kursrisiken übernimmt.“
>
> – „Warum sind die Zinsen noch immer unverändert hoch?“
>
> Hárshegyi: „Die Chance für die Senkung ist da. Wenn die Erwartungen größer werden, daß die Inflation zurückgeht, so könnten die Geschäftsbanken mit den Sparzinsen heruntergehen und dadurch dürften auch die Kreditzinsen etwas sinken. Aber man kann nicht erwarten, daß diese unter 30 Prozent gehen. Hier ist das große Handicap die Quellensteuer von 20 Prozent. Der Staat kann nicht darauf verzichten, weil seine Einnahmen aus der Einkommenssteuer unter den Erwartungen geblieben sind. Deshalb greift der Staat überall zu, wo er nur kann – also bei den Umsatz- und Konsumsteuern ... “
>
> – „Mit anderen Worten – die Regierung sagt, daß sie die Inflation bekämpfen will, die sie eigentlich selbst macht ... “

Hárshegyi: „Das ist ein Teufelskreis, aber wir müssen da durch. Die einzige Lösung ist die Privatisierung, nicht nur des staatlichen Sektors, sondern auch die Ankurbelung der privaten Produktion."

– „Aber dazu braucht man billiges Geld."

Hárshegyi: „Geld gibt es jede Menge für Investitionen. Zu diesem Zweck kann man ausländische Kredite aufnehmen, wenn jemand dort beispielsweise eine Maschine kaufen wollte. Die Verzinsung liegt dort nur bei 9 bis 10 Prozent."[123]

Die Bank hat jedoch damals auch für ausländische Kredite inländische Zinsen verlangt. Der Internationale Währungsfonds stand merkwürdigerweise ohne Vorbehalt hinter der Hochzinspolitik der Notenbank.

Auf meine Frage, wie weit der IWF die Wirtschaftspolitik der ungarischen Regierung beeinflussen könne, antwortete sein Vertreter in Budapest, Georg von Szapáry:

„Wenn wir in den Zielsetzungen mit der Regierung einig sind, besteht die Beeinflussung darin, daß wir dafür gemeinsam ein Programm machen. Von Diktat kann keine Rede sein. Dadurch, daß der IWF Anleihen gewährt und andere Geldquellen aufmacht, vergrößert er die finanziellen Möglichkeiten für das Land. Was die Kreditaufnahme im Ausland betrifft, sagen wir nicht, wofür diese Kredite verwendet werden sollen, sondern nur, wie weit die Auslandschulden wachsen dürfen."

– „Doch ist die monetäre Politik, wie es scheint, unabhängig von den wirtschaftlichen Interessen des Landes. Wenn man nämlich eine neue Ordnung (Marktwirtschaft) aufbauen will, müßte man „Gas" geben und nicht bremsen. Eine Politik des billigen Geldes im Sinne von Keynes wäre notwendig. Mit dem, was zur Verfügung steht, lassen sich die vorhandene unternehmerische Bereitschaft und die Pläne nicht bedienen, eben wegen der hohen Kreditzinsen."

[123] Interview mit dem damaligen Notenbank-Vizepräsidenten Frigyes Hárshegyi in Budapest 1992.

Szapáry: „Was die Geldpolitik von Keynes betrifft, damit bin ich nicht einverstanden. Der Rückfall der Produktion, die Schrumpfung des Bruttosozialprodukts in Ungarn ist ausschließlich die Folge des Zusammenbruchs der östlichen Märkte. Nach Erfahrungen des IWF ist dies eine allgemeine Erscheinung in Osteuropa ... Nun betrachten wir die Zinsen. Ich stimme damit überein, daß die Zinsen sehr hoch sind. Aber diese Zinssätze sind in Ungarn schon größtenteils Marktzinsen. Sie sind aus mehreren Gründen hoch: Erstens ist die Inflationserwartung hoch, obwohl die Inflation eine sinkende Tendenz aufweist. Deshalb ist es wichtig, daß die Geldpolitik weiterhin restriktiv bleibt. Zweitens: Es ist erforderlich, daß das Defizit des Staatshaushaltes niedriger wird. Je höher das Defizit liegt, umso schwieriger wird es, die Zinsen zu senken, weil der Staat die Anleihen auf dem inländischen Markt aufnimmt. Außerdem ist der Staatshaushalt 52 Prozent des GDP (Bruttosozialprodukts) – also sehr hoch. Der IWF empfiehlt der Regierung, die Ausgaben umzugruppieren: mehr Geld für den Ausbau der Infrastruktur und weniger für große Verteilungen, um die Wirtschaft effektiver zu machen."

– „Der wirtschaftliche Systemwechsel in Osteuropa stellt den IWF und die Weltbank vor Aufgaben, die für beide völlig neu sind. Vereinfacht gesagt: Wenn eine Firma (Planwirtschaft) in Konkurs geht und statt dessen eine neue Firma (Marktwirtschaft) gegründet werden soll, dann muß man viel Geld investieren. Aber dieses Geld kann man nicht aus der Konkursmasse hervorzaubern, wozu der IWF und die Notenbank die Regierung mit einer strengen monetären Politik zwingen wollen. Die Umstellung hat einen sehr hohen Kapitalbedarf. Die Geldpolitik dürfte die Umstellung nicht bremsen, sondern müßte sie erleichtern."

Szapáry: „Die Umstellung ist eine Sache, bei der man unterwegs lernen muß. Der Geldpolitik darf man keine Aufgaben stellen, die sie nicht lösen kann. Sie kann gegen die Inflation kämpfen, um den Wertbestand der nationalen Währung zu erhalten. Mehr kann die Geldpolitik nirgendwo leisten."[124]

[124] Informationsgespräch mit dem damaligen Vertreter des Internationalen Währungsfonds in Ungarn, Georg von Szapáry, in Budapest 1992.

Tatsache ist, daß die internationalen Finanzinstitute damals noch weniger als heute ein spezifisches „Rezept" dafür hatten, wie ein wirtschaftlicher Systemwechsel osteuropäischen Ausmaßes finanziell bewerkstelligt werden sollte. Damals kritisierte auch Henry Kissinger ihre Einsilbigkeit. Aber das Chaos schien der alten und neuen Elite ausgesprochen „lukrativ" zu werden.

Die wirtschaftliche Bilanz der ersten frei gewählten ungarischen Regierung (1990/94), die Mitte-rechts-liberal ausgerichtet war, beurteilte der Sozialist László Békesi, der zuvor und kurzzeitig auch danach Finanzminister war, mir gegenüber überraschend offen:

> „Die wirtschaftspolitische Strategie – die Verbindung des Wirtschaftens mit dem Staatsvermögen, der Privatisierung und der Wiedergutmachung – war verfehlt. Die Privatisierung hauptsächlich nach ideologischen Grundsätzen zu gestalten, verursachte im ganzen Land einen bedeutenden Vermögensverlust. Sie hat einen kräftigen Inflationsdruck ausgelöst und auch moralisch geschadet. Denn niemand hat sich befriedet gefühlt – gleich ob er eine Entschädigung für die früheren Enteignungen bekommen hat oder nicht.[125] Die Umgestaltung des alten Staatshaushaltes wurde aufgeschoben. Statt dessen begann 1991 eine verschwenderische Ausgabenpolitik – unabhängig von den Leistungen der ungarischen Wirtschaft. Vom Herbst 1992 an konnte man den Haushalt nur noch mit der Einziehung von Kapital finanzieren.
>
> Das dritte große Problem war die Zerschlagung der Agrarwirtschaft. Sie folgte einer ideologisch motivierten Entscheidung auf Grund veralteter Vorstellungen. Vor dem Systemwechsel hatten die landwirtschaftlichen Genossenschaften, die in der Mehrzahl rational organisiert waren, die Kleinerzeuger integriert, die 60 Prozent der Gesamtproduktion herstellten. Die Genossenschaften produzierten ein Drittel der ungarischen Exporte – neben der vollständigen Deckung des inländischen Lebensmittelbedarfs. Daß man die

[125] Die Regierung Antall hat sog. Schadenersatz-Scheine unter der Bevölkerung verteilt, aber kaum jemand konnte dafür etwas erwerben. Infolge der Verarmung wurden die Scheine unter Wert für Bargeld an clevere Geschäftemacher verkauft, die sie eingelöst haben.

landwirtschaftlichen Großbetriebe auf Anhieb durch Farmerbetriebe ersetzen könnte, war ein naiver Traum. In der Folge sank die landwirtschaftliche Produktion um 40 Prozent. Das vierte Problem war der politisch motivierte Verzicht auf die östlichen Märkte. Es ging hier nicht darum, daß man den COMECON aufrechterhalten sollte, sondern darum, daß die Absatzmärkte der ungarischen Wirtschaft bislang hier lagen und auch die Energie- und Rohstofflieferanten in diesem Einzugsbereich angesiedelt waren. Darauf über Nacht zu verzichten und auch noch zu sagen, wir seien stolz darauf, war wirtschaftlicher Selbstmord."

Soweit Békesis Analyse der Wirtschaftspolitik der Regierung Antall.[126]

Statt die Belebung der Wirtschaft bei gleichzeitiger, einigermaßen kontrollierbarer Privatisierung anzustreben, erfüllte die bürgerliche Regierung Antall die Empfehlungen des IWF, durch Senkung der Staatsausgaben die Schrumpfung der Gesamtwirtschaft in Kauf zu nehmen. Damit verminderte sie lediglich die Einnahmen des Staates. Und die Hochzinspolitik der Notenbank trug zur Einengung der legalen Wirtschaft bei. So entstand eine „zweite Wirtschaft", die keine Steuern zahlte, um irgendwie weiterwursteln zu können.

In diesem Zeitraum kam es schon zur ersten Bankenkonsolidierung, um die fragwürdigen Kredite aus den Bilanzen der Banken streichen zu können. Der Staat finanzierte diese Aktion mit rund 300 Milliarden Forint. Die Banken sollen die Kreditforderungen an verschiedene Anlagegesellschaften billig verkauft haben. Diese Anlegergruppen traten mit den so erworbenen Kreditforderungen als Gläubiger auf und konnten viele staatliche Unternehmen weit unter Preis erwerben. Die Geschäftemacherei mit den Kreditforderungen wurde ein undurchschaubarer Teil der Privatisierungen. Diese im Kern illegale Vermögenstransformation breitete sich von 1994 an unter der sozialistisch-liberalen Regierung Horn weiter aus.[127]

Eine andere Art der Vermögensbeschaffung wurde durch die „Schocktherapie" möglich. Sie brachte Dutzende wertvoller Unternehmen in Konkurs. Ein vom Gericht beauftragter Konkursverwalter durfte die Ver-

[126] Informationsgespräch mit dem ungarischen Ex-Finanzminister Lászlo Békesi in Budapest 1994.
[127] Jánusarcú rendszerváltozás, S. 73.

mögensmasse verwerten. Die Verwalter konnten ohne Kontrolle Staatsunternehmen, denen Immobilien, Maschinen und vieles andere mehr gehörten, privatisieren. Die Freizügigkeit des Konkursverfahrens beschleunigte die Liquidierung weit unter Realwert. Mehr als 400 Staatsunternehmen kamen auf diese Weise in private Hand. Unter den inländischen Gruppen waren jene am erfolgreichsten, die über gute politische Beziehungen verfügten.[128]

Die Eigentumsstruktur entwickelte sich in Ungarn anders als in anderen postkommunistischen Ländern. In Ungarn dominiert das ausländische Eigentum. Unter ausländischer Kontrolle stehen zwei Drittel der Industrie, mehr als 90 Prozent des Fernmeldewesens, 60 Prozent der Energieerzeugung und -verteilung, 70 Prozent des Bankensektors und die Hälfte des Handels. Nur in der Landwirtschaft herrscht einstweilen das ungarische Eigentum vor.[129]

Für diese schiefe Entwicklung gibt es mehrere Erklärungen. Das Land war im Ausland hoch verschuldet, es brauchte daher große Deviseneinnahmen. Eine andere Erklärung: Die Elite in der Finanzwirtschaft vermochte ihre Macht durch Bindungen an ausländische Firmen in das neue System zu retten. Oder: Der Einfluß der heimischen Eigentümer auf die Wirtschaftspolitik der Regierung war ungenügend.

Die anderen ehemaligen Ostblockstaaten, auch Rußland, haben die Einkaufsmöglichkeiten der Ausländer stark begrenzt.

Obwohl die Privatisierung der Wirtschaft unter der sozialistisch-liberalen Koalition verstärkt wurde, befanden sich die Sozialisten bereits 1995 in einer tiefen Krise. Ursache war das Unvermögen der Regierung, den Abwärtstrend der Wirtschaft zu stoppen und das Wahlversprechen einzulösen, die Lebensverhältnisse der verarmten Bevölkerung zu verbessern.

Die Auslandsschulden Ungarns wuchsen zwischen 1994 und 1995 um weitere sechs Milliarden Dollar auf 32 Milliarden Dollar – die Tilgungen und Zinszahlungen konnte der Staat nur mit neuen Kreditaufnahmen leisten. Zugleich griff die Koalitionsregierung immer tiefer in die Taschen der Arbeitnehmer, um das Defizit des Staatshaushaltes zu senken.[130]

---

128 Ebenda, S. 73.
129 Ebenda, S. 80.
130 „Die Ungarn streiten über den Wirtschaftkurs", in: Mannheimer Morgen, 16.7.1995.

Doch die Notenbank blieb bei ihrer Hochzinspolitik und erschwerte eine Wirtschaftsbelebung. Das unter der Parole „Gesundschrumpfung“ im März 1995 verabschiedete Sparpaket des auch im eigenen Lager umstrittenen Finanzministers Bokros schnürte das Wachstum weiter ab. So versiegten die Einnahmequellen des Staates immer mehr. Daher wollte die Mehrheit der sozialistischen Fraktion die vom liberalen Koalitionspartner geforderte und verschärfte Finanzpolitik nicht länger mittragen. Der stellvertretende Vorsitzende der Sozialistischen Partei, Jánosi, sagte mir:

> „Noch ein solches Restriktionspaket könnte die ungarische Gesellschaft nicht mehr ertragen. Das Programm war nur einmal tragbar. Wenn es in Richtung Wirtschaftswachstum keine Bewegung gibt, wird die Regierung mit ernsthaften Problemen rechnen müssen.“[131]

Die Aussichten für eine Trendwende standen allerdings schlecht. Die Regierung hatte – wie ihre bürgerliche Vorgängerin – kein umfassendes wirtschaftspolitisches Konzept für den Übergang zur Marktwirtschaft. Vielmehr überließ sie die Wirtschaftslenkung dem alten, seit der kommunistischen Kádár-Ära bestehenden Finanzapparat (Notenbank und Finanzministerium), der nach dem Systemwechsel die kapitalarme ungarische Wirtschaft mit seiner rigorosen monetären Politik krankgeschrumpft hatte, ohne irgendwelche Erfolge zu erreichen. Der einzige „Erfolg“, den dieser Kurs erbracht hatte, war, daß Angehörige der alten Machtelite die heruntergewirtschafteten Staatsfirmen – oft gemeinsam mit ausländischen Partnern – zu Schlußverkaufspreisen erwerben konnten.

Der damalige Vorsitzende des Ungarischen Gewerkschaftsbundes, Sándor Nagy, der dem Vorstand der Sozialistischen Partei angehörte, sagte mir in Budapest:

> „Es ist wirklich schwer, den Gedanken zu unterdrücken, daß der erfolglose Finanzkurs eventuell andere Interessen bedient. Ohne behaupten zu wollen, daß unser Land Opfer irgendeiner Verschwö-

[131] Ebenda.

rung wäre, muß ich allerdings sagen, daß hohe Staatsschulden und die sich daraus ergebenden Zwänge wohl im Interesse bestimmter Finanzgruppen liegen könnten."

Den einzigen Ausweg aus der Krise sah Nagy darin, die Lasten des Schuldendienstes zu mildern, wie es zu dieser Zeit in allen postkommunistischen Ländern der Fall war (Schuldenerlaß und Umschuldungen).[132] Aber in diese Richtung wollte die ungarische politische und wirtschaftliche Führung nicht gehen.

Als Haupthindernis der notwendigen Kursänderung galt der Bund der Freien Demokraten (SZDSZ), dessen Führungskreis bekanntermaßen ebenso eine kommunistische Vergangenheit hatte wie sein Koalitionspartner, die Sozialisten. Im Parlament war der SZDSZ nur mit 18,1 Prozent der Sitze vertreten. Aber ein Drittel der sozialistischen Fraktion, die 54,1 Prozent der Abgeordnetenmandate innehatte, sympathisierte ideologisch mit den Freien Demokraten. Diese programmatisch neoliberale parteienübergreifende Gruppe hatte auch großen Einfluß auf die Medien.

Die Beziehungen zwischen dem ungarischen Finanzapparat und den internationalen Finanzinstituten waren eng. Gescheiterte oder abgesetzte Notenbank-Präsidenten, wie Surányi und Bod oder der ehemalige Finanzminister Bokros, bekamen eine Stellung bei der Weltbank. Der Vertreter des IWF in Budapest, Szápary, erhielt dann die Position eines Vizepräsidenten der ungarischen Notenbank.

Die Privatisierung der Staatswirtschaft wurde von den nächsten Regierungen fortgesetzt – allerdings mit sinkender Tendenz. Es gab immer weniger Firmen im staatlichen Besitz. Heute muß der Prozeß als beinahe abgeschlossen betrachtet werden.

Was aber die gesellschaftliche Gerechtigkeit der Vermögenstransformation betrifft, da sind die Meinungen vorwiegend negativ. Der von allen Regierungen und auch international anerkannte wissenschaftliche Experte für Privatisierungen, Professor Tamás Sárközy, Budapest, meint ebenfalls:

[132] Ebenda.

„Die gesellschaftliche Gerechtigkeit gelang es wirklich nicht zu sichern. In der Tat haben diejenigen, die über gute Voraussetzungen verfügten, ‚am Feuer saßen' und ihr „Kapital" an persönlichen Beziehungen nutzen konnten, (hauptsächlich Leute, die zur Staatspartei, zum Staatsapparat und zu Unternehmensführungen gehörten) mit großer Wahrscheinlichkeit (darüber gibt es keine soziologische Bestandsaufnahme) mehr erworben als andere … Zur Anfertigung des Inventars der ungarischen Privatisierung, zur vollwertigen wissenschaftlichen Aufarbeitung braucht man noch einige Jahre. Meinerseits würde ich zu einer ‚optimistisch ungünstigen' Qualifizierung neigen."[133]

Zur Transformation des Staatsvermögens haben alle Regierungen nach der Wende Gesetze verabschiedet. Aber der Kreis der „Berechtigten" ist nirgendwo festgelegt. In dieser Frage wurde auch die Kontrollfunktion des Parlaments suspendiert. Nur die Regierungen hatten uneingeschränkte Kompetenz, in dieser Sache zu schalten und zu walten. In vielen Fällen wurden die Kaufverträge zur Geheimsache erklärt – mit dem Argument, es gehe um vertrauliche Geschäftsinteressen.

Auf die Frage, warum die große Mehrheit der Bevölkerung ausgeschlossen wurde, antwortete der Chefreformer der Wende, der ehemalige Staatsminister Imre Pozsgay in seinem neuesten Buch „Der Preis (Schaden) des Systemwechsels":

„Der Hauptgrund war die Beschleunigung. So schnell an staatliche Firmen zu kommen wie möglich, so schnell die Geschäfte abzuwickeln wie möglich, um darüber die Öffentlichkeit nicht informieren zu müssen, aber auch die Beschäftigten der betroffenen Firma nicht. Im größten Busineß der neuzeitlichen ungarischen Geschichte, beim Verkauf des Staatsvermögens wurden die Staatsbürger, aber auch die Beschäftigten des verkauften Unternehmens als Störfaktor betrachtet. Ich bin überzeugt, daß man die Privatisierung unter Beteiligung und Kontrolle der Gesellschaft hätte durchführen müssen."[134]

---

[133] Sárközy, Tamás: Der Systemwechsel und das Recht der Privatisierung, Budapest 1997, S. 274.
[134] Pozsgay, Polgár: Der Preis (Schaden) des Systemwechsels, Budapest 2003, S. 59.

6.3 Polen: Walesa kehrt zurück

Die Politik von Gorbatschow wurde nur in Ungarn und Polen vorbehaltlos begrüßt. Mit Gorbatschows Zustimmung befanden sich beide Staaten schon auf dem Weg zum politischen Pluralismus. In beiden Ländern waren die damals regierenden kommunistischen Parteien bereit, die Macht mit anderen Parteien zu teilen – allerdings in der Hoffnung, ihre führende Position zu behalten.

In Polen hatte 1983 der Nobelpreis für Lech Walesa vielen Menschen die Gewißheit gegeben, daß die Ideale der freien Gewerkschaft „Solidarność“ vom August 1980 gerecht waren und in der Welt anerkannt wurden. Die „Solidarność“ blieb ein Symbol. Das zeigte 1987 die dritte Polenreise des polnischen Papstes. Im Gegensatz zu seinen Pilgerfahrten von 1979 und 1983 hatte Johannes Paul II. diesmal nicht eine Besuchserlaubnis, sondern eine von Jaruzelski überreichte offizielle Einladung erhalten. Polens politische Führung und die Bischofskonferenz traten gemeinsam als Gastgeber auf. Bei seinem ersten Treffen mit dem Papst würdigte jetzt Jaruzelski das Christentum als nicht wegzudenkenden Bestandteil Polens. Die polnische Wirklichkeit bezeichnete er als „politischen Pluralismus“. Die Kommunisten seien offen gegenüber allen Initiativen, die den Staat nicht in Frage stellten.

Von der Umarmung des kommunistischen Regimes befreite sich Johannes Paul sogleich und adressierte ungewöhnlich harte Forderungen an Jaruzelski. Er ergriff Partei für die verbotene Gewerkschaft „Solidarność“ und für die Interessenvertretung der selbständigen Bauern. Er kniete am Grab des vom Geheimdienst ermordeten Priesters Popieluszko nieder. Noch nie hatte der Papst die Wiederherstellung der Menschenrechte in Polen so offen gefordert wie diesmal.

Jaruzelski mußte die Kröte schlucken, für ihn war die Hilfe der Kirche unersetzlich. Während der großen Streikwelle 1988 hatte Warschau noch gehofft, die streikenden Arbeiter würden dem Arbeiterführer Walesa, dem die Regierung Gespräche anbot, die Gefolgschaft verweigern. Doch Walesa wurde nicht nur von allen Streikenden als Sprecher anerkannt, sondern auch von den Intellektuellen beauftragt, mit der Führung über die Zukunft des Landes zu verhandeln.

Walesa ging weiter aufs Ganze: „Ohne Solidarität gibt es keine Freiheit.“ Im Frühjahr 1989 war es soweit. Der 5. April wurde zum historischen Datum. Nach Jahrzehnten der Alleinherrschaft erklärte sich die kommunistische Partei bereit, ihr totales Machtmonopol aufzugeben. Zwar wurde ein Mehrparteiensystem vorerst nicht zugelassen, aber die Vereinbarung zwischen Regierung und Gewerkschaft öffnete den Weg für einen politischen Pluralismus. Das Parlament bekam eine zweite Kammer, den Senat, dessen Mitglieder frei gewählt werden konnten – ebenso wie 35 Prozent der Mandatsträger im Abgeordnetenhaus. Die Gewerkschaft „Solidarność“ wurde legalisiert – zusammen mit der Bauern-„Solidarność“. Lech Walesa sagte dazu: „Wir haben erreicht, was wir wollten.“

Als Präsident Bush Anfang Juli 1989 in Polen eintraf, hatten die Wähler der „Solidarność“ bereits zu einem überwältigenden Sieg verholfen. Sie gewann 99 von hundert Sitzen im Oberhaus. Im Unterhaus, im Sejm, gewann sie 160 der ihnen zur Verfügung stehenden 161 Sitze (65 Prozent waren dem kommunistischen Block vorbehalten). Dann wählten die Polen einen nichtkommunistischen Ministerpräsidenten. Die Wahl Jaruzelskis zum Präsidenten mit einer einzigen Stimme Mehrheit eröffnete den Weg zu Verhandlungen über die neue Regierung. Nach fast einem Monat harter Gespräche, in denen Jaruzelski zwei Kandidaten ablehnte, einigte man sich auf eine breite Koalitionsregierung unter dem katholischen Intellektuellen und „Solidarność“-Berater Tadeusz Mazowiecki. Als kommunistischer Parteichef und Nachfolger Jaruzelskis wurde Rakowski gewählt. Die KP behielt das Innen- und Verteidigungsministerium sowie das Verkehrsressort, die anderen Ministerien mußte sie Mitgliedern der „Solidarność“ oder parteilosen Kandidaten überlassen. Walesa kommentierte: „Die ‚Solidarność‘ mußte das, was sie in vier Jahren hatte erreichen wollen, binnen vier Wochen bewältigen.“[135]

Im Hinblick auf die Privatisierung wollte die KP so viel Macht wie nur möglich behalten.

6.4 Prag in Aufruhr

Im Frühjahr 1989 hatte sich in Bulgarien die unabhängige Gewerkschaft „Podkrepa“ mit der „Vereinigung zur Unterstützung von Glasnost und Perestroika“, der Umweltgruppe „Ökoglasnost“ und anderen prodemokratischen Gruppen zusammengeschlossen. In Rumänien schrieben

---

[135] Siehe dazu: Hutchings, Robert L.: Als der Kalte Krieg zu Ende war, Berlin 1998, S. 106.

sechs frühere kommunistische Parteiführer einen offenen Brief an den Partei- und Staatschef Ceausescu und beschuldigten ihn, den Sozialismus zu diskreditieren, während der altgediente Menschenrechtler Doina Cornea ihn in mehreren offenen Briefen der Verbrechen gegen die Menschlichkeit bezichtigte.

In Leipzig demonstrierte eine kleine, aber hartnäckige Gruppe von Ausreisewilligen und forderte Ausreisevisa in die Bundesrepublik. In Prag wurde Vaclav Havel aufgrund massiver internationaler Forderungen aus der Haft entlassen. Kurz darauf veröffentlichte er eine Petition, in der er das Regime zum Dialog aufrief. Den ersten 1.800 Unterzeichnern folgten bald schon Tausende.[136]

Viel schneller als erwartet stürzte das Volk von Prag Ende 1989 das Husak/Jakes-Regime. Die „Revolution von unten" ließ auch den Reform-Kommunisten kaum Chancen, sich zu etablieren. Für die militärische und politische Niederschlagung der Reformexperimente des Prager Frühlings von 1968 wurden jetzt die Rechnungen eingereicht.

Jakes und Husak wußten, daß sie politisch nur dann überleben könnten, wenn Gorbatschow gestürzt würde. Aber die stille Allianz der Gorbatschow-Gegner zwischen Ostberlin, Sofia, Prag und Bukarest brach in dem Moment zusammen, als das stärkste Glied, das Honecker-Regime, gestürzt wurde.

Am 18. November gründeten einige Dissidenten in Vaclav Havels Wohnung das „Bürgerforum" als Sprachrohr für die demokratischen Wünsche der Gesellschaft. Am darauffolgenden Tag trafen sich slowakische Intellektuelle in einer Kunstgalerie in Bratislawa und gründeten die Schwesterorganisation „Öffentlichkeit gegen Gewalt". Ausgerüstet mit Videoaufnahmen der brutalen Polizeiaktion am 17. November besuchten die Studenten Fabriken und landwirtschaftliche Betriebe im ganzen Land, um Unterstützung zu bekommen. Eine Allianz von Intellektuellen und Arbeitern bildete sich, was in der ČSSR noch nie der Fall gewesen war.

Bereits am 20. November kam es zu Demonstrationen Hunderttausender Bürger auf dem Wenzelplatz. Nun zeigte sich Havel erstmals mit dem Slowaken Dubček, dem Parteichef des Prager Frühlings. Der Rücktritt von Jakes und seiner Parteiführung am 24. November konnte die

[136] Ebenda, S. 81 f.

Proteste nicht beenden. Als am 27. November ein Generalstreik das Land lahmlegte, wendete sich das Blatt zugunsten der demokratischen Opposition. Die neue Regierung, deren Mehrheit aus Nichtkommunisten bestand, wurde am 10. Dezember vereidigt. Ende des Monats wurde Dubček zum Präsidenten des Parlaments gewählt, das anschließend Havel zum Präsidenten der Tschechoslowakei wählte.

Mit den Entwicklungen in Jugoslawien und dem Bürgerkrieg im Vielvölkerstaat beschäftigen wir uns hier nicht, da dieses kommunistische Land politisch von Moskau unabhängig war.

6.5 Die Formen der Privatisierung in Osteuropa

Das Staatsvermögen wurde auch im ehemaligen Sowjetblock auf unterschiedliche Art und Weise privatisiert. Nur der Kreis der Nutznießer der Verteilung, die ohne gesetzliche Regelung stattfand, war überall derselbe. Die Möglichkeit, staatliches Eigentum zu erwerben, hatte in allen Ländern die kommunistische Nomenklatura. Die Mehrheit der Bevölkerung war vom „Ausverkauf“ ausgeschlossen. Aus systemtreuen Kommunisten wurden über Nacht Kapitalisten. Anders ausgedrückt: Sie verzichteten zugunsten der privatwirtschaftlichen Macht auf die politische Macht des Parteiapparates. Kein schlechtes „Geschäft“. Es ist nicht bekannt, daß irgendeine kommunistische Gruppe in irgendeinem Land gegen den Systemwechsel dieser Art ernsthaft protestiert hätte.

Ohne auf die Unterschiede der Privatisierungsmethoden einzugehen, folgen wir der Zusammenfassung des international anerkannten ungarischen Fachmannes Tamás Sárközy.[137]

Die Privatisierung – schreibt Sárközy – ist die zentrale Erscheinung eines gesellschaftlich-wirtschaftlichen Systemwechsels, da ohne die Vorherrschaft des Privateigentums weder die Marktwirtschaft noch die bürgerliche Gesellschaft bestehen können. Der Anteil des staatlichen Eigentums am Nationalvermögen hatte in der Sowjetunion 96 Prozent, in der DDR 96 Prozent, in Albanien 99 Prozent betragen. Es gab zwei Ausnahmen: Polen mit etwa 80 und Ungarn mit ungefähr 65 Prozent.

[137] Sárközy, Tamás: Der Systemwechsel und das Recht der Privatisierung, S. 288 ff.

Solange der Staat als Eigentümer vorherrscht, kann sich der demokratische Rechtsstaat in Ostmitteleuropa nicht festigen, da die aus dem Eigentumsrecht stammende Willkür des Staates die parlamentarische, pluralistische Demokratie schwächt. Darüber hinaus deformieren die bürokratischen Eigenschaften des staatlichen Sektors die Privatunternehmen, und die Wettbewerbsvorteile des Staates verzerren den Markt.

Aber nicht nur theoretische Argumente sprechen für die Privatisierung in den früheren sozialistischen Ländern. Die Mehrheit der Staatsunternehmen war Anfang der 90er Jahre in der Gefahr, in Konkurs zu geraten, und war auf den Einsatz von Kapital angewiesen. Darüber hinaus waren die überschuldeten Staatshaushalte der Mehrheit der bis dahin kommunistischen Länder auf die einstweiligen Einnahmen aus den Privatisierungen angewiesen. Der stürmische Wertverlust des Staatsvermögens auf dem Markt hat die Beschleunigung der Privatisierung und Privatisierungsschocktherapie nach sich gezogen.

Im östlichen Mitteleuropa ging es also um den dumpingmäßigen Verkauf des staatlichen (Volks-)Vermögens. Parallel zur Privatisierung haben die kleinen Staaten infolge des Zusammenbruchs des Rates für gegenseitige Wirtschaftshilfe (RGW – COMECON) ihre östlichen Exportmärkte größtenteils verloren. Die Mehrheit der staatlichen Unternehmen kämpft mit akuten Liquiditätsstörungen und gewaltigen Schulden. So kam es zu einem Rückgang des Bruttoinlandsproduktes um zwanzig bis dreißig Prozent; die Industrieproduktion fiel auf das Niveau vom Anfang der 70er Jahre zurück, und die Arbeitslosigkeit stieg auf durchschnittlich zehn Prozent.

In den meisten Ländern gab es keine einschlägigen Gesetze; die Privatisierung kann jedoch ohne Zivilrecht nicht durchgeführt werden. Hierbei sind nicht Ungarn oder die Tschechische Republik die typischen Beispiele, sondern die Nachfolgestaaten der Sowjetunion und Albanien. Das Gesellschafts-, das Firmen-, das Wettbewerbs- und Konkursrecht mußten neu geregelt werden.

Die marktwirtschaftlichen Institutionen fehlten, etwa ein zuverlässiges Immobilienregister (Grundbuch), Handelsregister, ein schnelles Verfahren zur Registrierung von Unternehmen.

Es fehlten das verbindliche Rechnungsführungs- und Bilanzierungssystem sowie die personellen Bedingungen: Handelsrechtsanwälte, Wirtschaftsrichter, Buchprüfer, Notare.

Das sozialistische staatliche Unternehmensmodell war nicht geeignet, die Firmen zu verwerten, da es diese als öffentlich-rechtliche Anstalten betrachtete. Deshalb mußten die sozialistischen Länder erst die staatlichen Firmen in staatliche Einmann-Aktiengesellschaften oder GmbHs umwandeln. So wurde die Privatisierung zwingenderweise zu einer mindestens zweistufigen Aktion und das verlangsamte den Prozeß wesentlich.

Die Bewertung des Vermögens der staatlichen Unternehmen ist wegen der unklaren Marktumstände notwendigerweise unsicher und wegen des Überangebots steht der Marktpreis auf jeden Fall unter dem Idealwert des staatlichen Vermögens. Fachlich stehen jedoch die ausländischen Investoren weit über dem Verkäufer, dem Staatsapparat. Die Privatisierung ist für die Investoren ein knallhartes Geschäft. Unter diesen objektiven Umständen braucht man eigentlich nicht korrupt zu sein – obwohl die Korruption in dieser Gegend schon aus historischen Gründen bedeutend ist.

Wegen der Unsicherheit der Vermögensbewertung kann aus fast jeder größeren Privatisierungstransaktion ein Skandal werden (oder es kann ein Skandal daraus gemacht werden), unabhängig davon, ob das Privatisierungsorgan ein Ministerium, eine Treuhandanstalt oder eine Aktiengesellschaft ist. So wird die Privatisierung für die Bevölkerung eine dunkle, trübe Sache. Es kommt wirklich oft zum Mißbrauch, zum Vermögensbewertungsbetrug, die Wirtschaftskriminalität nimmt zu.

Die Privatisierung ist eine vorübergehende Aufgabe. Der Staatsapparat ist aber so eingerichtet, als ob sie eine Daueraufgabe wäre.

Von der Verkäuferposition zur Käuferposition übergehend gibt es die Schwierigkeit, daß die Mehrheit der ost-mitteleuropäischen Bevölkerung kapitalarm ist. Die Bevölkerung kann und will – von ihrem ehemaligen sozialistischen Bewußtsein ausgehend – nicht am Kauf des staatlichen Eigentums teilnehmen, sie übt aber einen Druck im Interesse der unentgeltlichen Verteilung aus.

Von politisch-sozialer Seite tauchen zahlreiche Wünsche gegenüber der Privatisierung auf, zu deren Erfüllung die bloße Eigentumstransformation aber ungeeignet ist. So soll

- „gerecht“ privatisiert werden,
- die Mittelschicht soll gestärkt werden,

- die gesellschaftliche Chancengleichheit und der soziale Ausgleich sollen bedient werden,
- der Informations- und der Beziehungsvorsprung der früheren Nomenklatura sollen wettgemacht werden.

Wenn man die Mehrheit des staatlichen Eigentums zum Wohle des Privateigentums aufheben will, ist die Einbeziehung der Ausländer (wegen Kapitalmangels) unerläßlich. Dazu gab es vier verschiedene Wege:

1. Reprivatisierung. Rechtlich gesehen wäre diese Methode am einfachsten. Die Verstaatlichungsgesetze müßten nachträglich als verfassungswidrig beurteilt werden – auch wenn sich die Verfassungsgerichte anfänglich in dieser Sache zurückgehalten haben. Die Abschaffung dieser Gesetze würde das ursprüngliche Eigentumsrecht automatisch wiederherstellen – der Anspruch auf das Eigentum verjährt nämlich nicht. Statt dessen haben sich alle Länder für eine komplizierte und ziemlich beschränkte Entschädigung entschieden. Die Gründe dafür lagen teils in der Verschuldung der Staaten, teils in der Tatsache, daß die Reprivatisierung „gegen die Investition" gewesen wäre. Auch stellte sich die Erkenntnis ein, daß die im Sozialismus aufgewachsenen jüngeren Generationen, also die Mehrheit der Bevölkerung, die „kostenlose" Beteiligung der vorherigen Generationen am Nationalvermögen nicht akzeptierten.
2. Kleinprivatisierung. In den Ländern, in denen die Bevölkerung eine gewisse Kaufkraft hatte – Ungarn, Tschechien, Polen und Slowenien – kam es zum Verkauf der Einzelhandelseinheiten, der Gaststätten und Dienstleistungseinheiten an die einheimischen Unternehmer. Die Kleinprivatisierung hat die allgemeine Privatisierung überholt, man kann sie als Vorprivatisierung bezeichnen. Trotz Mißbräuchen hat sich die Kleinprivatisierung bis 1993/95 mit Erfolg vollzogen.
3. Dezentralisierte (spontane) Privatisierung. In den Ländern, in denen sich zu Lasten der Staatsmacht in den 80er Jahren eine Art unternehmerisches selbständiges Eigentum herausgebildet hatte (vorwiegend in Ungarn und Polen), schien bei den meisten Unternehmen eine günstige Lösung zu sein, die Privatisierung zugunsten der Geschäftsführung und der Mitarbeiter des Unternehmens vorzunehmen. Das war die Grundlage des Vorschlags einer dezentralisierten Selbstprivatisierung, was später von seiten des Staates „spontane" Privatisierung genannt wurde. Diese dezentralisierte Privatisierung war in den Jahren 1989/1990 in Ungarn am stärksten, aber in der Form von Pacht-

privatisierung war sie auch in Rußland, in der Ukraine und Weißrußland verbreitet. Sie war auch in Polen, Slowenien und Kroatien stark, vor allem zu Beginn der Privatisierungen. Im Jahr 1991 war die spontane Privatisierung in allen Ländern beendet.

4. Die unentgeltliche Kupon-Privatisierung. Die Erfindung der noch vereinten Tschechoslowakei war die in jedem sozialistischen Land (außer Ungarn und Ostdeutschland) verwendete Kupon-, Voucher- und Scheck-Privatisierung als Grundlage der Massenprivatisierung. Das „Unternehmen mehrerer Tausend Kleinbesitzer" ist ökonomisch gesehen sehr ineffektiv. Es verhindert ausländische Investitionen, und da die Staatsbürger die nicht gewinnträchtigen Anteile in hohem Maße loswerden wollen, ist die „Rückverstaatlichung" eine ständige Gefahr. Es handelt sich hier um eine mehrere Jahrzehnte andauernde Quasiprivatisierung.

Tamás Sárközy liefert auch den Beweis, daß die Nutznießerin der Vermögenstransformation ausschließlich die kommunistische Elite – mit oder ohne Parteibuch – war. Die Bevölkerung wurde von dem Vermögensverteilungsprozeß rechtlich keineswegs ausgeschlossen, aber ihre finanziellen Chancen, daran teilzunehmen, waren und sind äußerst gering.

6.6 Die Präsenz der Mafia in Osteuropa

Die Europäische Bank für Wiederaufbau und Entwicklung (EBRD) wies in ihrem Transformationsbericht von 1999 nach, daß die staatlichen Systeme in vielen Fällen von Korruption und vom organisierten Verbrechen „besetzt" worden sind. Diese wirken auf ruinöse Weise auf die Unternehmen ein und behindern den Übergang zur marktwirtschaftlichen Ordnung.

Mafiöse Tendenzen lassen sich an vielen Stellen nachweisen. Der EBRD-Bericht wollte die Unterwanderungsprozesse in den einzelnen Staaten vergleichen. Die auf der Befragung von 3.000 Unternehmensführern in 20 Ländern basierende Analyse war Teil des am 8. November 1999 in London vorgelegten Transformationsberichtes der Bank. Die Mafia wurde darin zwar nicht beim Namen genannt, die etwas neutralere Formel „state capture by private interests", die Übernahme staatlicher Funktionen durch nicht legitimierte Kräfte, war jedoch, wie die

Schlüsselaussagen belegen, gleichbedeutend. So kam die EBRD zum Schluß, daß die unterwanderten Staaten dazu neigen, im Zusammenhang mit der Korruption Marktverzerrungen und Privilegien zugunsten einzelner zu schaffen.

Die Neue Zürcher Zeitung informierte über den EBRD-Bericht unter der Überschrift: „Die Mafia stört den Transformationsprozeß."[138] Es lohnt sich, den Artikel der NZZ zu zitieren:

> „Daß der Übergang von der geplanten marktwirtschaftlichen Ordnung in Mittel- und Osteuropa durch Einzelinteressen einflußreicher Gruppen oft schwer gestört wird, ist offensichtlich. Daß es sich bei diesen Gruppen nicht um simple Lobby-Formationen aus einzelnen Sektoren des gesellschaftlichen Lebens, sondern auch um kriminelle Vereinigungen handelt, welche die Transformation zur Festigung ihres Einflusses nutzen, ist nicht minder leicht nachzuweisen. Dabei geht es oft nicht mehr nur um die herkömmliche organisierte Kriminalität, sondern um Formen der mafiosen Unterwanderung. Die beiden Phänomene unterscheiden sich nicht nur in quantitativer Hinsicht: Bei der mafiosen Unterwanderung reicht der Einfluß der Delinquenz tief in die staatlichen Institutionen, ins Parlament, in die Regierungen und in die Gerichtssäle hinein. Die Delikte können deshalb nicht mit der erforderlichen Härte, ja sogar überhaupt nicht mehr geahndet werden. Der Wegfall des mit der Delinquenz verbundenen Risikos, die faktische Straffreiheit, schafft enorme Gewinne, die zum Teil zur weiteren Festigung des Mafia-Einflusses verwendet werden. Unterwanderte Systeme lassen sich deshalb von außen her kaum mehr aufbrechen.
>
> Das Ausmaß der Unterwanderung ist – aus näher nicht erklärten Gründen – unterschiedlich. Es läßt sich unter anderem auch daran ablesen, wieweit sich bereits Formen des geordneten Lobbying haben entwickeln können. Je größer das Ausmaß des ‚state capture', desto weniger transparent sind die institutionellen Kontakte zwischen Behörden und Unternehmen, desto üblicher sind Korruption und Schmiergelderpressung.

---

[138] Neue Zürcher Zeitung, 9.11.1999.

Die EBRD ging vor allem der Frage nach, ob die Privatisierungen zur erhofften ‚Entpolitisierung' der Wirtschaft geführt haben. Bei den wenig unterwanderten Staaten lasse sich tatsächlich eine hohe Korrelation zwischen den entsprechenden Zeitreihen nachweisen, in den mafiosen sei jedoch genau das Gegenteil der Fall. Der Wegfall der zentralen Planung hindere dort die Behörden nicht daran, mit anderen Mitteln auf die Wirtschaft einzuwirken. Wo der Staat ‚unziemlichen Einflüssen' unterworfen sei, würden die Reformen zur Verbesserung der Führungsqualität und zur Schaffung größerer Rechtssicherheit durchwegs verwässert und das makroökonomische Umfeld verschlechtert. Staatsinterventionen seien in der Preispolitik ‚äußerst üblich' und ‚sehr verbreitet', auch bei der Absatz- und Lohnpolitik sowie in Bezug auf die Investitionsentscheide. Beschäftigungsauflagen seien jedoch nur noch selten gefragt.

Für einige Interventionen bringen die EBRD-Fachleute aus sozialen Gründen durchaus Verständnis auf, andere alimentierten jedoch die Korruption. Für die Quantifizierung letzterer hat die Entwicklungsbank eine ‚time tax' und eine ‚bribe tax' errechnet. Die ‚time tax' zeigt, wieviel Zeit Unternehmensverantwortliche zur Pflege ihrer politischen Kontakte verwenden und die ‚bribe tax' läßt den Umfang der Schmiergeldzahlungen erkennen. Unter Zeitraub leiden vor allem die Kleinunternehmen und die Neueintreter. Weiter ist erstaunlich, daß die Führungskräfte privatisierter Unternehmen kaum viel weniger Zeit mit Behördenvertretern absitzen müssen als ihre Kollegen von Staatsunternehmen.

Mit den Schmiergeldern ‚kaufen' sich die Unternehmen öffentliche Dienste, Sonderzugeständnisse zur Umgehung oder Erleichterung von Auflagen, Regierungsaufträge, Subventionen, Steuerrabatte und -erstreckungen, oder sie versuchen einfach, besonders rücksichtslose behördliche Erpresser zu besänftigen. Der Umfang der ‚bribe tax' bewegt sich zwischen weniger als drei Umsatzprozenten in Kroatien, Estland und Polen und durchschnittlich 5,7 Prozent in den Staaten der ehemaligen Sowjetunion. Es handle sich um eine schwere und auch extrem regressive „Steuer": je kleiner das Unternehmen, desto höher falle sie aus. Ukrainische Kleinunternehmen etwa verbringen 18 Prozent ihrer Zeit mit Behördenvertretern und schmieren im Wert von wenigstens 8 Prozent ihres Umsatzes. Dann seien die Gegenleistungen, die die Kleinen für ihre Schmiergelder entgegennehmen, meist unterdurchschnittlich knapp bemessen. Die Geißel der Korruption trifft also hauptsächlich jenes Segment, von dem die wirtschaftliche Erholung ausgehen sollte.

Die Behörden, die den Unternehmen Zeit und Geld abverlangen und erst noch auf die strategischen Entscheide einwirken, sind nach Meinung der EBRD-Experten in vielen Transformationsstaaten zu einem schweren wirtschaftlichen Entwicklungshemmnis geworden. Die Befragung widerlege im übrigen die oft gehörte These, daß die zusätzlichen informellen Belastungen nur eine Art Ersatz für geringere formelle Auflagen seien: Dort, wo mit den Mitteln der Korruption abgesahnt werde, bestehe normalerweise auch ein überdurchschnittlicher Steuer- und Interventionsdruck. Die Frage, wer und welche Dynamik hinter den bestochenen Beamten steckt, bleibt in der EBRD-Analyse jedoch unbeantwortet."

Worüber der EBRD-Bericht nicht informiert: Die osteuropäischen nationalen Mafiagruppen haben Beziehungen vor allem zur russisch-ukrainischen Mafia, die sich in manchen Ostblockländern eine beherrschende Stellung erkämpft hat.

Bemerkenswert ist auch die Erfahrung, daß Fragen über die Präsenz der Mafia in Osteuropa auf eine Mauer des Schweigens stoßen.

Bei einer Gelegenheit habe ich den Präsidenten der regierenden Ungarischen Sozialistischen Partei, Außenminister László Kovács, (zur Zeit Mitglied der EU-Kommission in Brüssel) nach der Präsenz der Mafia in Ungarn gefragt. Die Antwort war kurz und bündig: „Ich habe keinen Überblick in dieser Frage." Die Mafia ist offiziell nicht existent.

6.7 Die mißlungene Privatisierung der DDR-Wirtschaft

Wie schnell Bundeskanzler Kohl und Außenminister Genscher 1989 den französisch-britischen Widerstand gegen eine baldige Vereinigung der beiden deutschen Staaten ausmanövriert hatten, so schwierig erwies sich die Aufgabe, die DDR-Wirtschaft mit der bundesdeutschen zu verschmelzen. Die Bundesregierung war begeistert von der Entscheidung der Ostdeutschen für die Wiedervereinigung, und es herrschte bei ihr ein unbegründeter Optimismus, die wirtschaftliche Fusion gleichfalls schnell und erfolgreich bewältigen zu können. Man meinte, wenn die Transformation von der Bonner Regierung gelenkt werde, so lasse sich die Privatisierung – im Gegensatz zu den postkommunistischen Ländern in Osteuropa, wo die frühere Elite das Staatsvermögen unter sich verteilt hatte – sauber und problemlos abwickeln.

Überraschenderweise geschah das Gegenteil. Während ärmere Staaten im früheren sowjetischen Machtbereich aus der Privatisierung – wenn auch bescheidene – Einnahmen verbuchen konnten, verwandelte die Treuhandanstalt das produktive Vermögen der DDR von geschätzten 600 Milliarden Mark in einen Schuldenberg von 264 Milliarden Mark.[139]

Die Art und Weise, in der die Treuhand die Privatisierung binnen kurzer Zeit absolvierte, richtete einen Schaden an, von dem sich die ostdeutsche Wirtschaft bis heute nicht zu erholen vermochte. Seither muß die Bundesregierung mit jährlich etwa 80 bis 90 Milliarden Euro die neuen Bundesländer subventionieren. Wenn man bedenkt, daß die Transfersumme jedes Jahr größer ist als die gesamte Marshallplan-Hilfe für ganz Europa nach dem Zweiten Weltkrieg, dann ist schwer verständlich, warum die ostdeutsche Wirtschaft seit 15 Jahren nur eine sehr bescheidene Entwicklung und hohe, stagnierende Arbeitslosenquoten aufweist.

Der Vorschlag zur Bildung einer Treuhandanstalt, berichtet Siegfried Wenzel, einst stellvertretender Vorsitzender der DDR-Plankommission, kam im Februar 1990 am Runden Tisch in Berlin mit der Aufgabe, das Anteilrecht der Bürger mit DDR-Staatsbürgerschaft am Volkseigentum der DDR zu wahren:

> „Wenn man von der vorliegenden dokumentierten Höhe von 1,2 bis 1,5 Billionen Mark der DDR ausging und diese durch die 16 Millionen Bürger teilte, dann kam man auf eine Summe von 100.000 Ostmark pro Kopf. Und dieses Eigentum wollte man den Bürgern dieses Staates erhalten. Es war schließlich das, was sie aus den Trümmern des Zweiten Weltkrieges übernommen und durch harte Arbeit und unsägliche Entbehrungen erhalten und vermehrt haben.“[140]

Das galt auch für jedes andere Land des Ostblocks. Aber nirgends wurde das Staatsvermögen unter das Volk verteilt. „Es wurde von einer Treu-

139 Wenzel, Siegfried: Was war die DDR wert?, Berlin 2003, S. 171.
140 Ebenda, S. 129.

handanstalt, die im Auftrag des Bundesfinanzministeriums tätig wurde, zielgerichtet privatisiert, man könnte auch sagen: zu 95 % an Nicht-DDR-Bürger verscherbelt."[141]

Zum Präsidenten der Treuhandanstalt wurde Ende August 1990 der Hoesch-Vorstandschef Detlev Rohwedder ernannt. Er wollte „zügig privatisieren – entschlossen sanieren – behutsam abwickeln" und rechnete damit, daß es in Ostdeutschland noch in zehn Jahren Staatsbetriebe in großem Umfang geben würde. Aber Rohwedder konnte seine Vorstellungen nicht verwirklichen. Er wurde bereits am 1. April 1991 von Terroristen ermordet.

Rohwedders Nachfolgerin, Birgit Breuel, frühere Finanzministerin von Niedersachsen, meinte: „Privatisierung ist immer noch die beste Sanierung." Sie hatte damit im Grunde recht. Aber das Problem ergab sich daraus, daß viel mehr privatisiert als saniert wurde. Unter Breuels Führung hat die Treuhand die DDR-Wirtschaft sozusagen abrasiert, in der von der Bundesregierung gehegten Hoffnung, daß dort massenhaft neue, moderne Betriebe entstehen würden. Diese Zuversicht mußte bald der Enttäuschung weichen. Die Investoren kamen nur sporadisch und wurden immer weniger.

Birgit Breuel deutete kurz nach dem Tode Rohwedders in der „Welt"[142] an, daß der Arbeitsstil der Treuhandanstalt drastisch geändert werde. Die Berliner Anstalt wolle amerikanische und japanische Firmen zu Investitionen in den neuen Bundesländern ermuntern. Von den 440 „größten Verkäufen" seien bisher 64 an Ausländer gegangen:

> „Ich gehe mal davon aus, daß bislang nur die größeren Unternehmen für die Ausländer attraktiv gewesen sind und sie die kleineren gar nicht kennen. Aus diesem Grund fangen wir an, unser Marketing zu aktivieren."

Zu permanenten Vorwürfen an die Treuhand sagte Breuel:

> „Die Politiker beschimpfen mit Vorliebe den, der ihnen die unpopuläre Entscheidung, wie etwa bei Stillegungen, abnimmt, nämlich die Treuhand. Damit müssen wir halt leben."

[141] Ebenda, S. 130.
[142] Die Welt, 27.5.1991.

Sie nannte es einen Irrglauben, daß eine mit Vorrang betriebene Sanierungspolitik mehr Arbeitsplätze erhalten könne als die Priorität der Privatisierung:

> „Wir sagen überall, es wird einen gewaltigen Arbeitsplatzabbau geben müssen, weil die verdeckte Arbeitslosigkeit, die sich auf mindestens drei Millionen beläuft, aufgedeckt wird. Eins ist klar: Was immer wir tun, ob privatisieren, sanieren oder stillegen, überall fallen Arbeitsplätze weg."

Frau Breuel stellte fest, daß aus den bisherigen Privatisierungen rund 8,6 Milliarden in die Kassen der Treuhandanstalt geflossen seien.

> „Aber fast jede Privatisierung ist auch ein Verlustgeschäft. Da sind zum Teil die Altschulden, die die frühere DDR auf Unternehmen verteilt hat. Dadurch steht der Treuhand eine Summe von 102 Milliarden zu Buche, für die wir allein in diesem Jahr rund sieben Milliarden DM an Zinsen zahlen mußten. Hinzu kommen soziale Altlasten."

Trotz aller Widrigkeiten zeigte sich die Chefin der Treuhand mit der Geschwindigkeit der Privatisierung zufrieden:

> „Im Moment verkaufen wir rund 300 Unternehmen pro Monat. An die Grenze von 2.000 Privatisierungen kommen wir ganz schnell heran. Die Wasserstandsmeldung Anfang März lautete, 1.000 Unternehmen sind verkauft. Jetzt sind wir schon bei 1.600 Mitte Mai. Das Tempo nimmt also gewaltig zu."

Die Chefin sah klar die sich aus der Privatisierung ergebenden ökonomischen Probleme. Man kann daher vermuten, daß sie zu einer schnellen Privatisierung von „oben" aufgefordert wurde, weil die Regierung Kohl mit wirtschaftlich unbegründetem Optimismus glaubte, die Investoren würden Schlange stehen. Siegfried Wenzel schrieb zum „überstürzten Verkauf" des ostdeutschen Produktivvermögens:

> „Das war eine strategische Korrektur und erwies sich als Todesurteil für den Hauptteil der Industrie der DDR. Diese Orientierung wurde

auch als Antwort auf Kritiker und Ratgeber formuliert, die eine größere Rolle der Sanierung anmahnten … Es war, als wenn man in einem Angstrennen nur auf einen einzigen Punkt zulief: schnelle Privatisierung. Nur schnell abwickeln, alles loswerden. Oft wurde für große Unternehmen nur eine symbolische Mark verlangt, und den Unternehmern dazu noch die angeblichen Altlasten erstattet, Investitionshilfen und Verlustausgleichsbeiträge gezahlt. Viele Käufer wurden hinsichtlich ihrer Solidität und Absichten nicht einmal einer normalen kaufmännischen und personellen Kontrolle unterzogen … Die Privatisierung der Betriebe der DDR durch westdeutsche Unternehmen vollzog sich fast immer im Stile einer „feindlichen Übernahme“[143] – einzig auf die Interessen der westdeutschen Unternehmen ausgerichtet.

Der Höhepunkt der Privatisierung durch die Treuhand und ihre Nachfolgeeinrichtung, die Bundesanstalt für vereinigungsbedingte Sonderaufgaben (BvS), lag in den Jahren 1991/92.Warum diese Eile? Ein oft vorgebrachtes Argument lautet: Man hätte viele dieser Betriebe zumindest zeitweise subventionieren müssen. Subventionen in diesen Größen widersprächen marktwirtschaftlichen Prinzipien. Das stimmt. Aber sind die Kosten der Arbeitslosigkeit und der Entwertung produktiven Vermögens nicht viel größer, als sie bei einer straff geführten Sanierung mit dem Ziel der Werterhaltung aufgetreten wären? Abgesehen von den persönlichen und gesellschaftlichen Erschütterungen, der Vernichtung von Lebensoptimismus und dem Brachliegen kreativen und arbeitsbereiten Potentials?

Die grundlegende Fehlkonstruktion dieses in Deutschland einmaligen Transformationsprozesses kommt auch darin zum Ausdruck, daß dieser Prozeß durch die Unterstellung der Treuhandanstalt unter den Finanzminister hauptsächlich nach fiskalischen Gesichtspunkten abgewickelt wurde. Ihm fehlte die wirtschaftspolitische Begründung und Ausrichtung, wie sie für die Steuerung der blinden Gesetze der Marktwirtschaft selbst von solchen bürgerlichen Ökonomen wie Walter Eucken, Böhm-Bawerk, Müller-Armack, teilweise schon in der dreißiger Jahren entwickelt und nach dem Zweiten

[143] Wenzel, Siegfried: Was war die DDR wert?, S 135 ff.

Weltkrieg in den westlichen Besatzungszonen von Ludwig Erhard gefordert und verwirklicht worden waren. An warnenden Stimmen und konzeptionellen Vorschlägen hat es nicht gefehlt ...“[144]

Klar ausgesprochen hat das Problem der damalige Chefredakteur der „Wirtschaftswoche“, Wolfgang Engels:

> „Dieses ganze Vermögen hat die Bundesrepublik mit dem Beitritt geerbt – fast die ganze Industrie, beträchtliche Teile des Wohnungsvermögens, der land- und forstwirtschaftlichen Flächen. Die Verwertung dieses Vermögens (durch die Treuhandanstalt) hat allerdings keinen Überschuß erbracht, sondern weit über eine viertel Billion Zuschuß gefordert. Da sei eben alles Schrott gewesen, wird heute behauptet. Daran ist eines richtig: Die Produktionsanlagen waren nach westlichen Vorstellungen veraltet, nicht weil sie technisch nicht brauchbar gewesen wären, sondern weil die Technik arbeitsintensiver war als die im Westen ... Durch die Umstellung der Löhne im Verhältnis 1:1 und die anschließenden Lohnrunden konnte man solche technisch einwandfreien Unternehmen nicht mehr wirtschaftlich betreiben. Die Produktionsapparate wurden schlagartig entwertet. Hätte man den Betrieben vorübergehend Lohnbeihilfen gezahlt – so wie das von der Akerlof-Gruppe und anderen vorgeschlagen wurde –, so hätte man den Wert des Produktivvermögens erhalten und auch die Arbeitsplätze, und das mit einem Bruchteil des Aufwandes, der der Treuhandanstalt und dem Staat mit ihrer Brechstangenmethode entstanden ist. Die Betriebe hätten Zeit gehabt, mit neuen Investitionen allmählich zu gesunden. Der Bundesfinanzminister hatte 1990 damit gerechnet, daß die neuen Bundesländer eine Anschubfinanzierung von 135 Milliarden Mark brauchen würden. Heute (1995) wenden wir das Doppelte pro Jahr auf, und diese Transfers sinken nicht, sie steigen – insbesondere wenn man sie pro Kopf rechnet. Ein Ende ist nicht abzusehen. Da mögen Bürgermeister unsinnig investiert haben, da mag so manche Milliarde im Schlendrian vertan worden sein. Die großen Summen sind das nicht. Die große Verschwendung rührt aus

[144] Ebenda.

> dem politischen Mißmanagement des Vereinigungsprozesses, und dieses Mißmanagement dauert immer noch an.“[145]

Die DDR-Wirtschaft stand an erster Stelle im Ostblock. Wenn die anderen dieser Staaten ihre Industrie größtenteils erhalten haben und bei der Privatisierung Gewinne verbuchen konnten, so muß man fragen, mit welcher Begründung das Produktivvermögen der DDR beinahe vernichtet wurde.

Wegen der dilettantischen Privatisierung müssen die Steuerzahler auch jetzt noch, eineinhalb Jahrzehnte nach der Wiedervereinigung, Milliarden von Euro in die neuen Bundesländer transferieren. Zwar ist die Infrastruktur im Osten heute besser ausgebaut als in manchen westlichen Regionen, aber die Arbeitslosigkeit ist fast doppelt so hoch wie im Westen. In Ostdeutschland entstehen wenig neue Betriebe, weil die Ansiedlungs- und Produktionskosten dort viel höher liegen als in den neuen EU-Ländern. Da hilft nichts anderes, als in Ostdeutschland ebenso günstige Bedingungen für Industriestandorte zu schaffen wie in den EU-Ländern östlich davon. Wenn die Bundesregierung einen Teil der Transfersumme darauf verwenden würde, die Industrieansiedlung dort zu verbilligen, könnte etwas in Bewegung kommen. Auf Wunder darf man nicht länger warten. Die Kosten der falschen Privatisierung werden die Steuerzahler ohnehin noch viele Jahre belasten.

---

[145] Engels, Wolfgang, in: Wirtschaftswoche, 23.2.1995.

7. Der unbekannte Putin

Welchen Weg die Weltpolitik im nächsten Jahrzehnt geht, wird vor allem davon abhängen, wohin die russische Außenpolitik steuert. Rußland bleibt als zweitgrößte Atommacht in der internationalen Politik auch nach dem Zusammenbruch des Kommunismus ein bestimmender Faktor. In dem kommenden Geschehen wird Wladimir Putin mit seinem Rußland-Konzept voraussichtlich eine wichtige Rolle spielen.[146]

Der lautlose Machtwechsel von Jelzin zu Putin im Kreml Ende 1999 war eine politische Meisterleistung. Ein Schachzug echter Profis, die keine Risiken eingehen. Der damals noch kaum bekannte Putin wurde über Nacht zum Alleinherrscher aller Russen. Er gewann die vorgezogenen Präsidentschaftswahlen am 26. März 2000 – ohne ein Wort darüber gesagt zu haben, was er innenpolitisch und außenpolitisch tun und wie er die kranke Wirtschaft heilen will, die Jelzin hinterlassen hat. Ein merkwürdiger Vorgang in einem Land des Chaos, in dem die Wirtschaft zumindest zu 50 Prozent unter der Kontrolle von Mafia-Organisationen stand, die sich gewöhnlich nicht scheuen, ihre Gegner zu liquidieren.

Putin sagte lediglich, daß er Ordnung schaffen wolle. Er deutete noch an, er wolle Spannungen mit den Westmächten nach Möglichkeit vermeiden. Das überraschte nicht, weil der russische Staat zu dieser Zeit noch den Kredittopf des Westens (Internationaler Währungsfonds) benötigte, um akuten Finanzkrisen und der Zahlungsunfähigkeit vorzubeugen.

Binnen kürzester Zeit scharte Putin die russische Gesellschaft fast restlos hinter sich. Das erreichte er mit zwei Dingen: erstens mit dem Versprechen, Ordnung zu schaffen, und zweitens mit dem auf brutalste Weise geführten zweiten Tschetschenien-Krieg, der die Gefühle des großrussischen Nationalismus hochpeitschte. Dies genügte, um die Wahl zum Präsidenten schon in der ersten Runde mit absoluter Mehrheit zu gewinnen.

In Rußland eine europäischen Maßstäben entsprechende Ordnung zu schaffen, ist eine Herkulesarbeit. Es erfordert, die konkurrierenden

[146] Dieses Kapitel beruht auf Beiträgen der Neuen Zürcher Zeitung, der Frankfurter Allgemeinen Zeitung, der Welt am Sonntag sowie russischer und osteuropäischer Zeitschriften.

Zentren der organisierten Kriminalität, die mafiose Unterwanderung der Gesellschaft, die bis in die Staatsspitze reicht, zu brechen. Denn manche Führer der Mafiagruppen kamen aus demselben Stall wie der Präsident: aus dem alten politischen Geheimdienst, dem KGB.

Wer Putin eigentlich ist, das wissen wir auch heute noch nicht. Gewiß hatte die lange Dienstzeit beim KGB seinen Charakter stark geprägt. In einem Erinnerungsband, den Putin vor seiner Wahl veröffentlichte, erzählt er Episoden aus seiner KGB-Karriere. Es begann Ende der 60er Jahre, als ein 15 Jahre alter Schüler, namens Wladimir Putin, im KGB-Gebäude in Leningrad vorsprach: „Ich möchte bei Ihnen arbeiten", vertraute er einem Beamten an. „Erfreulich", sagte dieser, „aber Selbstkandidaten nimmt man bei uns nicht." Er riet Putin, zuerst den Militärdienst zu leisten und danach ein Studium abzuschließen.

Kaum hatte Putin sein Jurastudium beendet, erschien bei ihm ein Unbekannter vom KGB: „Es geht um Ihre Einstellung." Putin sagte ohne zu zögern zu. Von der repressiven Tradition, von den Arbeitsmethoden der russischen Staatssicherheitsorgane will er damals keine Ahnung gehabt haben. Später störten ihn diese offenbar nicht.

Putins Laufbahn beim KGB verlief wie üblich. Die ersten fünf Monate absolvierte er bei der Spionageabwehr, dann konnte er in die erste Hauptabteilung (Auslandsaufklärung) wechseln. Bis er 1985 seinen einzigen Auslandsauftrag erhielt, mußte er über Jahre auf einem unbedeutenden Posten in Leningrad ausharren. Der damals 33 Jahre alte Familienvater wurde in die DDR nach Dresden entsandt. Dort hatte er ausländische Besucher im Visier. Nach seinen Worten: „Uns interessierte jede Information über den Hauptfeind, und als Hauptfeind galt die NATO." Hauptsächlich sammelte er Informationen über Parteien und ihre Führer, über die Innen- und Außenpolitik der Bundesrepublik. Das Anwerben von Informanten aus dem Westen erwies sich als seine Stärke.

Putin lernte fast akzentfrei deutsch zu sprechen, blieb beinahe fünf Jahre in Dresden und kehrte erst nach dem Mauerfall nach Leningrad zurück. Er quittierte den aktiven Dienst, blieb aber auch im Rektorat der Leningrader Staatsuniversität auf der Lohnliste des KGB als Informant. Danach wurde er Berater des demokratischen Politikers und späteren Bürgermeisters Sobtschak.

Erst 1998 kehrte Putin nach einer Blitzkarriere in Moskau in die „Organe" zurück und zwar sogleich an die Spitze des Inlandsgeheimdienstes FSB. So gelangte er in den engsten Machtzirkel um Präsident Jelzin.

Putin hatte keine engeren Beziehungen zur Moskauer Elite. Umso erstaunlicher ist seine Leistung, in nicht einmal zwei Jahren den Kreml zu „erobern". Das ist ohne Beispiel in der russischen wie auch in der sowjetischen Geschichte. Zwar hatte auch Gorbatschow einen schnellen Aufstieg, aber er hatte einen mächtigen Förderer, bereitete sich mit offiziellen Reisen auf den nächsten Schritt vor und hatte ein Programm, wenn es auch nicht sofort Glasnost und Perestroika, sondern zunächst Uskorenije – die Beschleunigung beim Aufbau des Kommunismus – war. Putin hingegen hatte kein verbindliches Wort darüber gesagt, was er zu tun gedachte. Er hatte allerdings das Glück des richtigen Zeitpunktes, zumal es mit Jelzin schon so weit war, daß man für den Präsidenten unverzüglich einen geeigneten Nachfolger finden mußte. Jelzins Trunksucht hatte ihn gesundheitlich ruiniert. Den zwingenden Grund für Jelzins Rücktritt lieferte aber zuletzt ein großer Korruptionsskandal um ihn und seine Familie. Die schweizerischen Justizbehörden hatten 1999 ermittelt, daß die dortige Baufirma Mabetex von Moskau den Auftrag bekam, den Kreml für 300 Millionen Dollar zu renovieren. Im Gegenzug hatte die Firma in der Schweiz für Mitglieder der Jelzin-Familie Konten mit Millionenbeträgen eröffnet. Zugleich wurde festgestellt, daß Rußlands damals reichster Mann und Jelzins wichtigster Berater, der Finanzguru Beresowskij, Gelder der russischen Fluggesellschaft Aeroflot, an der er beteiligt war, auf eigene Tarnkonten in der Schweiz „abgezweigt" hatte. Als der russische Generalstaatsanwalt Skuratow mit schweizerischer Hilfe beide Angelegenheiten aufgreifen wollte, wurde er von Jelzin abgesetzt. Putins FSB ermittelte plötzlich gegen Skuratow. Ein Video wurde „gefunden", das einen Skuratow ähnlich sehenden Mann mit zwei Prostituierten im Bett zeigte. Das Problem war damit für Jelzin und Beresowskij vorläufig beiseite geschoben, aber noch nicht ganz ausgestanden.

Die erste Station Putins auf der Karriereleiter des Kremls war der hohe Posten des Sekretärs des mächtigen Sicherheitsrats – schon der halbe Weg zum Erfolg. Als Putin von Jelzin zum Ministerpräsidenten ernannt und als dessen designierter Nachfolger bezeichnet wurde, war klar, wohin die Reise ging.

Der gut informierte Gorbatschow will es gewußt haben. Jelzins enger Beraterkreis habe die „Operation Putin" erdacht und den Präsidenten davon überzeugt, daß er keine andere Wahl habe, als zurückzutreten. Die Hauptrolle spielten dabei Jelzins Tochter Tatjana, der Stab des Präsidenten, die einflußreichen Oligarchen Beresowskij und Abramowitsch sowie

Putin selbst. Dessen erste Amtshandlung als Präsident war die Ankündigung: „Jelzin und seine Familie haben lebenslang Immunität." Dieselbe Zusicherung hatte auch Beresowskij erhalten, aber sie galt nicht lange.

Der „eiserne" Putin wurde weich, wenn es um seine Karriere ging. Man konnte also erwarten, daß die Herrschaft der Neureichen in Putins „Bündnis" weiterbestehen würde. Ungeklärt blieb jedoch, wie sich Putin gegenüber den mächtigen russischen Mafiagruppen verhalten würde, die nach dem bereits zitierten Bericht der Osteuropabank in London mindestens zwei Drittel der russischen Wirtschaft kontrollieren. Dies war deshalb besonders pikant, weil die Chefs der Mafiagruppen meist ehemalige führende KGB-Offiziere waren – Putins ehemalige Kollegen also. Ihre Motivation für die „Kapitalbeschaffung" war einfach: Sie wollten bei der Verteilung des Staatsvermögens keine Zaungäste bleiben, zumal sie in Sowjetzeiten die meiste Macht im Staate hatten. Putin aber schwieg über sein Verhältnis zur russischen Mafia. Auch die westlichen Medien stellten dazu keine Fragen.

Für Putins politisches Gespür sprach, daß er am 11. September 2001 sofort erkannte, welche außenpolitischen Chancen für Rußland die Angriffe islamischer Terroristen in New York und Washington bringen könnten. Der russische Präsident war der erste Staatschef, der den amerikanischen Präsidenten Bush an jenem Tag angerufen und seine Solidarität zum Ausdruck gebracht hatte. Bush war so positiv beeindruckt von den Russen, daß er nach seinem Treffen mit Putin im November ergriffen sagte: „Die Diplomatie beginnt damit, daß man einander kennenlernt, und je tiefer ich ins Auge und das Herz Präsident Putins schaue, umso mehr weiß ich, daß wir in positiver Weise zusammenarbeiten könnten."

In der internationalen Politik fallen selten solch gefühlsträchtige Äußerungen. Was Putin sich dabei dachte, bleibt sein Geheimnis. Sein primäres Ziel hat er allerdings ohne Abstriche erreicht. Mit dem „uneingeschränkten" russischen Engagement gegen den internationalen Terrorismus hat er zumindest eine längere Pause in der westlichen Kritik wegen des brutalen Vorgehens der russischen Armee gegen Tschetschenien erkauft. Er hatte nach seinem Machtantritt den zweiten Tschetschenien-Krieg angeordnet, um den Widerstand des nach Unabhängigkeit strebenden kleinen Volkes niederzuwalzen, und betonte immer wieder, daß die Kämpfer „Terroristen" seien, die von islamischen Terrorgruppen Hilfe erhielten. Nach dem 11. September 2001 betrachtete der Kremlchef sein Vorgehen gegen das Land im Kaukasus als nunmehr völlig „legitimiert" und einen Teil des Kampfes gegen den Terrorismus.

Daher hatte der russische Präsident keine Einwände dagegen, daß die Amerikaner im Krieg gegen die Taliban in Afghanistan Militärstützpunkte in den ehemaligen Sowjetrepubliken in Zentralasien, in Usbekistan und Tadschikistan, einrichteten. Im Zeichen der neuen „Freundschaft" ordnete Putin sogar an, eine Abhörstation in Kuba und einen russischen Flottenstützpunkt in Vietnam zu schließen.

Auch wenn der Präsident erklärte, sein Land stehe keineswegs Schlange, um schnell in die NATO aufgenommen zu werden, lehnte er es nicht ab, die Zusammenarbeit mit der nordatlantischen Allianz weiter auszubauen. An der Verbesserung der Beziehungen zum Westen hatte er persönliches Interesse. Nach außen hin braucht er noch heute politisch Ruhe, um die chaotischen Zustände in der heimischen Wirtschaft und Gesellschaft zu ändern. Maßgebende westliche Regierungen waren und sind über die Wirklichkeit in Rußland stets genau informiert, auch wenn sie ihre Erkenntnisse nur selten den Medien weitergeben. Warum Putin die Chance zur Zusammenarbeit ergreifen will, legte Henry Kissinger dar:

> „Putin, ausgebildet in der analytischen Abteilung des KGB, scheint verstanden zu haben, daß sein Imperialismus Rußland mehr Tragödien als Triumphe beschert hat und für die heutige Zeit nicht mehr taugt, wenn das Land nicht in die Isolation geraten wolle. Daher richtet Putin seine Strategie auf eine neue Form der Partnerschaft mit den Vereinigten Staaten aus. Mit anderen Worten: Er verfolgt Rußlands Ziele, indem er sich amerikanischer Unterstützung bedient."

Um dies zu verhindern, meinte Kissinger, müsse man Konsultationsmechanismen finden, „die den neuen Realitäten Rechnung tragen, ohne daß Europa das Gefühl beschleicht, es gerate unter russisch-amerikanische Vorherrschaft."

Wie es möglich wäre, dennoch Rußland in irgendeiner Form an die NATO anzubinden, darüber dachte die Allianz angestrengt nach. Von einer Mitgliedschaft – auch einer partiellen – riet Kissinger strikt ab:

„Die NATO ist und bleibt im Grundsatz ein Militärbündnis, das Europa nach wie vor gegen eine russische Invasion schützen soll. Seit Ende des Kalten Krieges und dem Aufbau einer gemeinsamen Front gegen den Terrorismus ist diese Gefahr zwar für die voraussehbare Zukunft geschwunden."

Dennoch:

„Die Erweiterung der NATO mit einer auch nur partiellen Mitgliedschaft Rußlands in diesem Bündnis zu koppeln, würde eine Kombination von Feuer und Wasser bedeuten ... Wenn Rußland de facto NATO-Mitglied würde, verlöre die NATO in diesem Augenblick ihren Bündnischarakter",

resümierte der langjährige amerikanische Außenminister. Wenn es Moskau mit der Zusammenarbeit ehrlich meine, ergäben sich Konsultationsmöglichkeiten – auch in Sicherheitsfragen, ohne das bisher gut funktionierende Bündnis zu verwässern.

Kissinger hatte recht: Eine dauerhafte Westorientierung Putins ist zumindest im Kampf gegen den internationalen Terrorismus zweifelhaft. Er hat die wirtschaftlichen und militärischen Beziehungen zu den einschlägigen Staaten Irak (zur Zeit Saddam Husseins), Iran, Syrien und Libyen nicht abgebrochen. Als größtes ölexportierendes Land hat Rußland ein Interesse daran, die Erdölpreise hoch zu halten – auch durch die Fortführung der politischen und militärischen Spannungen im Nahen Osten. Die im Irakkrieg hochgeschnellten Ölpreise füllten Rußlands Staatskassen mit unverhofft hohen Einnahmen. Putin wurde zum Nutznießer des Irakkrieges.

Das Tauwetter zwischen Washington und Moskau dauerte nicht lange. Mit zunehmender Konsolidierung seiner Macht und der ebenfalls zunehmenden Kritik westlicher Interessengruppen ließ Putin immer mehr an der Ernsthaftigkeit seines nach Westen gerichteten Integrationswillens zweifeln.

Ein Prüfstein für eine demokratische Staatsführung ist der Stand der Pressefreiheit. Nach dem Ende des Kommunismus und der staatlichen Zensur hatte sich in Rußland eine vielfältige Medienlandschaft entwickelt. Der Pressefreiheit blieben dennoch ziemlich enge Grenzen gesetzt, denn den Inhalt der Zeitungen oder Sendungen bestimmten die privaten oder staatlichen Geldgeber. Der Staat wie auch die alte und neue Elite wollten verhindern, daß wahrheitsgemäß berichtet wird, etwa über die Privatisierung staatlicher Betriebe.

Eine gewisse Meinungsfreiheit gab es anfangs nur bei einzelnen Fernsehsendern, den wichtigsten Informationsträgern. Der Grund dafür war, daß die Oligarchen, die an den privaten Fernsehkanälen beteiligt waren, einerseits die Wahlkämpfe der Präsidenten Jelzin und Putin mit hohen Summen finanzierten und andererseits die Glaubwürdigkeit der Berichterstattung aufbauen mußten, um mit ihrer indirekten Wahlwerbung überhaupt Wirkung zu erzielen.

Die „Neue Zürcher Zeitung" berichtete damals aus Moskau:

> „Die politisch motivierte Abschaffung des privaten Fernsehsenders TW-6 hat im Januar [2002] einmal mehr gezeigt, daß sich regierungskritische Journalisten hierzulande in einem Minenfeld bewegen ... Zwar ließen die großen Fernsehstationen schon in den 90er Jahren einen unparteilichen Nachrichtenjournalismus vermissen, aber seit dem Machtantritt Präsident Putins ist eine problematische Monopolisierung dazugekommen. Von fünf großen Kanälen befand sich vor zwei Jahren nur ein einziger, RTR, unter der Kontrolle der Zentralregierung. Ein weiterer gehörte der Moskauer Stadtregierung, die damals auf Kriegsfuß mit dem Kreml stand. Die Redaktionslinie des halbstaatlichen Kanals ORT wurde maßgeblich durch die privaten Miteigentümer und hier vor allem durch den Unternehmer Beresowskij bestimmt. Die übrigen TV-Sender (NTW und TW-6) befanden sich mehrheitlich in privaten Händen. Seither hat der Kreml nicht nur die unternehmerische und redaktionelle Führung vor Ort ausgetauscht und mit loyalen Gefolgsleuten besetzt, sondern auch dazu beigetragen, NTW dem staatlich kontrollierten Konzern Gasprom einzugliedern, sowie TW-6 zu liquidieren."

Der russische Bürgerrechtler Kowaljow sagte, dem Kreml gehe es um die Schaffung einer gelenkten Demokratie – dazu zähle nicht nur eine hörige Justiz, sondern auch eine gelenkte Presse. Die Staatsführung begreife genau, wozu man Medien benutzen könne.

Aus Rußland kamen seit den Parlamentswahlen im Dezember 2003 nur beunruhigende Nachrichten. Präsident Putin gelang es bei der Dumawahl, die gesamte Opposition für die nächsten vier Jahre weitgehend auszuschalten. Seine Partei, das „Vereinte Rußland", kann mit absoluter Mehrheit alle Wünsche des Kremls erfüllen. Die Opposition sprach von schwerem Wahlbetrug, aber sie konnte nichts dagegen tun, zumal die Medien schon zu 90 Prozent mittelbar oder unmittelbar Putins Kontrolle unterstanden. Daß der Präsidentschaftskandidat Iwan Rybkin, der im März 2004 gegen Putin antreten wollte, Anfang Februar für fünf Tage verschwand, verursachte in Regierungskreisen offenbar keine besondere Aufregung.

Was in Rußland passierte, beschäftigte zunehmend die Amerikaner. Auf der jährlichen Internationalen Sicherheitskonferenz in München griff der amerikanische Senator McCain den russischen Präsidenten heftig an. Der Republikaner sprach von der Erosion der ohnehin schwachen Demokratie in Rußland, die die Grundsätze der amerikanischen Rußlandpolitik seit 1991 in Frage stelle. Man habe angenommen, sagte McCain, Putins Herrschaft basiere auf Rechtsstaatlichkeit, Pluralismus und der Achtung der Souveränität der Nachbarstaaten. Diese Annahmen hätten sich als falsch erwiesen. Der Senator verlas ein regelrechtes Sündenregister Putins: Medien und Opposition würden gegängelt, russische Truppen hielten georgisches und moldawisches Gebiet besetzt, die Geheimdienste hätten versucht, die Wahlen in Georgien und Moldawien zu beeinflussen. Man müsse Putin klarmachen, daß sich dieses Verhalten nicht auszahlen werde. Als das Auditorium auf die amerikanisch-russische Kooperation verwies, erklärte McCain, seine Ansichten würden von höchsten Regierungskreisen geteilt.

In der Tat hielt sich der amerikanische Außenminister Powell kurz davor in Moskau auf. Nach seinem Treffen mit Putin und Außenminister Iwanow wurde nicht bekanntgegeben, worin die Differenzen lagen. Aber Powell hat die Probleme im Gespräch mit Journalisten vor seinem Besuch angedeutet und auch in einem Beitrag der Moskauer Zeitung „Isvestija" präzisiert: Die jüngere Entwicklung in der russischen Innen- und Außenpolitik, so der Außenminister, hätten in Washington Besorgnis über Hindernisse bei der Demokratisierung, über den Krieg in Tschetschenien und über die Behandlung ehemaliger sowjetischer Nachbarländer durch Moskau hervorgerufen. Ohne einzelne Ereignisse, wie die Yukos-Affäre, zu nennen, sagte Powell, die politische Macht werde in Rußland noch nicht völlig durch das Recht gezügelt. Vor allem störte Washington das Paradebeispiel „der gelenkten Demokratie" bei den Wahlen zur Staatsduma.

Um alles Unangenehme zu verdrängen, umgibt nun ein seit Stalin nicht mehr in diesem Maße betriebener Personenkult den Nachfolger Jelzins. Das Porträt des einstigen KGB-Oberstleutnants Putin war schon vor seiner Wiederwahl überall zu finden. Das Riesenreich war von Putinbildern überschwemmt. In den Nachrichtensendungen der Fernsehanstalten und in der Presse bekommt der Staatschef im Übermaß Raum und Zeit. Die Nachrichten der verschiedenen TV-Kanäle werden mit dem Tagesprogramm Putins begonnen. In europäischen Augen wirkt der Personenkult übertrieben und zugleich provinziell. Dennoch muß man zugeben, daß der abstinente, sporttreibende und energisch regierende Putin auch bei den schlechtverdienenden Schichten, also der großen Mehrheit, bei Jugendlichen und großrussischen Nationalisten gut ankommt. Nach den wilden Jahren unter Jelzin erscheint der russische Präsident jetzt wie ein eiserner Besen, der schonungslos für Ordnung sorgen will.

Doch der Schein trügt. Zwar hat Putin die reichsten Oligarchen – seine Wahlhelfer –, die ihre Milliarden-Vermögen in kurzer Zeit allem Anschein nach auf krummen Wegen beschafft haben, entweder ins Ausland vertrieben (Beresowskij und Gussinskij), oder ins Gefängnis gebracht, wie zuletzt Yukos-Chef Chodorkowskij. Dieses Schicksal erlitten jedoch bisher nur die, die ihn und seine autoritären Methoden öffentlich kritisierten. Jene wiederum, die ihn loben und politisch, möglicherweise auch finanziell unterstützen, dürfen ihren Reichtum (noch) weiter mehren.

Möglicherweise wird Putin auch von den mächtigen, die halbe russische Wirtschaft kontrollierenden Mafiagruppen unterstützt, zumal dort ehemalige KGB-Kollegen die führende Rolle spielen. Nach dem Fall Chodorkowskij meinen internationale Beobachter, Putins Regierung wolle den von den Oligarchen geprägten Kapitalismus durch einen „Kapitalismus der Staatsbürokraten" ersetzen. Der Kremlchef hat dazu die Macht. Die Absicht, die erdöl- und erdgasexportierenden Unternehmen völlig zu kontrollieren, um die größten Einnahmequellen Rußlands für sich zu sichern, ist bereits deutlich geworden. Rußland will aus diesem Geschäft die russischen Oligarchen und ihre westlichen Partner hinausdrängen. Chodorkowskij, der wegen Steuerhinterziehung zu langjähriger Haft verurteilt wurde, scheint diese Tendenz zu bestätigen. Vorwände gegen die Oligarchen und andere schnell reich gewordene Leute sind schnell zu finden. Der Yukos-Chef ist nicht wegen Steuerhinterziehung aus dem Verkehr gezogen worden. Seine „unverzeihliche" Sünde war die Unterstützung oppositioneller Politiker und Medien, vor allem aber seine offen angekündigte Absicht, bei den nächsten Präsidentschaftswahlen gegen Putin anzutreten.

Daß viele Russen Putins Kampf gegen einige Oligarchen mit Sympathie begleiten, ist damit zu erklären, daß sie in Jelzins Chaos-Jahren, als die Oligarchen steinreich geworden sind, nur einen Bruchteil des angebrachten Lohnes erhalten haben. Es gibt in Rußland eine tiefe Kluft zwischen Volk und Neureichen. Der Rußland-Korrespondent der „Neuen Zürcher Zeitung" lieferte dazu ein realistisches Bild: Natürlich seien die wenigsten Russen so naiv, zu glauben, daß die Sicherheitsdienste oder die Bürokratie an die Armen verteilen würden, was sie den Reichen nehmen. Doch der Kreml setze Putin als Garanten dafür in Szene, daß dies mindestens zum Teil passiert. Der Präsident rede allerdings mit Bedacht nie von der Rache der Entrechteten, von Revanche oder Enteignung. Er bestreite vielmehr unermüdlich, daß die Vorfälle um Yukos und den Erdölmagnaten Chodorkowskij etwas mit Umverteilung oder Renationalisierung zu tun hätten. Jedoch gäbe er dem Ruf an die russischen Oligarchen, sie hätten ihrer sozialen Verantwortung stärker gerecht zu werden, Gewicht. Die Großunternehmer überböten sich jetzt geradezu, dem Ruf des Kremls zu folgen. Doch das sei nichts anderes als Anpassung zum Zweck des eigenen Überlebens und nicht etwa Überzeugung.

Der russische Politologe Andrej Piontkowski ging sogar weiter: Er äußerte in der ungarischen Wochenzeitung HVG:

> „Der russische Präsident ist ein Anhänger des extrem übertriebenen wirtschaftlichen Liberalismus. Ein Beweis dafür ist auch, daß die Regierung mit den bereits im Parlament verabschiedeten neuen sozialen Gesetzen den Staatshaushalt entlasten will. Die sozialen Ausgaben, wie die kostenlose Ausbildung und ärztliche Versorgung, verschwinden größtenteils aus dem Haushalt, die Wohnungsmieten werden erhöht. Das Rentenalter wird auf 65 Jahre angehoben, obwohl in Rußland die Lebenserwartung der Männer bei 58 Jahren liegt. Putin ist zugleich ein starker Gegner der politischen Freiheiten. Sein System ist deswegen stabiler als das von Jelzin, weil er es ermöglichte, daß seine neue Führungsgarnitur aus dem früheren Geheimdienst plötzlich reich wurde."

In Putins „Liberalismus“ haben die Oligarchen noch ziemlich großen Freiraum. Laut Informationen der Weltbank aus dem Jahre 2004 gibt es in Rußland 23 namentlich erwähnte Oligarchen und Oligarchen-Gruppen. Nach Schätzungen kontrollieren sie 35 Prozent der Gesamtproduktion der russischen Wirtschaft und beschäftigen rund ein Fünftel aller Arbeitskräfte. Die zehn mächtigsten Gruppen beherrschen 60 Prozent aller an der Börse notierten Firmen.

Sehr präsent ist in Rußland andererseits nach wie vor der Staat. Die öffentliche Hand und ihre oft nicht über alle Zweifel erhabenen Statthalter kontrollieren ein Drittel der Wirtschaft – Ausländer hingegen nur 5 Prozent. Insgesamt hat Rußland eine duale Wirtschaft, in der einige wenige die lukrativen Rohstoffsektoren kontrollieren. Die Oligarchen besitzen heute moderne Unternehmen im Rohstoffbereich. Ihre Konzerne haben Zugang zu den internationalen Finanzmärkten und viele ausländische Aktionäre.

Da Putin die absolute Herrschaft über Wirtschaft und Politik beansprucht, kann man annehmen, daß der Fall Chodorkowskij nicht der letzte Konflikt zwischen Staat und Oligarchen ist. Die große Frage aber, über die Putin eisern schweigt, ist, welche Positionen die russische Mafia in der russischen Wirtschaft besetzt. Solange der Präsident das Verhältnis zur Mafia, in der ebenfalls ehemalige KGB-Offiziere das Sagen haben, nicht bekannt gibt, wird es schwer bleiben, über Rußlands Zukunft gesicherte Aussagen zu machen.

Rück- und Ausblick

Die Art und Weise, wie der Systemwechsel vom Kommunismus zur „Demokratie" in der Sowjetunion und in ihrem osteuropäischen Kolonialreich gewaltlos stattgefunden hat, ist ein Paradebeispiel für manipulierte Geschichte, für manipulierte politische Geschehnisse. Egal, wer diese lautlose Umwandlung erfunden hat, Andropow oder Gorbatschow oder jemand anderes, es war ein politisches Meisterstück ohnegleichen. Nach Ende des Zweiten Weltkrieges hatte jahrzehntelang ein gefährlicher Kalter Krieg zwischen Ost und West bestanden, gekennzeichnet von weltumspannender sowjetischer Expansion und der defensiven Abwehrhaltung der Westmächte. Ein nuklearer Rüstungswettlauf signalisierte, daß es dabei um das Ganze ging. Für eine oft betonte friedliche Koexistenz, für einen dauerhaften Kompromiß der beiden Blöcke schien es auf lange Sicht keinen Raum zu geben.

Während der langen „Eiszeit" zwischen Washington und Moskau deutete der Kreml an, daß er an einer militärischen Kraftprobe in Europa gar nicht interessiert sei und bot nach der polnischen Krise Anfang der 80er Jahre den Amerikanern völlig unerwartet an, jeweils die militärischen Kräfte aus den beiden Teilen Deutschlands zurückzuziehen. Einen Beweis dafür, wie ernst Moskau es meinte, liefert die Tatsache, daß die Beauftragten der Bundesrepublik und der DDR, Strauß und Schalck-Golodkowski bereits 1983 über die deutsch-deutsche Annäherung zur Vorbereitung dieses amerikanisch-sowjetischen Vorhabens zu verhandeln begannen.

Wie der Handel zwischen der UdSSR und den USA zustande kam, blieb bislang ein wohlgehütetes Geheimnis der beiden Supermächte. Moskau hatte ein handfestes Interesse daran, daß kein Satellitenstaat der Sowjets (außer der DDR) etwas von diesem Schritt erfahren würde, denn mögliche Unruhen in der Region hätten die Aktion verhindern können. Diese Gefahr bestand auch in der Sowjetunion selbst, wo man mit dem Widerstand starker politischer Kräfte gegen einen solchen Plan rechnen mußte, wie nach dem Machtantritt Gorbatschows zu sehen war.

So war nur in einem engen Kreis der Moskauer Führung bekannt, wohin die Reise eigentlich ging. Dieser Kreis hatte erkannt, daß für die Sowjetunion gewaltige politische Änderungen notwendig geworden waren. Vor allem die Erosion der wirtschaftlichen Verhältnisse zwang weitsichtige Politiker im Kreml zu Systemveränderungen und zur Aufgabe der kostspieligen Außenpolitik.

Schließlich mußte Gorbatschow die schwierige Aufgabe schultern, den Systemwechsel vorsichtig vorzubereiten, ohne einen plötzlichen Zusammenbruch mit verheerenden Folgen zu riskieren. Ein solches Unterfangen von weltpolitischer Tragweite machte es nötig, die Gegenspieler, die Amerikaner, einzuweihen. Dafür spricht, daß Washington gerne bereit war „mitzuspielen", da es ihm unverhofft günstig erschien, den Kommunismus einfach und billig loszuwerden.

Bis zum Machtantritt Wladimir Putins hat Washington, wie auch die anderen führenden Staaten der westlichen Allianz, keine Einwände gegen die Art des Systemwechsels in Osteuropa angemeldet. Vielmehr haben sie Gorbatschow und Jelzin durch die internationalen Finanzinstitute, Weltbank und Internationaler Währungsfonds, tatkräftig geholfen, die mit dem Systemwechsel einhergehenden finanziellen Schwierigkeiten zu überwinden.

Für Gorbatschow war es die größte Schwierigkeit, seine Genossen für den notwendigen Verzicht auf das kommunistische System zu gewinnen. Es war ungemein risikoreich, führende Kommunisten, die im System geboren worden waren, Karriere gemacht und lebenslang gegen den Kapitalismus agitiert hatten, davon zu überzeugen, daß der Übergang von der kommunistischen Planwirtschaft zur Marktwirtschaft nicht nur notwendig, sondern auch vorteilhaft sei.

Wie er auf die „rettende" Idee kam oder ob sie aus der Hinterlassenschaft Andropows stammte, wird sich vielleicht einmal klären lassen. Wichtig ist nur, daß Gorbatschows Ankündigung, die kommunistische Nomenklatura dürfe das Staatseigentum unter sich aufteilen und als Privatbesitz in den Kapitalismus mitnehmen, Wunder gewirkt hat. Wie es schien, galt die marxistische These „Das Sein bestimmt das Bewußtsein" nicht nur für das Proletariat, sondern auch für die führenden Genossen im „real existierenden Sozialismus". Wie wild gewordene Goldgräber stürzten sie sich auf das „Volkseigentum", um davon ein möglichst großes Stück in die Marktwirtschaft und Demokratie mitzuschleppen.

Als der Motor des Systemwechsels, die Privatisierung, auf vollen Touren zu laufen begann, verstummte die Kritik an Gorbatschow in der Partei. Wie geölt lief die geheime Aktion – freilich außerhalb der Legalität, ohne gesellschaftliche oder parlamentarische Kontrolle. Das Volk, das dieses Vermögen in schweißtreibender Arbeit erzeugt hatte, wurde bei der Verteilung ganz vergessen.

Nach dem gleichen Schema wurde das kommunistische System auch in den „Volksdemokratien" Osteuropas abgeschafft, vermutlich auf Empfehlung aus Moskau. Der Abschied vom Kommunismus mündete zuerst überall in ein politisches und wirtschaftliches Chaos. Doch die reich gewordenen Genossen fingen bald an, als „Sozialisten" oder „Sozialdemokraten" oder „Liberale" ihre Macht auch in dem neuen freiheitlichen System zu festigen. Es gelang ihnen ohne besondere Schwierigkeiten, denn sie hatten das Geld – und damit kann man alles erreichen.

Freilich haben die neu gewonnenen Freiheiten nicht nur Glück gebracht, sondern auch neue Gefahren. Die plötzlich entstandene organisierte Kriminalität, die Mafiagruppen in allen ehemaligen Ostblockländern, vor allem in Rußland und in der Ukraine, fordern die neuen Herren mit brutalen Mitteln heraus, das leicht gewonnene Geld zu teilen.

Dieses Bild prägt die heutige Wirklichkeit am meisten in Rußland, wo unter Präsident Putin sowohl im Staatsapparat als auch in der organisierten Kriminalität ehemalige KGB-Führungskräfte das Sagen haben. Eine „friedliche Koexistenz" zwischen ihnen ist trotzdem schwer vorstellbar.

Diese Konstellation ist in bescheidenerem Maße auch in den ehemaligen Ostblockstaaten zu finden. Mit der Osterweiterung der Europäischen Union wurden diese Probleme auch in die westliche Gemeinschaft eingeschleppt. Wenn man darüber öffentlich nicht redet, so läßt sich damit diese Frage nicht aus der Welt schaffen.

Zwischen den Nutznießern des Systemwechsels und der weiterhin armen Bevölkerungsmehrheit ist das Konfliktpotential noch nicht kleiner geworden. Der Machtwechsel in der Ukraine zeigt es deutlich. Solange zumindest die Chancengleichheit für alle Schichten nicht gewährleistet ist, kann man auch in Ostmitteleuropa nicht behaupten, daß der Systemwechsel beendet ist.

Literatur

Afanasssjew, Batkin / Sacharow, Adamowitsch: Kampf für Glasnost, Perestrojka, Demokratie, Sozialismus, Nördlingen 1988.
Bartus, László: Mafia regény, Budapest 2001.
Berg, Hermann von: Vorbeugende Unterwerfung. Politik im realen Sozialismus, München 1988.
Bethlen, István: Erinnerungen, Budapest 1988.
Biró, Zoltán: Elhervadt forradalom (Verwelkte Revolution), Budapest 1993.
Daruvár, Ives, de: Feldarabolt Magyarország (Das aufgeteilte Ungarn), Luzern 1976.
ders.: Trianon, Budapest 1999.
Debreczeni, József, A miniszterelnök (Der Regierungschef – Jozsef Antall), Budapest 1988.
Djilas, Milovan: Jahre der Macht. Memoiren, München 1983.
Eden, Anthony: Memorien 1945–1957, Köln/Berlin 1960.
Fejtö, François: Die Geschichte der Volksdemokratien, Band 1–2, (Originalausgabe: Histoire des démocraties populaires), Paris/Graz u. a. 1972.
Fischer, Holger: Oszkar Jászi und Mihály Károlyi, München 1978.
Genscher, Hans-Dietrich: Erinnerungen, Berlin 1995.
Gorbatschow, Michail: Erinnerungen, Berlin 1996.
Glucksmann, André: Am Ende des Tunnels, Berlin 1991.
Habsburg, Otto von: Jalta – Ujvari, München 1979.
Hammel, Wolfgang: Die Ostpolitik Johannes Pauls II., Bern 1984.
Hanns-Seidel-Stiftung: Organisierte Kriminalität, München 1999.
Hennyey, Gustav: Ungarns Schicksal zwischen Ost und West, Mainz 1975.
Hoensch, Jörg K.: Geschichte der Tschechoslowakischen Republik, Stuttgart u. a. 1978.
Hoffmann, Joachim: Die Tragödie der Russischen Befreiungsarmee. Wlassow gegen Stalin, München 2003.
Horváth, István: Die Sonne ging in Ungarn auf. Erinnerungen, München 2000.
Hutchings, Robert L.: Als der Kalte Krieg zu Ende war, Berlin 1998.
Jánusarcú rendszerváltás (Systemwechsel mit Janusgesicht, Studien), Budapest 1998.
Kissinger, Henry A.: Memoiren, 1973–74, Band II, München 1982.

ders.: Die sechs Säulen der Weltordnung, München 1992.
Kiszely, Gábor: A szabadkomüvesség (Das Freimauertum), Budapest 1999.
Koch, Stephan: Kettös szerepben, (Originalausgabe: Double lives, London 1994), Budapest 2000.
Kocsis, Tamás: A meztelen igazságért (Um die nackte Wahrheit, Siebenbürgen), Budapest 1993.
Kultura Világa: A magyar nép története (Geschichte des ungarischen Volkes), Budapest 1965.
Lángi, A. Mária: Trianon, Budapest 2001.
Lendvai, Paul: Die Ungarn, München 1999.
Lenin, Wladimir I.: Was tun? Studienausgabe, München 1902.
Lesnik, Renate / Blanc, Hélène: Die neue Mafia. Gefahr aus dem Osten (Originalausgabe: L'empire de toutes les mafias, Paris), München 1997.
Lobkowicz, Nikolaus: Marxismus und Machtergreifung, Zürich 1978.
Luxemburg, Rosa: Die russische Revolution, Berlin 1922.
Marx, Karl: Das Kapital, Bd. 2, Frankfurt a. M. 1967.
Meyer, Enno: Grundzüge der polnischen Geschichte, Darmstadt 1969.
Mindszenty, Kardinal Josef: Erinnerungen, Frankfurt u. a. 1974.
Nassarski, Geri: Noch ist Polen nicht verloren, Wien 1982.
Niedhart, Gottfried (Hg): Der Westen und die Sowjetunion, Paderborn 1983.
Nixon, Richard: Memoiren, Köln 1978.
Poljanski, Nikolai / Rahr, Alexander: Gorbatschow, der neue Mann, München 1986.
Pozsgai, Joseph: Führungsdefizit und Sowjetexpansion. Die amerikanische Außenpolitik von Kissinger zu Carter, Bern 1978.
Pozsgay, Imre: A rendszerváltás (k)ára (Der Preis des Systemwechsels), Budapest 2003.
ders.: 1989, Budapest 1993.
ders.: Koronatanú und tettestárs (Kronzeuge und Mittäter), Budapest 1998.
Pozsgay, Polgár: Der Preis (Schaden) des Systemwechsels, Budapest 2003.
Romsics, Ignác: Magyarország története a XX. században, (Ungarns Geschichte im XX. Jahrhundert), Budapest 2004.
Ruge, Gerd: Weites Land – Russische Erfahrungen, Russische Perspektiven, Berlin 1996.

Sárközy, Tamás: Rendszerváltas és a privatzácio joga (Der Systemwechsel und das Recht der Privatisierung), Budapest 1997.
Schäuble, Wolfgang: Der Vertrag, Stuttgart 1991.
Sik, Ota: Humane Wirtschaftsdemokratie. Ein dritter Weg, Hamburg 1979.
Seifert, Wolfgang: Kann der Ostblock überleben?, Bergisch Gladbach 1983.
Solschenyzin, Alexander: Die Juden in der Sowjetunion, München 2003.
Somogyi, István: A szabadkömivesség igazi arca (Das wahre Gesicht des Freimaurertums), Budapest 1929.
Stadtmüller, Georg: Geschichtliche Ostkunde, Band l und 2, München 1963.
ders.: Geschichte Südosteuropas, München 1976.
ders.: Sozialismus, Nationalsozialismus und Faschismus, München 1981.
Stehle, Hansjakob: Die Ostpolitik des Vatikans, München 1975.
Steininger, Rolf: 17. Juni 1953 – Der Anfang vom langen Ende der DDR, München 2003.
Stöckl, Günther: Russische Geschichte, Stuttgart 1983.
Ulfkotte, Udo: Grenzlos kriminell. Die Risiken der Osterweiterung, München 2004.
Ulrich, Horst u. a. (Hg.): DDR-Handbuch, Köln 1985.
Ungarisches Institut München (Hg.): Forschungen über Siebenbürgen und seine Nachbarn, Studia Hungarica, München 1988.
Waller, Michael: Das geheime Reich, Boulder 1994.
Wenzel, Siegfried: Was war die DDR wert?, Berlin 2003.